KB271332

드 림
종이거울자주보기
운동본부

빛으로 오소서

佛光香風

광덕스님 시봉일기 · 머리책
― 빛으로 오소서 ―

엮은이 · 松菴至元
펴낸이 · 김인현
펴낸곳 · 도서출판 도피안사

2008년 10월 25일 1판 1쇄 인쇄
2008년 10월 30일 1판 1쇄 발행

편집 · 이상옥, 양승순
인쇄 및 제본 · 금강인쇄(주)

등록 · 2000년 8월 19일(제19-52호)
주소 · 서울시 마포구 성산동 226-10 명주빌딩 2층
전화 · 02-336-9626
팩스 · 02-336-8701
E-mail · dopiansa@kornet.net

ⓒ 2008, 송암지원

ISBN 978-89-90223-42-5 04220
       89-951656-0- x (세트)

眞理生命은 깨달음〔自覺覺他〕에 의해서만 그 모습〔覺行圓滿〕이 드러나므로
도서출판 도피안사에서는 '독서는 깨달음을 얻는 또 하나의 길' 이라는 신념으로 책을 펴냅니다.

금하당광덕대선사 진영

관조당 성국대화상께서 입적하시기 전에 큰스님의 업적을 기려
시봉일기 마지막 책에 실으라고 준 네팔 히말라야 마차푸차레봉 전경.

佛光香風
11

광덕스님 시봉일기

머리책

빛으로 오소서

글 송암지원

DOPIANSA
到彼岸社

위. 청맥회 회원들과 제주도에서.
아래. 고려대학교 불교학생회 수련대회 지도법사이신 광덕스님
  (1973년 7월 9일~15일까지 월정사).

해인사에서. 뒷줄 왼쪽에서 다섯 번째가 광덕스님.

생일을 맞은 유치원 어린이들과 함께.

위. 불광 제1기 명교사(明敎師) 후보생 교육 수료식을 마치고.
아래. 불광사 초청법회에 오신 숭산행원스님 일행들. 앞줄 가운데가 숭산스님 오른쪽이 광덕스님.

위. 범어사 스님 영결식 장면(1999년 3월 3일)
아래. 꽃상여를 꾸미지 않고 가시는 스님의 마지막 모습.

도피안사 부처님 점안식을 집전하는 광덕스님(1992년 7월 6일)

祝松庵上人
光德禪師侍奉日記十卷終刊

我常畏敬光德師　如友如師莫逆親
備修三學悉圓滿　有大願力救宗團
敬上愛下盡慈悲　廣行布教傾身心
身上有病勝無病　同苦衆生無休息
如何娑婆不久住　四隣含淚如失母
幸有孝佐松上人　心身一如誠真切
回向十卷侍奉記　普令衆生發信心
普與法界諸衆生　同歸普賢大願海

戊子百中節　石鼎　謹稿

글·글씨 석정스님

祝詩

祝松庵上人 光德禪師侍奉日記十卷終刊

『광덕스님 시봉일기』를 완간한 송암스님을 축하하며

我常畏敬光德師	나는 어느 때나 광덕스님을 존경했네
如友如師莫逆親	때로는 친구였고 때로는 스승으로 막역한 사이였지
備修三學悉圓滿	스님은 삼학을 고루 닦아 일체에 원만하고
有大願力救宗團	큰 원력 큰 신심으로 종단을 구했다네
敬上愛下盡慈悲	어른을 받들고 후학을 보살펴 자비를 다했고
廣行布敎傾身心	몸과 마음 다 바쳐서 부처님 은혜를 갚았지
身上有病勝無病	몸이 아팠지만 아프지 않은 도리를 잘도 보여
同苦衆生無休息	잠시도 쉬지 않고 이웃들과 함께 벗했네
如何娑婆不久住	아, 어찌하여 사바에 오래 머물지 못하셨는가
四隣含淚如失母	모두들 어머니를 여읜 듯 슬퍼했다네
幸有孝佐松上人	다행히 효성스런 상좌 송암수좌가
心身一如誠眞切	스승에 대한 일편단심 변함없어서
回向十卷侍奉記	십 년 세월 길다 않고 열 권 책을 펴냈네
普令衆生發信心	스승의 교화생평으로 일체중생 발심시켜
普與法界諸衆生	법계의 중생들과 더불어 널리
同歸普賢大願海	보현보살 원력의 바다로 돌아갈 진저

戊子 百中節 石鼎 謹稿

무자(2008)년 백중절 석정 삼가 씀

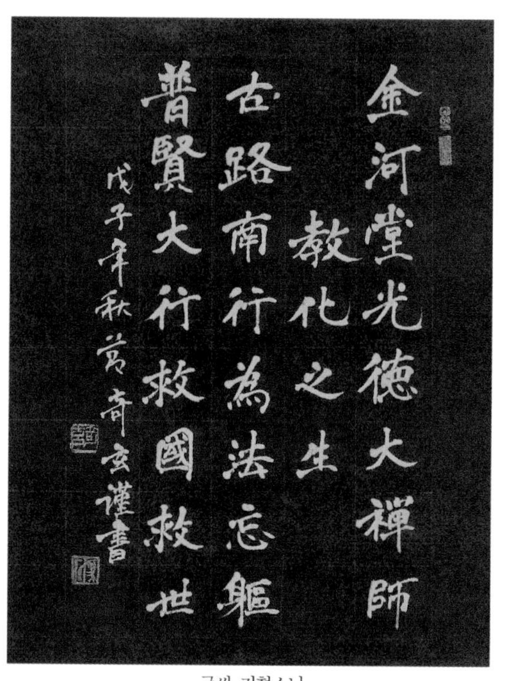

글씨 기현스님

광덕큰스님께서 보현행원의 삶을
우리들 앞에 몸소 펼쳐 보이심

선지식을 찾아 옛 인연을 따랐고
반야대법 굴리려고 몸을 잊었네
'보현행원으로 보리 이루리–'
오로지 한생각 구국구세로 사셨네

광덕스님 말씀

오로지 자신의 부족과 허물을
살필지언정 남의 부족과 허물은
보지도 듣지도 말하지도 말라

그림 원정 / 글씨 법진

〈대선사의 말씀을 원정(圓淨)은 형상으로 그리고 법진은 글씨로 써서
안성 도피안사 입구에 돌에 새겨 명념(銘念)으로 세웠음〉

제1장 | 광덕스님 시봉일기 약전(略傳)__31

무상(無常) 뒤에 무상(無常)을 넘어

가산지관(伽山智冠) | 경국사 회주, 전 동국대학교 총장

무상(無常)한 일 뒤에 무상(無常)을 넘어서는 깨달음이 뒤따른다면 그것은 이미 무상을 넘어서는 뜻깊은 일이다.

금하광덕(金河光德)스님이 일생에 빛나는 구도행각과 열정적 구제발원을 성취하고, 마치 구름처럼 자재롭게 떠나가신 자리에, 스님을 기리는 간절한 마음이 그렇듯 무상을 넘어서고 있다. 스님의 고고한 일상들은 그대로, 그리워하는 모든 사람들의 마음에서 새롭게 자각되고 각인되어, 드디어 스님의 마음이 중생들의 마음으로 새롭게 환생하고 있는 것이다.

스님은 부처님을 아무리 높이 받든다 하여도 전법도생(傳法度生)을 하지 않으면 부처님의 홍대(弘大)한 은혜를 보답할 수 없다는 원력으로 불꽃처럼 살다 가셨기에, 그 후광(後光)에 힘입은 후학들이 다시 그 빛나는 일을 이어 영원히 사는 길에 동참해 갈 수 있는 것이다.

스님의 상좌인 송암지원(松菴至元) 비구가 범어사 행자생활 때부터 대각사·보현사·불광사 등 여러 곳에서 스님을 모시면서 직접 받은 교훈, 보고 느낀 감명 깊은 현장, 스님께서 다른 사람들과 나

눈 인연담 등 그때그때마다 한 꼭지씩 적어 두었던 생생한 현장일기를 시리즈로 엮어 '광덕스님 시봉일기'라는 이름으로 발간하게 되었다며 원고를 들고 찾아왔다. 원고를 훑어보니 일반에 알려지지 않은 스님의 내면세계와 불교를 위한 깊은 서원, 제자와 신도를 지도하는 자상한 수연담 등을 생생하게 전하고 있다.

중국 수의 천태지자(天台智者)대사 —, 그의 종설겸통(宗說兼通)한 지혜와 변재를 고금에 따를 자가 없겠지만, 그러나 그가 남긴 많은 설법을 제자인 관정(灌頂)이 그때그때 기록한 덕분에 오늘날 우리가 천태의 감로(甘露)를 얻어 마실 수 있게 되었다. 그래서 선학(先學)이 후학(後學)의 효심을 만나면 선학의 진면목을 생전의 자신보다 더 진솔하게 내보일 수 있게 된다. 이에 참으로 송암비구의 효심이 갸륵하다 하지 않을 수 없다.

끝으로 사부대중 여러분들이 이 글을 통해 금하광덕스님의 모습을 더더욱 깊이 만날 수 있다면 글을 쓴 이의 큰 공덕이 될 것이다.

불기 2543(1999)년 5월 5일
가산불교문화연구원에서

용생룡(龍生龍)이요, 봉생봉(鳳生鳳)이라

무주청화(無住淸華) | 성륜사 조실·조계종 원로

금하당(金河堂) 광덕 큰스님은 한국불교사에서 찬연히 빛나는 불멸의 횃불이시다.

큰스님은 복잡한 서울, 그 한가운데서 문수의 투철한 반야지혜(般若智慧)와 보현의 훈훈한 자비행원(慈悲行願)을 몸소 실천하신 대비보살이셨음은 비단 우납(愚衲)만의 찬탄이 아닌, 모든 불자의 위대한 의호(依怙)로서 앙모(仰慕)해 마지않는 불세출(不世出)의 선지식이시다.

큰스님 유별(有別)의 청수(淸秀)하고 고결(高潔)한 풍모와 이십여 성상을 두고 불광지를 통해 베풀어 주신 시기상응(時機相應)한 사자후는 모든 불교인들의 가슴에 뜨거운 감격으로 오래오래 메아리치게 될 것이다.

고인(古人)의 격담(格談)에 용생룡(龍生龍)이요 봉생봉(鳳生鳳)이라 했는데, 큰스님의 문하에 수많은 용상대덕들이 나오신 가운데 특히 송암당(松菴堂) 지원화상은 철두철미(徹頭徹尾) 지성일관(至誠一貫)하여 은법사(恩法師)인 광덕 큰스님의 고매한 유지를 받들어 『광덕스님 시봉일기』라는 책을 펴냈을 뿐만 아니라, 도피안사의 대작불사를 발원 진행 중이시니 실로 사자상승(師資相承)의 귀감으로서 우리 불가의 희유한 수범(垂範)이 아닐 수 없다.

본시 우납은 평소 도회은거(韜晦隱居)로 지내왔기에 광덕 큰스님과 배면(拜面)의 연(緣)은 없었으나 큰스님의 출천고풍(出天高風)은 이심전심으로 경모해 마지않았다.

이번 송암화상의 간곡하신 부탁을 과분하게 생각하며 다만 성긴 말 몇 마디를 보태어 추천사를 대신하는 바다.

辛巳年(2001년) 부처님 오신 날을 앞두고
聖輪寺 禪窓에서

기도하면서 썼고, 쓰면서 기도한 스승 존경의 길잡이

원성 김종서(圓成 金宗西) | 문학박사·서울대 명예교수

불과 얼마 전에 있었던 일이다. 내가 교직생활을 처음 시작할 무렵에 가르쳤던 제자 십여 명과 오랜만에 저녁식사를 같이 했다.

그때 그들 중 몇 명이 방 밖 출입이 잦았다. 아마도 담배를 피우기 위해 드나드는 것 같아서 나는 이를 눈치채고 "담배를 밖에서 피우지 말고 여기서 피우지"라고 말했더니 그들은 "스승님 앞에서 어떻게 담배를 피웁니까?"라고 대답하는 것이었다. 그때 나는 "지금 몇 살이나 되었지" 하고 다시 물었더니 머리를 긁적이며 "일흔 셋입니다"라고 말하는 것이었다.

이것이 원래 우리의 '스승과 제자' 관계였다. 그러나 최근에 와서 이러한 전통적인 관계는 땅에 떨어지고 스승이 체벌을 한다고 학부모나 학생이 선생님을 고발하고 심지어는 폭행까지 하는 현상까지 나타나고 있으니…….

아, 이 어찌된 일인가? '군사부일체(君師父一體)'니 '스승의 그림자는 밟지도 않는다'는 말은 이미 옛말이 되고 말았는가? 참으로 비감(悲感)한 생각마저 드는구나!

이때, 홀연히 한줄기 희망의 빛이 비쳤으니 바로 송암지원(松菴至元)스님이 지어낸 『광덕스님 시봉일기』 시리즈다. 이 책은 스승

과 제자의 관계를 올바르게 정립하는 지침서며 시금석(試金石)이기도 하다.

살펴보면 오늘날의 사회는 급격히 변하고 있다. 이 급변하는 사회에 사는 현대인은 두 가지의 가치관(價値觀)을 동시에 추구해야 한다. 그 하나는 변하는 사회에 적응하기 위한 '변하는 가치관'의 추구며, 다른 하나는 사회가 아무리 변해도 변해서는 안 되는 '항구적 가치관'의 추구다. 스승 존경의 가치관은 후자에 속한다. 왜냐하면 사제지간의 올바른 관계의 설정이 이 사회를 발전시키는 근간이고 원동력이 되기 때문이다.

인류가 쌓아 놓은 문화유산의 전달자는 스승이며 이를 전수받은 제자는 이를 보다 확대 발전시켜 다음 세대를 위한 전달자가 되어야 한다. 이러한 스승 존경의 훌륭한 전통은 특히 우리 불교에서 더욱 뚜렷이 나타나고 있다.

도(道)를 구하기 위해 자신의 팔을 끊어 스승인 달마대사(達磨大師)에게 바쳤던 혜가(慧可)스님의 이야기는 비록 불자가 아니라고 해도 모르는 사람이 없을 정도로 널리 알려져 있다. 이리하여 '역대전등 제대조사(歷代傳燈 諸大祖師)'가 부처님 가르침의 정법(正法)을 면면히 이어나가고 있다.

송암스님이 쓴 이 책, 『광덕스님 시봉일기』는 스승을 어떻게 받들어야 하는지를 우리의 마음과 몸속에 깊숙이 스며들도록 제시하고 있다. 또 이 책은 저자인 송암스님이 다년간에 걸친 관찰과 체험과 감동을 통해 스승이신 광덕대선사의 불교사상과 수행 실천의 모습을 실상 그대로 예리한 필봉으로 부드럽게 표현한 스승 존경의 길잡이 책이다. 여기에는 저자가 평소 스승이신 광덕스님을 얼마나 절대시했고 존경했으며, 진심으로 받들었는지 구구절절 잘 나타나 있다.

특히 시봉일기 중에서 처음 두 권은 저자가 스승께서 입적하신 뒤 백일 추모재를 올리는 날, 제1권을 상재(上梓)하고 바로 티베트 수미산과 인도 부처님 성지(聖地)를 돌며 스승의 환생기도를 올렸다고 했다. 그때 깨닫는 바가 있어 스승의 1주기 재를 올리는 날, 천일기도를 입재하고 그날부터 집필에 들어가 정확히 367일 만에 제2권을 세상에 내놓았다. 이제 또 저자는 집필에 착수하여 천일기도가 끝날 무렵 나머지 책을 마저 출간할 예정이라고 한다.

즉, 이 책은 저자인 송암스님이 천일기도를 하면서 썼고, 쓰면서 기도했기 때문에 글 하나하나가 살아 있어서 책을 읽는 독자의 피부를 뚫는 느낌을 받게 된다.

아무쪼록 이 책이 스님들은 말할 것도 없고, 학교 교육자, 사회 교육자, 학부모, 사회인, 학생 등 모든 사람들에게 널리 읽혀 스승과 제자의 본래 면목을 각기 되찾아 스승 존경의 풍토가 이 사회에 다시 가득 차기를 바라는 간절한 마음에서 이 책을 추천한다.

2001년 스승의 날을 앞두고

기록의 백미(白眉), 일기 장르

달공 조홍식(達空 趙洪植) | 문학박사, 성균관대 명예교수

한 선지식(善知識)의 수행기록이 일기의 이름으로 그 시봉(侍奉 : 上佐, 弟子)에 의해 편찬되었다.

한국전쟁이 발발하던 해가 1950년, 고처사(高處士)가 범어사에 입산한 해 이래로 1999년 세수 73세로 원적에 이르기까지 그 행장의 대부분이 담겨져 있다. (물론 고처사의 어린시절 이야기도 나온다.)

현장 거기, 있었던 그대로 리얼하게 드러내기 위하여 일기의 형식을 빌었는가. 분량에 있어서도 단행본 한두 권 정도가 아닌 무려 10권이 넘는 대형 전집. 게다가 권마다 300여 쪽에서 500여 쪽에 이르는 거권(巨卷)들이다.

세계적으로 가장 방대한 일기는 19세기의 프랑스 작가 아미엘의 것을 들 수 있을 것이다. 174권의 노트, 16,900쪽에 달한다. 그 가운데 일부가 그의 사후(死後)에 500쪽에 해당하는 일기초(日記抄)로 2권이 간행되었다. 그 후 다시 1,100쪽에 해당하는 분량이 출간되고, 다시 전량의 일기 간행이 기획되었다고 알려졌다.

그는 일생 동안 독신으로 일관하였다. 따라서 여성에 대한 열정의 기록은 읽는 이로 하여금 소설의 흥미를 돋우기도 한다. 그러나

전체적으로 조감할 때는 그의 남다른 독서에서 오는 영향이 크다. 즉 당대 작가들의 작품 비평, 따라서 문학과 예술 비평이 그의 일기의 주류를 이루고 있다. 게다가 모럴리스트로서 당대 사회와 정치 및 풍속에도 날카로운 비평의 안목으로 기록하고 있다.

이와 같이 문학의 일기는 독립된 한 장르로서 그 시대의 사회 전반의 상세한 기록이다. 때문에 자연 당대보다도 후세에 더 많은 각광을 받게 된다.

문학사에서뿐만 아니라 사회나 정치문화 전반에 걸쳐 많은 연구가들이 이 일기를 탐독하여 적지 않은 재료를 얻어낸다. 일기는 거짓 없는 인간의 정신사이기 때문에 가장 신빙할 수 있는 정직한 역사가 될 수 있어서이다. 후세 사가, 연구가들이 언젠가 믿고 찾을 수 있도록 대개는 국립도서관에 깨끗이 보관되어 있다. 한 작가를 연구하기 위해서는 무엇보다 그 사람의 일기를 읽어야 한다. 일기는 그 작가의 양심의 고백이기 때문이다. 그래서 아무리 난해한 작품이라도 수수께끼를 푸는 열쇠는 다른 데 있지 않다. 20세기의 양심이라는 앙드레 지드의 경우는 일기가 그의 혼의 수련도장이었다고까지 고백하고 있다.

한 사람의 신앙고백까지도 그 사람의 일기를 통해서 알려진다. 그 사람의 온갖 비밀이 그 속에 숨어 있는 까닭이다. 공꾸우르 형제의 「문학생활의 수기」라는 부제를 붙인 그의 일기의 일부는 생전에 발표되는 것을 기피했다. 사후(死後) 20년이 경과된 뒤에 세상에 발표하는 것을 허락하였다.

또 쥘르 르나아르의 경우는 23세부터 죽기 한 달 반 전까지 일기를 빠짐없이 써 나갔다. 작가가 세상을 떠나고 일기를 발표할 즈음에 그의 부인이 원고를 일일이 살폈다. 생전에 복잡하였던 여성

관계의 비밀을 모두 파기해 버리기 위해서였다. 그럼에도 당대의 배우, 작가, 예술가 등 문단의 저명인들을 신랄하게 비평한 내용들이 많았다. 당대 문단의 이면사를 한눈에 볼 수 있었다.

이 여러 가지 흥미로운 사건들이 담겨진 일기가 발표되자 센세이션을 일으킨 것은 당연지사였다. 일기는 픽션일 수 없기 때문이다. 아울러 거기에는 여러 가지 교훈도 담겨 있다. 물론이다.

이상 일기의 장르가 갖는 특징을 몇 가지 실례로서 알아보았다.

이 '광덕스님 시봉일기' 시리즈는 광덕스님의 전기(傳記)로도 손색이 없다. 스님의 사생활 기록도 이보다 더 세밀할 수가 없기 때문이다. 왜냐하면 시봉(侍奉)인 그 제자는 은사의 분신으로 스승을 가까이에서 모셨다는 사실이다. 한 집에서 같이 살고, 한 솥의 밥을 먹고, 기거(寄居)를 더불어 하고, 호흡을 함께 한 그림자였다. 그 시봉, 송암의 몸이 곧 스승의 수족이듯 그 생각 또한 떨어질 수가 없었으리라. 일심동체 그대로.

뿐만 아니다. 광덕스님 자신이 수행자로서 선지식으로서 스승으로서 뛰어난 자질을 두루 갖추었기 때문이기도 하리라. 이토록 훌륭한 선지식, 빼어난 수행자, 특출한 스승이라도 부처님이 그랬듯이 역시 무상(無常)을 넘을 수는 없다. 무여열반의 부처님을 우리 곁에 모시고 시봉할 수 있는 방법은 부처님 행장의 기록뿐이다. 그러므로 온전히 모실 수 있는 것은 온전한 기록뿐이다. 이런 점에서 시봉일기는 그 가치를 갖는다.

그 스승을 잘 시봉하기 위하여 스승의 행적을 사실 그대로 간직하는 일, 그것은 오로지 착오가 없이 기록하는 일이다. 시봉(侍奉), 자신이 보고 들은 사실들을 재확인하는 뜻에서 여기 참여한 그때, 그곳에 함께한 이들의 보고 들은 사실도 보충의 의미를 갖는다. 일기 속에 자신의 기록 이외에 다른 도반들의 청문(聽聞)을 여러 모로 받아들이는 이유가 여기에 있다 하겠다.

기록은 망각(忘却)을 되살린다. 세월은 지나가는 것이다. 흘러간 세월 뒤에는 망각만이 남는다. 산천도 변하고 인걸도 돌아간다. 그 뒤에 남는 것은 오직 망각뿐이다. 팔만대장경이 존재해야 할 이유가 여기에 있다. 대장경은 경장(經藏)이다. 삼보(三寶) 중에 승보(僧寶)인 선지식들의 법문은 논장(論藏)에 해당된다. '광덕스님 시봉일기' 시리즈도 논장임에는 틀림없다. 부처님께서 열반에 드신 후, 구송(口誦)의 결집이 없었던들 부처님이 이 사바세계에 다시 출현하셔야 할 번거로움이 남았을 것이다.

십대제자들의 구송과 부처님 행장의 기록, 이 역시 부처님 설법의 부연설명이다. 그 후 오늘까지 수많은 선지식들의 행적 역시 그러하다. 그러나 불법의 후속 조치는 이상의 것으로 충분한 것은 아니다. 면면히 이어져 오는 스승들로부터 쏟아져 나오는 언어행동이 도리어 번거로울 수 있을지 모른다. 하지만 시간은 모든 것을 변화시키기 때문에 지나간 스승의 가르침의 수단도 변하지 않을 수 없다. 스승이 가고 또 사이사이에 중생도 가고 온다. 생활풍속과 언어문자도 변화한다. 여기에 끊임없는 기록의 필요성이 대두된다.

역사를 만드는 것은 기록이다. 기록을 게을리 하던 시대는 역사 역시 사라졌다. 공백의 역사는 무엇으로도 되살릴 길이 없다. 고고학자들의 노고가 얼마나 크랴? 그래도 분명 한계는 있다.

이 '광덕스님 시봉일기' 시리즈는 광덕스님이 살아온 한평생의 기록에 그치는 것이 아니다. 거기에는 그 주변의 수많은 인물들이 동원되고 참여하고 있다. 이를 통해서 이 시대, 한국불교의 역사적 기록으로도 손색이 없을 것이다.

한 시대를 살고 간 한 선지식의 생애를 긴 역사의 안목으로 볼 때는 한순간에 지나지 않는다. 도도히 바다로 흘러가는 긴 강에 비해서는 골짜기 샘물에 불과하다. 그러나 한 시대의 연원을 캐기 위해서는 그 순간순간을 연구하게 되고, 긴 강의 근원을 알기 위해서는 계곡 하나하나를 뒤지지 않으면 안 된다. 이런 점에서 '광덕스님 시봉일기' 시리즈는 역사적인 사업이 아닐 수 없다. 후세의 사가(史家)들이 이 시대, 한국의 불교사를 연구함에 있어 그 얼마나 귀중한 자료가 되랴.

비단 역사적인 고증을 위해서만 이 기록이 의의(意義)를 갖는 것은 아니다. 이런 여러 가지 업적 중에서도 이 사업의 가장 큰 의의는 불법을 전수한다는 거룩한 사업이 거기에 있다. 그리고 수행자란 과연 어떠해야 하고 또 어떻게 살아야 하는가를 보여주어 만천하 수행자들에게 귀감이 된다는 뜻이 거기에 있다.

2004년 10월
불광회 창립 30주년의 소식을 전해 들으며
河南 古州山房에서

1

대각구국구세(大覺救國救世)의
위법망구(爲法忘軀)

─광덕스님의 생애를 다시 생각하며─

대각구국구세(大覺救國救世)의 위법망구(爲法忘軀)

─광덕스님의 생애를 다시 생각하며─

서(序)

사람이 삶의 신고(辛苦)를 겪으면 자연 자신이 살아온 인생을 되돌아보게 마련이다. 나 역시 안성 도피안사의 서울 포교당인 방배동의 정광사(正光寺) 생활을 마감하고 다시 도솔산 묘향대로 돌아와 성찰의 시간을 보낼 때였다.

처음 출가하여 그때까지 수행자로서의 과정을 면밀히 살펴봤을 때 나에게 가장 큰 영향력을 가지고 떠오르는 대상이 스님이었다. 그때가 1998년 여름이었다.

혼자 속으로 '내가 금생에 스님을 만나서 큰 은혜를 입었는데 그것을 조목조목 글로 한번 써 보자. 어디 조용한 곳으로 가서 몸과 마음을 가지런히 한 채 하나하나 떠올려 기록해 보자. 그 일에 전념하기 위해서는 가능한 한 내가 주지인 이곳을 떠나야 하고, 또 기억만으로는 안 될 터이니 일기장이나 메모장을 챙겨 가지고 가자'라고 생각했다.

이렇게 궁리를 한 뒤, 그해 동안거 결제가 되기 전에 갈 곳을 정하기로 했다. 처음에는 설악산 백담사로 가기로 했다. 백담사는 들어가면 딱 갇히는 느낌이 들어 생각을 오롯하게 가다듬기가 좋을 것 같아서였다. 그러나 사정상 계획을 바꿔 오대산 월정사를 마음속으로 정했다. 그곳은 내 어릴 적 추억이 서려 있기도 하고 또 큰 절 월정사에서 위에 있는 상원사까지 하루에 한 번씩 오르내리면서 생각을 깊이 한 뒤 글을 쓰기가 좋을 것 같았다. 눈이 오나 비가 오나 걸으면서 생각을 오롯이 하면 잡념을 떨치는 것도 좋을 것 같고 정리나 집중도 더 잘 되리라는 생각에서였다. 당시 현해스님이 주지를 하고 있었는데 그곳 사정이 여의치 않아 또 단념해야 했다.

그런 것보다 주변에서 권하기를 "큰스님의 건강이 여의치 않으신데 너무 멀리 가면 되겠느냐" 하는 조언이 가장 결정적이었다. 그 말에 나는 문득 어떤 예감이 스쳐 그만 이곳 도피안사에서 결제에 맞춰 백일기도를 하기로 했다.

백일기도를 하면서 스님의 훈도를 하루에 딱 한두 가지씩만 쓰기로 마음먹었다. 한꺼번에 많이 쓰면 혹시 소홀해질 것 같은 염려 때문이었다. 그렇게 백일기도를 입재하고 스님의 훈도를 기록해 가기 시작했다. 하루 세 번 기도로 마음을 깨끗하게 하여 정신작용을 맑게 한 뒤 스님의 훈도를 떠올려 내 생각을 심화시켰다.

아니나 다를까 예감대로 그해 12월, 스님은 폐렴을 얻어 큰 고생을 하게 되었고(시봉일기 6권 187쪽 참조), 그 이듬해 2월 27일, 결제 중에 스님은 사바의 모든 인연을 마감했다. 지나 놓고 보니 백담사나 월정사로 가지 않았던 것이 오히려 잘된 일이었고, 또한 스님이 못 가도록 인도하고 가호하셨다는 생각마저 들었다.

1. 본서래의(本誓來儀)

부처님께서는 본원(本願)으로 오시고 본원으로 머무시고 본원으로 가시고 본원으로 무량세월 동안 천백억화신을 나투시고 본원으로 대자대비를 보이시며, 본원으로 깨달음을 열어 보이시고, 본원으로 지혜를 보이시고 본원으로 일체를 원만하셨다. 말하자면 본원은 본래성불(本來成佛)과 같은 말이다.

선가(禪家)의 종사들은 부처님의 이 점을 꿰뚫어 보고 부처님을 본원 이외의 어떤 말이나 형식으로도 꾸미거나 보태어 설명하지 않았다. 말하자면 부처님을 다른 설명으로나 해설로나 그 어떤 형식으로나 인식사고(認識思考)의 틀에 가두지 않았다. 이 점은 선가만의 탁월함이라고 할 만큼 뛰어나다. 결과적으로 모든 삶들은 그 자체로 의미를 지니고 있다. 개개인인이 두두물물이 개아(個我)와 전성(全性)이, 모두 자신의 이 본원적인 삶을 온전히 두루 갖추고 있다. 다만 그 점을 모를 뿐이다. 아니 더 정확히 말하자면 자기 자신을 너무 모른 채 산다. 본래 그렇고 그러한 자신[如如身]을 까마득히 모른 채 언제부턴가 형성하기 시작한 착각의 자아(自我)의 조그만 틀 속에 숨어버린다. 거기에 안주한다. 끝 모를 세월 동안─ 그렇게 그렇게…….

스님 역시 부처님처럼 일체생령의 본성처럼 그 본원의 뜻으로 이 땅에 모습을 나투셨다. 그래서 원래 이 약전의 제목은 중국 당나라의 천재적인 시인이자 안목 갖춘 불자(佛子) 왕발이 찬(撰)한 석가여래성도기(釋迦如來成道記) 에 '정법계신 본무출몰 대비원력 시현수생(淨法界身本無出沒大悲願力示現受生)'이라고 부처님을 설명하고 있다. 이 글을 처음 알게 된 것은 스님의 평생도반 일타스님으로부터였다. 내가 해인사 지족암으로 스님의 심부름을 받들어 갔을 때 홍에 겨운 큰스님께서 나에게 차를 한 잔 내놓으시면서 이

구절을 인용하여서 스님을 설명하셨다. 그리곤 "니네 스님은 보통 스님이 아니야. 송암은 알고 있겠지. 잘 모셔, 복 받을 거야."

난 큰스님의 말씀을 듣고 서울로 돌아와서 바로 문헌을 찾아봤다. 전문(全文)을 대했을 때 얼마나 좋던지 오래 전에 읽었는데 도무지 잊어지지가 않았다. 그때 난 내 주제도 모른 채 언젠가 인도에 가서 부처님 성지를 맨발로 다니며 저 왕발 이상의 현대판 부처님 일대기를 쓰기로 원을 세웠었다. 그래서 마명보살의 『불소행찬』까지도 곁에 두고 지낸 적이 있었다.

이제 난 스님의 생평을 줄여서 '위법망구(爲法忘軀)로 시현생멸(示現生滅) 하시다'로 정했다. 스님의 생애를 이렇게 쓴 것과 그때 내가 부처님 일대기를 쓰기로 한 것과 무슨 관계가 있는지는 모르겠다. 아무쪼록 스님 생평의 제목은 내가 한 말이나 발상이 아니다. 스님의 도반이신 일타스님의 말씀을 차용한 것에 지나지 않는다는 사실을 밝힌다.

재세시 스님을 모시고 상가(喪家)엘 가면 영가를 향한 법문에서 스님은 이 점을 실감나게 설하셨다. '영가께서 이제 그 업을 오로지 하시고, 그 과업을 원만하시고, 다시 큰 보살원력으로 우리들 앞에 생멸의 높은 법문을 보여주고 계신다'는 요지의 말씀을 하였다. '그 과업을 원만하다'는 언급은 참으로 남지도 않고 부족하지도 않은 매우 적절한 표현이다. 이로써 본다면 스님은 영가에게 하는 법문뿐 아니라 자신에게, 아니 일체중생에게 이런 생각을 그대로 가진 것이라고 여겨진다.

진리—, 누구나 자신이 지은 대로 자신이 살아가게 된다. 그러나 현생의 의지적인 노력이 삶의 방향이나 내용을 얼마든지 개선시킬 수 있다. 형성된 업은 딱 고정된 불변이 아니다. 당연히 불교는 숙

명론이나 운명론이 아니다. 향상일로의 삶이다. 이것이 진리적인
삶이다. 그러므로 누구나 이 진리에서 벗어날 수 없다. 만인은 진
리에서(진리로) 오고, 진리에 의해(진리로) 살고, 진리에 의해(진리
로) 멸을 보인다는 다분히 선언적인 면모를 스스로가 갖추고 있다.
이런 점에서 스님의 말씀은 영가에게 한 법문이기에 앞서 자신에
대한 말이고 자신의 오고 감에 대한 소식을 남의 일처럼 말하였지
만 고백한 것이며 은밀히 공개한 것이다.

2. 화성강생(華城降生)

'화성'이라는 말은 인도 마우리아 왕조의 아쇼카 대제(大帝)가
다스리던 나라의 수도 이름이기도 하다. 일명 화씨성(華氏城)이라
고도 하지만 화성이고, 오늘날 비하르 주(州)의 주도(州都)인 파트
나다. 그 화성 땅에 스님은 강생한 것이다. 강생은 저 높은 곳에서
메시지를 들고 내려오는 것이 아니라 중생제도를 위해 자비심과
서원으로 몸을 나투는 것을 말하고 있다. 아니, 본원으로 시현생멸
(示現生滅)한 것이다.

1927년 4월 4일(음 3월 3일), 경기도 화성군 오산읍 내리에서
아버지 고공(高公) 준학(準學)과 어머니 김씨(金氏) 동낭(東娘)의 2
男 3女 중 넷째로 출생했다. 본관은 제주이며 성명(姓名)은 병완(秉
完)이다. 특히 이 해는 후일 은법사(恩法師)가 되는 동산대종사(東
山大宗師)가 김천 직지사에서 당년 38세의 나이로 불도(佛道)를 이
루신 견성오도(見性悟道)의 해이기도 하다.

스님의 인품은 타고날 때부터 무척 종교적이었다. 이 말은 자비
와 지혜를 천성적으로 갖춘 성품의 소유자였다는 뜻이다. 그래서 난

스님을 '타고난 수행자', 아니 '오랜 세월 닦아온 수행자'라고 믿는다. 스님의 어린 시절 이야길 들어 봐도 나중 스님의 모습과 별반 다르지 않았다. 어릴 때부터 이미 많은 것이 보였다. 성정은 무척 밝고 명랑하여 쾌활했다. 내가 불광사 스님회하에서 살 때 스님 큰누이께서는 이런 증언을 했다. "어린 스님이 동네에서 놀다가 집에 들어오는 모습을 보면 마치 천상의 동자가 구름을 밟고 오듯이 경쾌했으며, 부드러운 머리칼이 물결처럼 찰랑찰랑 남실거렸어요."

그보다 더 어릴 때는 큰누이가 스님을 업고 동네 사람들이 모이는 곳에 가서 내려놓고 노랠 하라고 하면 곧잘 부르곤 했다. 그다음부터는 사람이 있는 곳에서는 으레 노래를 불렀다고 한다.(시봉일기 8권 148쪽 참조) 사람이 많이 모이는 곳이면 자신이 무조건 노래해야 하는 것으로 생각했던 것이다. 스님은 어릴 때부터 노래 부르기를 좋아했다. 자신이 노랠 부르면 어른들이 박수도 치고 좋아하기도 하며 안아주기도 하니까 어린 스님은 어른들이 모인 곳이면 자신이 노랠 불러야 하는 것으로 원칙을 삼은 것이다. 이 말은 비록 성장 과정에 있는 하나의 에피소드지만 듣는 순간 많은 의미를 느꼈다.

어린 시절 스님의 성질은 유순하여 상냥하고, 경쾌하여 명랑하고, 고집부리지 않고 영특하여 지혜로운 귀염둥이 아기였고 소년이었다. 점점 자라 아기는 소년이 되었고, 그렇게 자랄수록 타고난 천성은 더욱 드러나 주변의 사랑과 관심이 깊어 장래의 기대를 한 몸에 받았다. 그리고 그 당시만 해도 태어나면 영아시절 죽는 경우가 많아 제대로 성장하여 어른이 되는 경우가 드물었다. 열 가운데 끝까지 자라는 아이가 세넷이나 될까 말까한 정도였으니, 집집마다 자손이 귀했던 시절이다. 이런 경우는 제주 고씨 가문도 예외는 아니었고 어린 스님이 태어난 집안도 마찬가지였다.

자손이 희귀했던 시절 태어난 스님은 주변으로부터 금지옥엽으로 보살핌을 받으며 자랐다. 쥐면 다칠세라, 불면 날아갈세라, 손을 놓으면 행여 넘어질세라, 이처럼 한없는 무조건적인 사랑을 받았기에 이다음에 커서 받은 사랑을 많은 사람에게 되돌려 줄 수 있었던 것인지도 모른다. 비록 훗날의 일이긴 해도 스님이 나이 어린 사제였던 반월스님을 키운 이야길 들어보면 타고난 천성을 갖지 않고는 불가능할 것이라는 생각을 하게 된다.

스님은 자라면서 충분한 사랑을 받았기에 커서도 충분한 사랑을 베풀 수 있었던 것이다. 굳이 교육이라는 말을 하지 않아도 인생을 살아보면 다 통하는 말이기도 하다.

3. 향학일념(向學一念)

무엇보다 스님은 소년시절 호기심이 많고 집중력이 뛰어났으며 비록 어렸지만 무척 논리적인 사고를 지녔다. 아버지와 형이 별세한 뒤 집이 가난하여 책을 사지 못하면 멀리 떨어진 이웃 동네에 가서 빌려서라도 책을 읽고 생각을 깊이 했다. 이런 품성을 지녔기에 스님은 자라면서 줄곧 책을 손에서 놓지 않았던 것이다. 어쩌면 책 속에서 자랐다고 해도 과언이 아니라는 생각이 든다.

자신의 둘째 아들이자 하나밖에 없는 외아들인 어린 스님이 너무 책을 좋아하여 한번 잡은 책을 손에서 놓지 않고 밤을 새워 읽어 가는 광경을 바라본 어머니는, 아들을 염려하여 간곡히 만류하기도 했다.

사실 스님의 어머니도 그 당시로서는 무척 책을 많이 읽은 분이었다고 한다. 아들의 건강을 염려하면서도 서로 통하는 것이 있었기에 틈만 나면 모자간에 책 읽는 이야기를 나누었다. 하루는 어머니가 "나는 골방에 가득할 정도의 책을 다 읽었다. 네가 그 정도 읽을 수 있겠나"라고 아들에게 은근히 말했다. 어린 스님에게는 어머니의 그 이야기가 평생 교훈이 되었다. 책을 좋아하고 깊이 생각하기를 좋아하며, 상대에 대한 배려가 깊고 많은 인간적인 덕성은 그 어머니로부터 물려받았다고 해야 할 것이다. 어린 스님은 어머니를 존경하면서 자랐다. 무슨 일이든지 어머니의 말씀이라면 "예, 어머니"가 스님의 입에서 나오는 한결같은 대답이었다.

언제인가 여가에 좀처럼 말하지 않는 스님 자신의 어린 시절 이야기를 잠깐 내비친 적이 있었다. 그때 내용이 부모에 대한 공경심이었다. 나의 속가 아버지가 처음으로 불광사에 참배를 왔었다. 그 사실을 스님께 말씀드릴 때 나는 아버지를 '거사님'이라고 호칭해 불렀었다. 스님은 나에게 왜 자신의 아버지를 '거사님'이라고 남을 대하듯이 부르느냐고 훈도를 하면서 한 말씀으로 기억에 남는다. 스님은 비록 출가자였지만 그 당시 여타의 스님들과는 부모를 대하는 태도가 달랐다.

스님의 청소년 시절은 불타는 향학의 시절이었고 독서의 시절이었으며 터질 것 같은 우국충정을 가슴에 간직한 시절이었다. 언젠가 다가올 해방된 조국의 앞날을 위하여 포부를 가지고 정진해 갔던 시절이기도 하다.

4. 구국일념(救國一念)

스님은 나라 잃은 슬픔 속에서 태어난 망국의 소년이었다. 1945

년 해방되던 해가 스님의 연령(年齡) 19세였다. 한창 감수성이 예민하고 순수한 심성의 소유자였던 스님은 어머니의 영향을 받아 독서를 쉼 없이 하면서 자랐다. 조금 커서는 나라를 빼앗겼다는 사실을 알게 되었고 일본사람들이 민족적인 차별심을 가지고 대한다는 것을 알았다. 스님은 슬펐겠지만 오히려 깊은 인간적인 자긍심과 민족적인 자존심을 키우며 자라게 되었고, 언젠가 독립이 되었을 때를 생각하여 다부진 결심으로 앞날을 내다보며 착실하게 준비를 했다. 실지로 해방이 되었을 때 나라를 어떻게 세울 것이냐에 대해 벗들과 밤 세워 토론하면서 고뇌와 고뇌를 거듭했다고 토로한 적이 있다.

일제강점기에서 청년 고병완이 오로지 자신의 실력을 키우는 길은 공부였고 독서였다. 특히 사회과학 분야에 관심을 많이 가졌다. 잃어버렸던 나라를 되찾았을 때 어떻게 하면 좋은 나라를 만드느냐, 어떻게 하면 다시는 나라의 주권을 빼앗기지 않느냐에 대해 줄곧 생각했으며 고뇌했던 까닭이다. 그리고 폭넓은 독서를 통해 스스로 질문을 하고 스스로 답을 찾았다.

그 당시 뜻을 가진 젊은이들은 모두 애국자였고, 충성을 가슴에 간직한 의인들이었다. 스님 역시 순수한 구국의 일념으로 소년시절과 청년시절을 고뇌와 정진으로 그렇게 보내고 있었던 것이다. 훨씬 훗날 이야기지만 이 일은 절에 들어와서야 비로소 명확한 방향을 잡게 된다. 그러나 그때는 학문과 인간의 이성을 통한 방법에만 골몰했다. 불교를 몰랐을 때니까.

해방이 되자 다시 찾은 나라의 앞날을 위해 벗들과 밤을 새워 토론했다. 그러던 것이 해방 후 시간이 흐를수록 점점 중구난방의 혼란 속으로 빠져들었다. 마침내 그 지독한 혼란 앞에서 심한 좌절을 겪게 된다. 그 어디에서도 희망을 가질 수 없었다. 좌우대립을 통해 사회는 날이 갈수록 더 혼란해져 갔다. 현상에 치우친 좌파의 유물론적인 사회주의나 공산당이 내세우는 자가당착의 한계를 보았으며, 사분오열한 우파의 대립과 갈등의 혼란도 보았다. 비록 나이 어리긴 했지만 도무지 그 어디에서도 희망이 보이지 않았고 모두의 주장에는 각기 자신들의 욕망만이 가득해 보일 뿐이었다. 이런 일들을 스님의 순수한 자존심은 허락하지 않았다.

스님은 해방되기 전 일본인이 운영하는 광산 회사에 취직한 적이 있다. 거기서 보인 놀라운 능력은 스님의 인간적인 자긍심과 민족적인 자존심의 발로였다. 개인의 능력이라기보다 한국인의 능력이었고, 개인의 자존심이라기보다 민족적인 자존심이었다. 불과 소년시절의 나이에 그런 높은 정신적 자존심을 갖춘다는 것은 범인(凡人)으로는 쉽지 않은 일이다. 오로지 능력과 성실로 일인(日人) 상사들을 감복시켰고 동료들 간에는 부러움의 대상이었다. 그래서 일인들에게 그 어떤 지적이나 무시를 당하지 않고 일인들도 받기 어려운 특등 대우를 받았다. 한국인이, 그것도 어린 티가 나는 소년이 그런 대우를 받았으니 말이다.(시봉일기 3권 18쪽 참조) 스님 자신의 자긍심과 민족적인 자존심은 곧 구국구세의 발로이고 스님의 인간성의 표출이다. 어찌 욕망의 불길 속으로, 이합집산의 혼란 속으로 뛰어들었겠는가.

5. 출천효행(出天孝行)

스님은 한마디로 지극한 인간[至人]이었다. 지극한 인간은 원초적인 인간관계인 효(孝)에서 비롯된다고 하겠다. 스님과 같은 효행을 출가자들에게서 찾아본다면 분명한 기록으로는 고려 때는 보각국존인 일연선사일 것이며, 가까운 조선시대에는 서산대사일 것이다. 스님은 특히 서산대사가 부모를 위해 지은 제문을 자주 읽곤 했다. 아마 뭔가 깊이 느끼고 상통하는 것이 있었기 때문일 것이다.

스님은 출가 전 어머니가 병중일 때 잠시도 곁을 떠나지 않고 간호를 했다. 그런 까닭에 스님 자신이 나중에 병으로 큰 고초를 겪게 된다. 이처럼 인간의 근본인 효행도 자신의 희생을 통해서 이루어지는 것이다. 뿐만 아니라 인간사 그 어떤 선행도 신의도 미풍양속도 덕목도 당사자의 양보와 희생 없이는 이루어지지 않는다. 그러므로 스님의 이 효행은 스님 자신의 인성이다. 후일 이러한 인성의 바탕에, 용맹정진에 의한 깨달음과 신심이 더하여 불광의 독특한 가풍이 된다. 특히 부모와 같은 절집의 스승들에게는 더할 나위 없는 지극한 면모를 보여주었다. 비단 스승들뿐만 아니라 윗사람들을 항상 공경했고 정성을 다했다. 아랫사람에게는 친형제보다 더 배려가 깊었다. 주변의 이야기를 들어보면, 특히 반월스님을 키운 이야긴 마치 지상이 아닌 천국의 미담을 듣는 것 같았다. 사람으로서 어떻게 그와 같을 수가 있을까? 하는 생각으로 도저히 감당이 서지 않는 일이 스님에게는 비일비재했고 일상사였다.

이로 보면 스님의 '인간애'는 본원에서 비롯된 것이고, 또 수십 생을 닦아서 이루어 온 일이다. 금생에서만 아니라 과거 생부터 닦아온 보살만행이라고 말하고 싶다.

사람은 어떤 일을 잘해 보고 싶다고 하여 다 잘할 수 있는 일이 아니고 문득 생각하여 갑자기 이루어지는 것도 아니다. 그래서 나는 스님의 타고난 '인간애'를 더더욱 찾게 되고 스님의 인간적인 향훈을 그리워하게 된다. 그것은 스님 본원의 면모를 보고 싶고 본원의 소식을 듣고 싶은 것이다. 이와 같이 스님을 대할수록 스님의 참모습이, 스님의 참소식이 내 어리석은 눈과 귀에 조금씩 보였고 들렸다.

스님은 어떤 상황에서도 끝까지 사람을 믿었고 신뢰를 저버리지 않았다. 손해가 나거나 시간이 걸려도 조금도 아랑곳하지 않았다. 곁에서 보면 때로는 답답했고 때로는 난감하고 이해가 되지 않을 때도 많았다. 스님은 주변의 그런 옹색한 태도에도 동요하지 않았다. 한결같이 몸소 전모를 드러내 낱낱이 보여주었다. 다만 주변 사람들이 그것을 모를 뿐이었다.

스님은 설령 자신의 뜻을 모르거나 백안시한다고 하여 삶의 태도를 바꾸거나 인생의 진로를 수정하지도 않았다. 자신의 진실에 대한 일관성을 끝까지 유지하고 지켰다. 그러나 그것을 짐짓 지키려고 하거나 억지로 지탱하려고 하여 어금니를 물고 버텼던 것은 아니다. 자연스럽게 우러나서, 아니 원래 스님 생긴 대로 그렇게 살았던 것이다. 그것은 바로 자신의 진실을 저버리지 않은 것과 같고 자신을 소중히 여기는 것과 같으며, 자신의 면모를 바로 드러내는 것과 같으므로 자신을 향한 또 하나의 지극한 불사였다. 스님은 둘이 아닌 삶을 그렇게 살았다.

바로 이 점이 스님의 도(道)였고 스님의 일상이었으며, 평생의 살림살이였다는 것을 입적 후에야 비로소 자세히 알게 된 것이다. 눈앞에서 대할 때는 미처 보지 못하고 미처 듣지 못하고서는 때늦은 뒤에야 낌새를 챘으니 가히 나는 우둔하다. 청맹과니다.

6. 숙연회지(宿緣會指)

자신의 희생을 통해서만 이룰 수 있고 도달할 수 있는 인간의 덕행, 인간의 모든 덕행은 당사자의 양보와 헌신과 희생을 양식으로 삼고 원료로 삼는다. 이처럼 스님이 어머니에게 바친 효행으로 남고 얻은 것은 병이었다. 그 당시만 해도 치료약이 변변치 않았던 병, 한 번 걸리면 좀체 낫지 않는 큰 병이 폐결핵이었다. 전염성이 있다고 하여 가족들끼리도 거리를 두었던 병, 걸리면 앓다가 결국 죽고 만다는 무서운 병, 스님에게는 그 병이 효행의 대가로 남은 것이었다. 치료를 위해 요양도 하고 약도 썼겠지만 쉽사리 떨어지지 않았고 물러가지 않았다. 결국은 이 병으로 인해 남자로서 군에도 못 가는 신세가 되었지만 다시 옛길을 찾는 크나큰 인연이 되고 있다.

비록 남이 보기에는 무서운 병과 함께 지내고 있었지만 스님은 병치레만 하지 않고 꿋꿋하게 자신을 갈고 다듬었다. 오로지 책을 읽으며 생각을 정리하고 심화하는 공부를 지어갔다. 그때부터도 스님에게는 어디까지나 병은 병이고 공부는 공부였다. 별개의 일로 생각했다. 수차 말했지만 스님은 무척 효자여서 어머니가 부르거나 일을 시키면 한 번도 딴 대답을 한 적이 없었다. 언제나 한결같은 대답이 "예, 어머니"였다. 책만 읽는 아들을 본 어머니가 걱정스러워 책을 그만 읽으라고 하면, 어머니의 그 말씀에만은 "예, 어머니"라고 하지 않고 "어머니, 저는 한 방 가득한 책을 다 읽을 거예요" 하고 대답했다. 이처럼 어머니에게까지 자신의 소신을 굽히지 않고 밝히고 있으니 그까짓 자신의 몸에 붙어 있는 병 때문에 책 읽는 일을 중단한다는 것은 도저히 스님이 할 일이 아니었다.

이런 광경을 가만히 지켜보던 스님의 청년시절 선생님이 있었으니 철학자 박종홍 박사였다. 유순하고 총명하며 성실한 학생 고병완을 익히 보아왔던 그 선생님이 은근히 권유했다. "이렇게 서울에만 있지 말고 산중에 가서 책도 읽고 새로운 생활을 시도해 보면 어떨까?"라고 하며 직접 소개장까지 써서 손에 쥐어 주었다. 바로 범어사 조실이신 동산 큰스님께다.

7. 고로남행(古路南行)

이제 돌아보면 스님이 책을 좋아한 것도 병이 든 것도, 박종홍 박사를 만난 것도 다 스님 자신의 원력소산(願力所産)이다. 어디까지나 자신이 정한 목적지에 가기 위한 과정이나 코스에 불과했다. 과거생의 서원, 오로지 부처님의 진리를 위해서 오는 세상 미래세를 살겠다는 생각, 본래의 서원이다. 결국 그 서원이 모든 환경을 만나고 이루어서 본원을 원만하고 있는 것이다. 자신도 모르는 이 코스는 자신을 잘 인도하고 있었다. 자신이 맹세한 그 서원이 적절하게 이것저것 갖추어 뜻한 방향으로 나아가고 있었던 것이다. 물론 그 당시에는 스님 자신도 이 점을 몰랐으리라. 반드시 자신의 본원은 깨달음이나 신앙을 통해서만 알 수 있고 믿게 된다. 자신이 본래부터 가지고 있는 자신의 본래면목이라도 깨닫지 않으면 모르기에 인간은 누구나 깨달아야 한다는 당위성이 여기에 있다. 그러나 나중에 스님의 고백을 들어보면 부처님의 인도하심이 자신에게 있었다고 분명히 알고 있었음을 밝혔다. 이미 스님은 스님 자신을 알고 있었던 것이다. 그래서 자신의 삶이 바로 자신의 서원이라고 밝히고 있다. 그렇지만 처음에는 환경이 움직이고 돌아가는 대로 조용히 순응해 갔을 것이라고 본다. 그렇게 침착하게 순응하면서, 그러나 깊은 마음으로는 자신의 길, 즉 인생의 문제 우주의 문제를 추구하면서, 스님은 자신의 길을 충실하게 찾아가고 있었던 것이다. 구국의 진리를 찾았고 인간이 무엇인가에 대한 본질을 물었고 만유가 갖춘 체성의 진리를 찾고 있었다는 말이다.

안타깝게도 세속에서는 스님 자신이 추구해 온 것에 대한 답을 하나도 만나지 못했다. 비록 육신은 병이 들고 사회는 소용돌이치고 있었지만, 스님은 한 번도 자신이 품은 이런 근원적인 질문을 내려놓지 않았었는데도 결국 찾지 못했다.

바야흐로 스님은 병든 몸을 이끌고 가슴에는 질문을 안고 석 달 동안의 양식을 등에 짊어지고 산문을 찾아 들었다. 품속에는 소개장이 간직되어 있지만 생전 가보지 않았던 미지의 곳을 찾아 남쪽으로 내려갔다. 비록 생면부지의 남행길이었지만 옛 인연을 찾아가는 남행이었고 진리를 찾아가는 남행이었으며, 보살행을 이루기 위해 찾아가는 그 옛날의 길, 고로남행이었다.

그러므로 이 길은 처음 가는 길이 아니고 아주 익숙한 오래된 길이었다. 예부터 늘 다니던 너무나 익숙한 그 길을 스님은 이제 병을 안고 질문을 안고 소개장을 안고 터벅터벅 가고 있었던 것이다. 표면적으로는 석 달만 있다가 돌아올 심사로 남행에 들었지만 그게 그렇게 되는 것이 아니었다. 이때가 1950년 가을이었다.

8. 결사정진(決死精進)

스물네 살의 스님은 절에서 처사(處士 : 절에서 스님들 시중을 들거나 막일을 하는 신분)로 생활했다. 노장님을 위시하여 대중들은 모두 스님을 '고처사(高處士)'로 불렀다. 고처사인 스님은 대중 스님들이 부탁하는 일이라면 무엇이든지 힘껏 받들었다. 무슨 일이든지 한 번도 '아니오'라고 답하지 않았다. 절에서 해야 하는 일, 스님들이 부탁하는 일이라면 자신의 병든 몸을 돌보지 않고 병든 몸을 핑계로 하여 피하지 않고, 조용히 소리 없이 그리고 앞장서서 했다. 아니 부탁하거나 시키기 전에 해야 할 일은 미리 알아서 했다. 낮에는 선방 원주로서 장에 내려가 시장을 봐 무거운 등짐을 지고 팔송에서 범어사까지 걸어서 올라왔고, 조실스님의 온갖 심부름을 도맡아 받들었으며, 밤이면 선방의 모든 대중들이 잠들었어도 피곤하고 고단한 몸을 일으켜 홀로 깨어 공부를 지어갔다. 그러다가 잠이 쏟아지면 가만히 일어나 우물가로 가서 대중들의 고무신을 모두 닦아 놓았다. 그 당시 스님의 생활을 전해 듣노라면 처음에는 믿어지지 않았다. 단지 '사람으로 어찌 그럴 수가 있을까' 하는 탄식만이 흘러나왔다. 나 같으면 도저히 못할 일이고 상상도 못할 어림도 없을 일을 병든 스님은 태연히 해냈다. 그것도 하루 이틀 적응기간에만 한 일시적인 행이 아니었고 남에게 보이기 위한 그때그때의 적당한 처신이 아니었다. 10년 행자생활 내내 똑같았다. 그렇게 한결같았다.

이런 스님, 아니 고처사에게 조실이신 노장님은 석 달이 지났는데도 양식을 받지 않고 그냥 있으라고 특별 대접을 했다. 그러고는 처사의 신분으로, 그것도 갓 절에 온 신참인 애송이에 불과한 젊은 고처사를 선방에서 공부하게 조처해 주었다. 그런 조실스님 이하 대중들의 배려 속에 살면서도 스님에게는 납득되지 않는 점이 있었다. 후일 스님은 그 일을 나에게 고백했다. 난 "처음 일 년 동안은 대중을 따라 법당에 들어가서 절을 해도 진심으로 하지 않았다. 그냥 대중을 따라 한 것이고 법도니까 지킨 것뿐이었다. 왜 절을 해야 하는지 까닭을 몰랐기 때문이었다. 그런데 일 년이 지나니까 왜 절을 해야 하느냐에 대해서 이해가 분명해졌어"라고 했다. 이 짧은 이야길 통해서 스님이 어떤 성품의 인물이었나 하는 것을 짐작하게 해 준다.

그때부터 스님은 절에서 사는 사람으로서 태도가 달라진 것이다. 아니 겉만 달라진 것이 아니라 속도 달라진 것이다. 불교가 보였고 공부가 뭐란 것을 알았고, 여기서 그동안 자신이 추구해 왔던 인간의 문제, 세상의 문제가 해결될 답이 있으리라는 것을 알아차리기 시작했다. 스님은 그 질문에 대한 답을 구체적으로 찾기 위해 더욱 열렬하게 파고들었고 급기야 몸을 아끼지 않는 불석신명(不惜身命)으로 도전했다. 병든 몸 부실한 몸이라고 해서 망설이거나 주저하지 않고 온몸을 던져 공부했고 온몸을 던져 기도했으며, 온몸을 던져 선지식에게 묻고 온몸을 던져 대중생활을 하고 온몸을 던져 도반들을 대했다.

얼마나 열렬하게 정진을 했던지 그 당시 선객(禪客)들 중에 범어사의 고처사를 모르면 가짜라고 할 만큼 스님의 법을 구하는 자세는 대단했고 태도는 단호했으며 결심은 결정적이었다. 마치 목숨도 아깝지 않다는 듯이……. 도저히 남이 흉내 내지 못할 일이었다. 그래서 저절로 소문이 생겼고 말이 퍼져나갔던 것이다. 당시 스님과 함께 잠깐이라도 정진하고 한 철이라도 살아본 사람은 끝까지 스님의 그런 모습에 경의를 가지고 있었고 그 탁월함을 인정했다. 그때 평생의 도반이 된 인물들은 거의 그 자리에 있었다. 도광스님, 일타스님, 석정스님 등등 다 거론할 수 없다.

오로지 정진의 힘으로 폐결핵을 극복하여 새 몸을 얻고 새 눈을 얻은 스님은 진리에 대한 열렬한 기상이 충천했다. 이때 스님에게는 적어도 적당히는 없었다. 그 당시 스님의 심정이나 모습을 '장부자유충천기(丈夫自由衝天氣)　막향여래행처행(莫向如來行處行)'이라고 말할 수 있을 것이다.

9. 금정법희(金井法喜)

스님은 선방에서 정진을 하다가 공부가 순일하지 않으면 법당으로 달려가 기도를 했다. 법당과 선방을 오가는 생활을 반복했다. 기도 역시 선방에 정진하는 것처럼 정해진 시간이 따로 없었다. 얼마나 열렬하게 했는지 혹독하고 가혹하다고 할 정도로 자신을 몰아붙였다. 마치 불화로를 머리에 인 사람처럼 죽기 살기로 전심전력으로 혼신의 힘을 기울였다. 그러나 도저히 자신의 허약한 몸이 자신의 그 대단한 정신을 지탱해 주지 못했다. 급기야 법당에서 기도하다가 선방에서 정진하다가 곧잘 쓰러졌다. 그러고는 또 일어났다. 마치 오뚝이 같았다. 스님은 나에게 젊은 시절 자신은 오뚝이처럼 살았다고 말했다.

아무리 정신이 그랬어도 육신은 병든 몸에다가 무서운 정진으로 도저히 견딜 수 없는 상태로 치달렸고 마침내 극도로 쇠약해져서 주변의 강권으로 온천장에 있는 금정사로 내려가서 좀 쉬게 되었다. 이도 어른들의 염려로 말미암아 마지못해 이루어진 일이었다. 그러나 스님은 몸을 추스르기 위해 잠시 쉬는 동안에도 결코 화두 일념을 놓지 않았고, 마침내 생사를 넘나드는 막다른 길의 위급함에서 일체의 번뇌가 본래 없는 자신의 면모를 되찾게 된다. 이것이 스님이 아무에게도 발설하지 않고 입을 꾹 다물고 살았던 '금정사의 기연'이었다.(시봉일기 1권 289쪽 참조)

실로 뭐라고 입을 놀려 말할 일이 아니다. 몸의 병도 없어졌고 숱한 생각도 없어졌으며, 그렇게 많이 읽었던 지식도 깡그리 사라져 없어졌다. 남은 것은 아무것도 없었다. 비로소 장부의 일을 다해 마쳤다. 어찌 그때의 일을 형언으로 표현할 수 있으랴. 일대전환, 아니 그토록 찾아 헤맸던 구국구세의 방략과 인생과 우주의 문제가 일거에 해결되는 백 천의 해가 일시에 드러났으니 통밑이 빠진다거나 너울너울 춤을 춘다거나 한다는 것도 스님에게는 다만 몸짓일 뿐이고 말이고 얼씬거리는 생각일 뿐이었다. 어디 부처님께서 대각을 이루신 뒤 일어나 춤을 추시고 드디어 통밑이 빠졌다고 너털웃음을 하셨던가.

10. 대각구국(大覺救國)

스님은 비로소 어린 시절부터 그토록 추구해 왔던 인류의 행복과 세계평화에 대한 답이 불교에 있음을 증득하여 철견했다. 장부로서 투철한 소회(所懷)를 가졌던 것이다. 일찍이 소천대선사를 만나면서 사회과학의 근원이 바로 불교임을 구체적으로 파악했었지만 자신의 일로 자신의 보물로 삼지는 못했던 것이다. 그러던 것이 '금정사의 기연'을 통해 무가보(無價寶)를 간직하게 되었으니 가히 걸릴 것이 없었다. 남은 것이라면 보현대행(普賢大行 : 覺行)뿐이었다.

물론 인생과 우주의 근원적인 진리를 불교가 말하고 있으니 어디 사회과학뿐일까? 그렇지만 스님이 오래전부터 관심 가져왔던 일에 대한 답이 장중보옥(掌中寶玉)이 된 것이다. 그동안의 일이 달빛이 없는 밤에 손에 구슬을 올려놓고 본 것이라면 이제는 교교히 밝은 달빛아래 손바닥에 올려진 구슬을 본 것이다.

일찍이 스님은 소천스님의 말씀을 듣거나 법문을 들으면서 눈앞이 훤히 밝아져 새 세상이 펼쳐짐을 느끼곤 했었다. 우리 민족의 살 길이 바로 이 길이고 인류가 참되게 살 길이 바로 여기에 있음을 깨달았고 자신이 무슨 일을 하면서 금생을 살아야 할 것인지가 바로 거기에 있다고 믿었다. 비로소 스님 자신의 일이 되었고 살림살이가 되었으며 갈 길을 되었고 할 일을 찾았다. 스님은 지체하지 않고 바로 행동으로 들어갔다. 언제나 옳은 일 앞에서는 자신을 돌아보지 않은 스님, 이 일에도 그랬다.

'금정사의 기연'이 있기 전부터도 소천스님을 모시고 곳곳마다 구국의 법회를 열어갔고 '금강경독송구국원력대'를 만들어 금강경운동을 펼쳐갔었다. 그 이후에는 더욱 맹렬했다. 자신의 몸이 곧 무너질 상태에 놓여 있어도 스님은 도무지 아랑곳하지 않았다. 그렇게 며칠 동안 한 바퀴 돌고 범어사에 돌아오면 인사불성이 되어 열반당으로 가서 죽기만을 기다렸다. 한두 번이 아니었다. 나갔다 올 때마다 열반당으로 직행했다. 말하자면 죽기 살기로 다닌 것이다.(시봉일기 4권 36쪽 참조)

스님의 이런 과정을 잘 알고 그 이후에도 죽 지켜봐 온 범어사 강주를 역임한 백운스님께서는 '위법망구'라고 스님을 표현했다. 법을 위해서 일신을 돌아보지 않는 정신, 법의 존귀성을 목숨보다 앞에 두었던 스님의 면목에 참으로 적절한 표현이다. 세상에 무수한 수행자들이 도를 깨닫고 도를 쓰며 살았다고 해도 이 이상의 도의 정신이, 도의 삶이 그 어디에 있겠는가 하는 생각이 든다.

11. 회맹설립(會盟設立)

소년시절부터 보다 나은 인간 세상, 아니 훌륭한 나라를 만들기 위한 희원(希願)을 가졌던 스님, 세상의 온갖 책을 다 들춰가며 길을 찾았던 스님. 아무리 찾아도 세상의 법에서는 보이지 않았던 그 비법이 구중궁궐 같은 절에 깊숙이 감춰져 있었으니, 스님이 불교를 만나고 불교를 알고 불교를 대하는 그 마음이 어떠했겠는가? 가히 짐작하고도 남음이 있다 하겠다. 보통의 사람이 절에 와서 출가자가 되어 출가자의 길을 착실하고 무난하게 걷는 것과는 다르다. 스님에게 불교는 바로 자기생명 전부였다. 스님은 불교를 만난 것으로 새로운 생명이 시작되었다. 즉 세간의 자기는 폐결핵이 걸려 이미 죽었고 불교에서 다시 병 없는 생명으로 보살의 생명으로 태어났던 것이다.

흔히 이런저런 인연으로 절에 와서 살고, 살다보면 자신도 모르는 사이 타성에 젖고 늙어 병들어 한 생을 마친다. 스님의 불교는 그런 불교가 아니었다. 자신이 몹시 찾고 있었던 것을 찾게 해 주는 너무나 고마운 불교였다. 세상에서 그토록 찾던 것을 못 찾고 결국 절에 와서야 찾게 되었던 스님은 불교를 대하는 것이 여타와는 사뭇 달랐다. 자신은 부처님 가르침 속에 새로 태어났고 새 삶을 얻은 것이라고 굳게 믿었다. 그래서 나라를 구하고 세상을 구하는 이 법을 구체적으로 쓰고 싶었고, 이 법이야말로 세상과 인류를 위한 참된 법이라는 사실을 철견하여 우뚝 일어섰던 것이다. 그러니 어찌 자신만 이 놀라운 사실을 알고 홀로 구름 속에 유유히 노닐겠는가. 출가자는 신선이 아닌 바에야, 그리고 불교가 신선교가 아닌 터에…… 당연히 세상과 함께 진리를 공유하고 깨달음을 공유하며 만덕을 공유해야지, 이것이 스님의 가슴을 도도히 흘러가는 거스를 수 없는 진리의 강물이었고 믿음의 극치였으며 사고의 귀결이었고 인생의 결론이자 총론이었다.

그 첫걸음이 1956년 대각회(大覺會)의 발족이었다. 처음 회장을 스님이 맡았다. 비록 머리를 깎고 승복을 입고 있었지만 신분은 아직 행자였고 호칭은 '고처사'였다. 그렇지만 대각회의 쟁쟁한 구성 멤버들은 그 '고처사'인 스님을 나라를 구하고 세상을 구제하고자 하는 이 희유한 불사에 초대회장으로 추대했다. 이때 나라는 전쟁이 휴전한 지 오래지 않아 그 후유증이 컸고 상처가 도처에 널려 있었다. 종단은 정화로 말미암아 어수선하기 그지없는 와중이었다. 실로 안팎으로 난감할 때였다. 무척 어려운 이 시기에 불교계의 지성들이 나라를 걱정하고 종단을 걱정했다. 자연 부처님의 가르침으로 어려움을 이기고 나라를 바로 세우려는 기도의 염원을 모아 소리 없이 조용히 만든 단체가 대각회다.

12. 대사일번(大死一番)

이제나저제나 절에 들어가 출가하면 하루라도 빨리 계를 받아 스님[사미]이 되고 싶어 하는 것이 상례다. 왜냐하면 사미가 되기 전의 행자와 사미가 된 이후, 즉 스님이 된 뒤부터는 인식과 대접이 확 달라지기 때문이다. 물론 대하는 방식이나 부르는 호칭도 다르다. 절에서는 아무리 뛰어나도 행자는 저— 아래에 머물러 맴도는 어쩌면 하찮은 인물로 여겨진다. 그래서 누구라도 기왕 절에 와서 출가자가 되기로 했다면 하루라도 빨리 계(戒 : 사미십계)를 받고 스님이 되는 것이 꿈이고 소원이다.

그런데도 1950년 가을에 범어사로 출가한 스님이 1960년 봄에 가서야 계를 받는다고 하는 것은 매우 이례적인 일이고 놀라운 일이다. 거의 드문 일이다. 그것도 10년이라는 긴 세월동안 행자로 있다는 것은 유례가 드문 일이다. 아예 없지는 않겠지만 결코 흔한 일은 아니다. 몇 년을 기다리는 경우는 있어도 강산이 한 번 변할 세월을 지내는 일은 거의 없다. 그러기에 아무나 할 수 없는 일이다. 좀 생뚱한 이야기지만 절에도 마치 군대처럼 밥그릇 숫자를 앞세울 때가 있고, 그 숫자에 따라 잠잘 자리나 밥 먹는 자리, 하는 일이 달라지기도 한다. 그러므로 보통 사람은 하루라도 빨리 계를 받고 싶어 안달이다. 스님처럼 10년 긴 세월 동안 처사로 산다는 것은 꿈도 꾸지 못할 일이다. 그러면 왜 스님은 그렇게 계를 받지 않고 오랫동안 행자로, 아니 행자보다 못한 처사(處土)라는 대접을 받으며 절에서 살았을까? 그 당시 고처사(高處土)를 모르면 선방의 선객이 아니라고 할 만큼 이름을 떨쳤음에도 계를 받지 않았던 까닭은 분명 스님에게 따로 있었을 것이다.

여러 증언을 엮고 내가 문득문득 스님에게 들은 이야길 종합해 보면, 첫째가 출가에 대한 존엄성(尊嚴性)이다. 출가는 아무나 하는 것이 아니라는 스님 자신의 생각이 지나칠 정도로 투철했던 것 같다. 출가자는 여러 가지를 갖추어야 하는데, 그 가운데서 가장 중요한 것이 '발보리심'이라고 보았던 것 같다. 출가자로서 자질과 안목이 있느냐 하는 점이다. 스님 자신에게 과연 이 점이 충족되었나 하는 자기 양심의 발로, 어쩌면 겸손이라고 해야 할 것 같기도 하다. 여타의 일반적인 경우는 좀 부족해도 우선 계를 받고 살아가면서 하나하나 채우면 되겠지 하는 자기 설득으로 계부터 받고 보는데, 스님은 결벽증 같은 이런 생각을 많이 했던 것으로 여겨진다.

두 번째는 자신의 몸이 건강치 않은 데에 원인이 있었던 것 같다.(시봉일기 3권 38쪽 참조) 몸이 건강하지 못하여 출가 수행자로서 역할을 제대로 해내지 못하면 시은(施恩)만 지게 되는 것이 아닌가 하는 스님의 양심이 거기에 있었던 것이라고 보인다. 병객(病

客 : 자신을 표현한 말)이 공연히 출가하여서 시은만 녹이는 업만
잔뜩 지으면 안 된다는 생각이 자신의 수계를 가로막았을 것으로
본다.

　세 번째는, 보살행을 할 수 있어야 하는데 과연 자신이 그런 일
을 감당할 수 있을까 하는 고려였다고 보인다. 자비심이 없는 출가
수행자, 즉 자비심이 없는 부처님 제자라는 말은 스님에게는 이해
되지 않을 뿐 아니라 어불성설로 생각되었을 것이다. 훗날 내가 스
님 회하에 머물 때도 늘 출가인은 자비심이 근본이 되어야 한다고
강조하였기 때문이다. 스님은 주변에게도 자비심이 있어야 성현이
기뻐하신다는 말씀을 틈나는 대로 하였다. 스님은 제자를 가르치는
훈도로 ‘자비심’을 으뜸으로 삼았기에 자신에게도 엄격하게 적용했
으리라 본다.

　스님이 이런저런 여러 가지 고려를 끝내고 출가를 결심한 것을
월탑거사 박경훈 선생은 ‘대사일번’이라고 표현했다.(시봉일기 3권
38쪽 참조) 아무쪼록 스님이 수계를 그토록 미루다가 결심을 한
것은 또 다른 그 무엇이 있었을 것으로 본다. 수계한 스님은 은법
사이신 동산대종사의 간곡한 뜻[종단의 일과 범어사의 일]을 받들
어 종단의 일에 온몸을 던진다. 물론 스님을 아는 주위의 도반들도
이구동성으로 ‘고처사’의 수계를 간곡하게 권유했음은 거론의 여지
가 없다. 친분보다 불교를 위해서였다고 들었다.

13. 선학참사(禪學參社)

　선(禪)의 정신을 근본으로 하여 구국구세 운동을 하고 싶었던 스
님이다. 그래서 대각구국구세(大覺救國救世)가 원 명칭이다. 선의

근본 목표는 반야안(般若眼)의 획득이고, 반야안은 대각을 의미하는 반야의 증득이나 반야에 대한 믿음을 말한다. 스님은 선에 의해 단련되었고 선에 의해 믿음을 확립했고 출가자로서 개안(開眼)하였기에 선이 무엇이고 반야가 무엇인지를 이미 회통하고 있었다. 스님은 반야를 선으로 접근하여 개안한 사상가다. 그렇다면 왜 굳이 선인가? 스님은 처음부터 선방에서 잔뼈가 굵은 출가 수행자라는 사실을 알아야 이 점이 풀린다. 여기에 대한 이해 없이는 스님을 알 수 없다. 그래서 선이라는 방법으로 대각(大覺 : 반야)을 총섭했고 선을 통해 득력했으므로 모든 방략의 원천은 선일 수밖에 없고 선적일 수밖에 없는 까닭이다. 그래서 구국구세가 그냥 이름만 구국구세가 아니라 반드시 대각구국구세인 것이다. 만약 구국구세라면 하나의 사회운동이나 독립운동 차원에 머물렀을 것이다.

이런 점을 살펴보았을 때 스님 입장으로서는 당연히 선에 대한 새로운 운동, 전국민 운동 인류구제 운동을 일으키고 싶었고, 선을 통해 현대인들에게 자신의 면목을 회복할 뿐 아니라 정신적인 온갖 병리현상을 근원적으로 뿌리 뽑고자 목표했던 것이라고 생각된다. 즉 현대인의 자아상실은 자신의 본면목을 상실하여 생긴 결과이므로 당연히 본면목을 회복하면 잘못된 현상의 결과는 저절로 사라진다는 것이 스님의 주된 생각이었다. 그러므로 스님의 대각구국구세는 특별한 것이 아니라 한국불교의 오랜 전통 속에 그대로 함장되어 있는 것이다. 한국불교의 근본 입장은 인간 각자 자신의 본래면목을 회복하는 순간이 견성이고 성불이며 진정한 사람노릇이라고 하는 점이다. 그것이 곧 용성조사를 거치면서 스님 대에 이르러 '대각구국구세'의 명칭으로 자리매김한 것이다.

선에 대한 일차적인 접근, 그 착안이 바로 선어록(禪語錄)의 발간이다. 당시 뜻 맞는 도반들과 '현대선학연구회'를 발족하고 이 일을 시작하기로 했다. 처음 발간한 『벽암록』(性昊현토) 뒤편에 스님이 쓴 것으로 추정(거의 확실시)되는 취지문이 들어 있고 그것을 살펴보면 대강의 뜻을 알 수 있다.

14. 역경전륜(譯經轉輪)

물론 선어록도 중요하지만 역시 부처님의 말씀에 그 근원을 두어야 함은 말할 필요도 없겠다. 선의 목적이 부처님께서 설하신 반야경의 안목[般若眼]을 얻는 것이기 때문이다. 스님은 나에게 "출가자는 한문도 잘 알아야 하지만 범어도 반드시 알아야 한다. 중국을 거쳐 온 우리 불교도 알아야 하고 중국을 거치지 않은 불교의 원형도 당연히 알아야 한다"고 강조하였다. 나는 그 당시 범어 학습에 엄두를 내지 못했다. 범어를 하기 위해서는 영어는 기본이 되어야 하고 일본어까지 독해가 되어야만 불교학을 연찬할 수 있는 기본과 토대가 잡힐 것 같아서 지레 겁을 먹었다.

아무튼 스님은 도반들과 '대한불교역경원'이라는 이름으로 『벽암록』을 펴냈고, 그 이후에도 연속된 많은 계획을 가지고 있었다. 스님은 자신의 생애 중에 불교신앙 생활에서 필요한 주요 경전들을 속속 펴낸다. 또한 조사어록도 계속해서 출간하게 된다. 일선에서 포교하면서 역경과 번역사업을 동시에 하기가 무척 힘겨운 일인데도 그 일을 해낸 것이다. 스님에게는 좀 더 심원고광(深遠高曠)한 뜻이 있었기에 힘든 일을 묵묵히 할 수 있었다고 생각한다. 스님이 펴낸 선어록의 대표적인 것은 『선관책진』, 『법보단경』, 『무문관』 등이 있으며 그때그때 필요한 조사의 가르침을 발췌 번역하여 『불광요전』에 싣기도 했다.

스님은 꿈도 컸지만 실행력도 컸다. 그것이 이루어지고 이루어지지 않고의 문제가 아니다. 스님은 자신의 실천불교를 통해 후학들에게 무슨 일을 해야 하는지 방향을 잡아 주었고 중요성을 몸소 일깨워 주었다. 미래 한국불교가 나아갈 방향을 제시해 주고 있다는 것에서 시사하는 바가 자못 크다. 요즘에 와서야 시대가 바뀜에 따라 역경도 거듭거듭 새롭게 이루어져야 한다는 사실을 우리 모두가 겨우 공감하는 것이 사실이다. 심지어 다른 종교에서는 성경번역위원회를 설치하여 5년마다 한 번씩 개역(改譯) 작업을 하고 있다고 한다. 스님은 역경불사를 그와 같은 취지로 시도했고 오늘 우리에게 시금석을 놓았던 것이다.

15. 부종단심(扶宗丹心)

스님은 보다 효과 높은 포교와 불사를 위해서는 신앙조직을 활용하여야 한다고 생각했다. 특히 신앙조직을 통해 대각구국구세 운동을 왕성하게 펼치고 싶어했다. 국내적으로는 말할 것도 없고 국제적으로도 상호관계를 가지고 인류구제운동을 펼쳐나가고 싶어했다. 그 일단계가 종단이라는 신앙조직을 통해 나라를 구하고 인류를 구하는 발판을 마련하는 것이다. 불교의 세계평화운동을 하되나 홀로 뛰어나가 외치거나 동분서주로 좌충우돌 하는 것이 아니라 한국불교가 모두 들고일어나서 하자는 것이 스님의 근본방략이고 주된 취지였다. 그래서 스님은 대사일번의 숭고한 결의를 통해 통합종단의 기틀을 놓는 일에 밤낮을 가리지 않았다. 그때의 증언을 들어보면 그 일 역시 '위법망구'였고 구세보살이었다. 자신의 건강이나 안위를 돌보지 않았음은 말할 나위도 없다. 그 일은 스님 자신의 이력을 높이기 위한 장엄이 아니었고 명예를 위한 관록을 화려하게 꾸미는 것도 아니었다. 일정한 종단의 소임을 역임하여 고찰의 주인노릇을 하기 위함도 아니었다. 오로지 스님은 자신의 헌신을 통해 안정된 종단과 발전된 한국불교를 이루고 나아가 세계평화운동을 불교가 담임해야 한다는 숭고한 생각으로 온몸을 던져 일했던 것이다.

일찍이 나라 잃은 백성으로서, 뼈아픈 망국의 아픔 속에서 독립의 염원을 가슴에 간직한 열혈청년으로서, 해방된 조국의 앞날을 위해 불철주야 책을 읽고 고뇌를 감수했던 청년 고병완, 온 세상의 책을 다 뒤지며 도서관에 앉아 옷이 땀소금에 절어 뻣뻣해지도록 정진했던 순직한 청년, 오로지 부국강병의 튼튼한 나라를 만들기 위해서 심혈을 기울였던 청년, 다시는 결코 망국의 설움을 겪지 않아야 한다는 공동체적인 자각으로 사회과학에 관심을 가졌던 수특한 청년, 그 청년은 마침내 불교에 들어와서야 구국구세의 참된 방법을 얻었던 것이다. 그랬으니 불교를 통한 구세운동, 종단의 힘을 모아 나라를 구하고 인류를 구하려고 했던 스님의 각오와 결심, 그 행과 원이 어떠했겠는가는 가히 불문가지이다.

스님의 생애 중 어디서나 누구에게나 소홀한 적이 없지만 특히 종단에 몸 바칠 때 스님의 각오는 남이 흉내내지 못했다. 스님은 법을 구하기 위해서도, 법을 펴기 위해서도, 종단을 위해서도, 학교를 위해서도, 불광이나 사람을 위해서도 오로지 위법망구 그 자체였음을 나는 말하고 싶다.(시봉일기 1권 173쪽 참조)

사람들은 흔히 그런 스님을 가리켜 '신심이 장한 분'이었다고 말하곤 한다. 그러나 당신 일신을 위해 신심이 장한 분이 아니었다.

한국불교와 인류구제에 대해 신심이 장한 수행자였다. 스님을 자신의 안위를 돌아보지 않는 멸사봉공의 대의를 실천한 역사적 인물이었다고나 해야 할까, 아니면 우국지사였다고나 할까.

구국구세에 골몰해 자신의 역량을 키워왔던 스님에게 종단이라는 조직은 그 뜻을 이루기에는 아주 매력적인 집단이었고 가능태였으리라는 생각을 해 본다. 그러나 사상운동에는 뜻 맞는 동지가 있어야 하고 동지는 생각과 행이 같아야 한다. 개인의 안심입명에만 깊은 관심을 가지고 있던 그 당시의 한국불교 분위기에서는 스님이 너무 앞서가고 있었다. 아니 그때나 지금이나 누가, 혹은 몇 사람이나 스님과 뜻이 같았을까. 어쩌면 그 당시 한국불교의 분위기나 정서로는 '대각구국구세'의 운동을 일으키기는 시기상조였을지도 모른다. 지금도 그때와 별 달라진 것 같지가 않지만 말이다.

16. 구교성양(救校成養)

또한 스님은 인재를 배출해야 한다고 역설했을 뿐 아니라 몸소 실천했다. 이 점에서도 단연 두드러진 한국불교의 보현보살이었다. 범어사에서 승가학원을 만들어 출가자에게 고등학교 교육을 시켰고(시봉일기 7권 99쪽 참조) 동국대학교에 승가학과를 앞장서 개설하여 스님들에게 대학교육을 보다 폭넓게 시키려고 특별한 방법을 채택하기도 했다.(시봉일기 7권 92쪽 참조)

평소 이런 생각을 가지고 있었기에 통합종단 이후에 동국대학교 소속문제로 종단 지도자들이 우왕좌왕했을 때, 스님은 앞으로 불교의 백년대계를 위해서는 종합대학이 있는 것과 없는 것과는 하늘과 땅 차이라는 사실을 뼈저리게 느끼고 혼신의 힘을 다했다. 종합

대학이 얼마나 중요한 것인가를, 낮에는 총무원 일을 보고 밤이면 일일이 종회의원들을 찾아다니며 역설하고 설득했다. 아니 애원하고 읍소했다. 단지 학교재정을 지원해야 하는 일로 망설이는 본사 주지나 종회의원을 밤늦도록 찾아다니며 설득했던 것이다. 또 해인사 방장이신 성철스님과 뜻을 함께 하여 해인사 내에 대학을 만드는 일에 불철주야 골몰한 일 등, 그뿐 아니다. 교육을 위해서 밤새워 온갖 방략을 짠 일은 일일이 다 거론할 수조차 없다. (시봉일기 3권 55쪽 참조)

이 일 역시 스님은 한국불교 전체가 나서서 보살인재를 길러 대각구국구세하자는 것이었다. 출가자 우리 모두 부처님의 제자들로서 당연히 부처님의 뜻을 계승하여 바로 오늘에 실천하자는 것이 스님의 간절한 소원이었다. 결코 불교도들끼리 세를 늘리고 담장을 둘러치고 자기들끼리 둘러앉아서 잘 먹고 잘살며 대접받자는 것이 아니었다. 남들이 다 좋은 일 하니 우리도 해야 하지 않겠느냐는 적당한 체면치레도 아니었다. 사회 분위기를 타고 일시적으로 나서보는 오늘날의 일부 불교계의 무슨무슨 운동 같은 유행이나 모양새도 아니었다. 오로지 스님의 수행이었고 신앙이었으며, 한국불교의 미래였고 부처님의 진실한 뜻, 대각구국구세였다.

17. 봉은결사(奉恩結社)

통합종단 이후 불교계의 지도자들은 인재양성에 깊은 관심을 가졌고 온 힘을 기울였다. 이는 불교의 미래를 위해서는 인재양성이 가장 우선이라는 생각의 일치였고 무언중에 이루어진 대중의 합의였다. 그 일에 스님이 앞장섰던 것이다. 스님은 대학생불교연합회 초대 지도법사를 맡았고, 주지로 있던 봉은사에 대학생수도원을 개설하여 젊은 인재들을 훈육 양성했다. 그리고 봉은사에 모인 대중들과 일상을 부처님 법답게 살려고 청규를 만들었고 대중을 독려하며 앞장 서 지켜 나갔다.(시봉일기 7권 48쪽 참조)

한국불교는 조선시대의 억불로 인해 오래 동안 피폐해지고 방치되어 거의 빈사 상태에 이르렀다. 긴 세월을 사회주도 세력이 되지 못하고 권 밖으로 멀리 밀려나 있었다. 그런 척박한 사회환경 속에서 간신히 겨우 명맥만 유지하고 있었으니 사회적인 불교의 위상은 이루 말할 수 없이 나락한 상태였다. 거기에다 일제강점기를 맞이하여 일본불교의 왜색이 곧바로 침투하였고 해방 이후부터는 본격적으로 서구의 사상과 물질문명이 구호원조물자를 앞세워 쏟아져 들어왔으니 엎친 데 덮친 격이라고나 해야 할까, 아니면 그런 질곡 속에서도 살아남은 것이 대단하다고 다행히 여겨야 할까.

육이오 전쟁의 동족상잔을 겪으면서 거칠고 상처받은 사회 분위기에서 불교정화가 벌어졌다. 언제 한 번 제대로 불교의 앞날을 위해 마음 놓고 걱정 한번 해볼 사이 없이 숨 가쁘게 달려온 격변의 시대였다. 이런 와중에 스님은 봉은사 주지로 수행과 포교, 인재양성을 위한 일련의 일들을 과감하게 벌려 나갔다. 이 일은 그 자체로 하나의 결사였다. 성철스님이 주도한 봉암사결사가 출가한 스님들의 일이었다면 광덕스님이 주도한 봉은사결사는 재가대중과 함께 하는 인재양성결사였다.

이 일은 결국 불광의 등장으로 그 정신이 이어지게 되지만 봉은사 주지를 맡고 대중들과 함께 산 스님의 그 당시 각오는 결코 일신의 일이 아니었다.

18. 전법건당(傳法建幢)

스님은 다시 총무원으로 나아가 소임을 보고 갑작스런 청담스님 입적을 맞아 총무원장 직을 대행하기도 하지만, 곧 한계를 느끼고 서울 대각사로 돌아오게 된다. 스님은 보현사와 대각사를 오가며 글을 쓰고 누가 설법을 청하면 피하지 않고 다니며 열심히 불법을 설하고 포교를 했다. 그 무렵 스님 가슴에 오래 간직되었던 뜨거운 서원과 환희의 법열이 가슴에서 솟아났으니 '한마음 헌장'과 '보현행자의 서원'이다. '한마음 헌장'이 반야부의 경계라면 '보현행자의 서원'은 화엄부의 경계였다고 할 것이다. 스님은 동시에 반야와 화엄을 아우르는 대한민국시대의 사상가로서, 선지식으로서의 역할을 하게 되고 거기서 불교신앙운동을 새롭게 전개하여 펼쳐나가게 된다. 이어서 월간 '불광'을 창간하게 되고 바야흐로 한국불교에 불광법회가 등장하게 된다. 이 시기에 일어난 일련의 이 몇 가지 일들은 그때까지의 스님 생애를 총섭하여 전법의 기치를 올리게 되는 결정적인 전환점이 된 것이다. 이 점에서 스님은 불교 신앙인으로서 올바른 자세를 잘 보여주고 있다. 스님은 자신이 특별하여 여러 가지 일을 하게 된 것이 아니라고 항상 말했다. 어디까지나 부처님의 인도하심과 가호 덕분이라고 기회 있을 때마다 반복하여 설명했고 나에게도 여러 차례 힘주어 말했다.(시봉일기 1권 276쪽 참조)

스님은 자신이 만든 월간 불광과 불광법회를 통해 본격적으로 대각구국구세의 거보를 내딛는다. 물론 이 일은 여러 요인이 결합되어 나타나지만 지나 놓고 보면 하나로 이어지는 과정임을 알 수 있다. 우리네 평범한 인생도 그런 것이 많다. 단지 그 당시에는 정확하게 알지 못한 채 지나가고 흘러간 것도 시간이 지난 뒤에 돌아보면 깨닫게 되고 자연히 알게 된다. 이 일은 당사자뿐 아니라 곁에서 지켜보고 있는 경우도 같다. 하나의 사건에는 다 뜻이 있다. 그리고 스님을 중심으로 펼쳐지는 일들에는 스님 자신의 서원이 담겼고 더 직접적으로 말하면 다 스님의 업인 것이다. 스님의 업, 대각구국구세의 대업(大業)이 그렇게 드러났던 것이다.

19. 반야보궁(般若寶宮)

드디어 대각구국구세의 근본도량이자 반야바라밀다결사 본찰이 서게 된다. 최초의 스님 뜻은 아니었지만 결국 스님은 불광사를 창건하게 된다. 불광사의 등장은 스님 자신에게는 많은 불편과 노고가 있었지만 역사적으로는 새로운 계기를 시범하고 앞장서는 역할을 해 준다. 어쩌면 불광사가 없었더라면 그런 새로운 가시적인 전범은 나타나지 못했을 것이다.

과거 전통적인 불교의 신앙의례를 계승하면서도 현대인에게 알맞은 많은 방안들이 불광사를 통해 한국불교에 속속 등장하게 되고 제시된다. 그러므로 불광사의 등장은 신앙의 형태적인 면에서 이 시대에 매우 의미 깊은 일이 된다.

가장 중요한 신앙형태가 사람들이 쉬는 매주 토요일, 일요일에 정기법회를 개설하여 사람들로 하여금 청법(聽法)을 통한 삶을 이루어나가도록 장치한다. 당연한 일임에도 그 당시로서는 매우 놀라운 전환이고 획기적인 사실이었다. 이 점을 두고 사람들은 특정 종교를 따라가는 일이라고 수군대곤 했지만 그런 생각은 불교의 본질에서 벗어난 어긋난 생각이고 시대에 뒤떨어진 생각, 버려야 할 잡념에 지나지 않는다. 매주 법회를 여는 일에는 현대인의 생활방식과 의식구조가 반영되어 있다. 결과적으로 스님이 시작한 매주 정기법회는 시대의 분위기와 흐름을 인정할 것은 하고, 존중할 것은 존중하면서 정상적인 불교의 길을 제시한 매우 창의적인 일이었고 결국 이 일은 역사적인 사건으로 자리매김할 것이다.

그다음은 불교신앙 의식의 한글화도 불광사가 있었기 때문에 가능한 일이었다. 지금 보면 스님의 입적 후 등등의 이유로 불광사를 떠난 신도들도 있지만 다른 이유가 있어서가 아니었다. 신도는 자신의 삶의 무게를 감당하지 못할 때가 많다. 그 무게를 줄여보려고 줄곧 여기저기 다닌다. 아니 방황한다. 앞으로 한국불교가 해결해야 할 과제이다. 신도는 현실적인 고통으로 인해 과거나 미래를 살펴보는 역사적인 눈을 가질 기회가 출가자보다 많지 않다. 출가인에 의해서 불교의 장래가 깊이 생각되어야 함은 이런 전문적인 입장과 관점 때문이기도 하다. 그 외에도 출가인들이 짊어져야 할 많은 일들이 있다. 의식이나 전통 등 거의 모든 것을 출가인들이 책임져야 한다. 그 점을 또한 스님은 출가인으로서 잘 보여주고 있으며 역사를 밝히는 횃불이 되고 있는 것이다. 반야보궁의 몇 가지 역할을 언급한 일 밖에도 많다.

20. 정법호지(正法護持)

부처님 정법으로 호국하고 호세한다는 것은 불교의 근본이고 오랜 전통이다. 불교인은 오로지 법으로 사람을 대하고, 일을 하고, 삶을 살아야 하는 것은 새삼 거론할 필요조차 없는 일이다.

스님이 내세운 법이란 무엇인가? 스님이 주장한 정법이란 무엇인가? '반야바라밀다'이다. 반야바라밀다를 호지하여 호국하고 호세하며 구국하고 구세한다. 반야바라밀다로 사람을 대하고 인생을 살고 일을 한다. 스님의 이 운동, 즉 구국구세 앞에 나오는 '대각'이 곧 반야바라밀다이다. 이 부처님의 근본 가르침이 결국 불자들 삶의 서원이 되어 세상에 떨쳐져야 함은 말할 나위도 없다.

그래서 매월 첫째 주 수요일에 '호법법회'를 성대하게 열고 호법행자로 하여금 '정법호지발원공양금'을 봉납하도록 하여 호법서원을 삶 속에서 돈독하게 키워갔던 것이다. 이것은 지금까지 한국불교의 신앙형태와는 사뭇 다르다. 아니 이런 신앙제도나 형태가 그간 전혀 없었다. 주로 재가불자인 신도가 보시수행을 함에 항상 조건을 달고 이유를 붙인 보시공양이었다. 말하자면 뭘 잘되게 해 달라는 것에 대한 조건과 이유를 붙인 보시공양이었다는 것이다. 이런 행태의 보시수행에 있어서는 참다운 불교신앙이 커 갈 수 없다. 곧 한계에 부딪친다. 거기에 비해 불광의 정법호지발원에 내는 호법공양금은 부처님 법이 이 세상 구석구석 퍼져나가기를 발원하거나 일체중생이 모두 보리심을 내도록 발원하는 보시이고 공양이었다. 이는 분명 전대미문의 일, 과거에는 전혀 없던 것이었다. 이는 부처님 근본 뜻으로 돌아가는 탁월한 발상이고 놀라운 행이었다. 이 일은 스님이 아니라면 불가능한 일이고 스님의 신도가 아니었다면 거의 어려운 일이었을 것으로 생각한다. 지금까지도 지역마다 신앙조직(불광의 법등 형태와 같은)을 만드는 일은 각 절에서 따라 배워도 이 일만은 배우는 것 같지 않다. 불광에서는 이미 수십 년도 넘은 일이지만 아직도 우리 한국불교가 엄두를 못내는 일이다. 그래서 나는 스님의 호법불사를 새로이 바라보고 거기에 동참한 스님의 신도들을 새로운 눈으로 보고 싶다.

21. 본지풍광(本地風光)

스님은 특별한 것 같았지만 결코 특별하지 않았다. 이것이 불광의 본지풍광이다. 새로운 제도를 많이 만드는 것 같았지만 자세히 살펴보면 전혀 새로운 제도가 아니었고, 이미 있는 제도를 다시 쓰거나 불법을 오늘에 맞게 재해석한 것에 불과했다. 결국 있는 것을 잘 드러낸 것에 불과하다. 과거의 불교 집안에 좋은 물건이나 좋은 제도가 있었는데 오랫동안 방치하여 사람들이 쓰지 않던 것을 찾아내어 먼지를 털고 닦아서 잘 사용한 사람, 바로 스님이다.

주로 불광법회를 통하여 여러 제도를 시행했지만 그 본 취지는 스님의 안목만이 아니다. 조사의 안목이고 부처님의 가르침이다. 예를 들어 불광 불자들이 매달 한 번씩 모여 포살을 한다거나 상당시(喪當時)에 법우들이 모여 함께 가서 독경을 하고 염불을 하는 일 등, 이런 일들이 어찌 특별하다고 하겠는가. 그동안은 제사장 같은 스님들만 하는 일로 생각하고 오로지 스님들만 바라보고 우두커니 있었지만, 불광은 법을 증거하고 보살행의 중심이 되어야 할 스님들에게 제사장의 굴레를 벗게 해 주고, 출가 수행자로서 좀 더 공부할 수 있도록 시간을 내어주고 불자들 스스로가 보살행을 닦아 가는 일에 재가불자들이 발 벗고 나섰던 것이다.

원래 스님들은 제사장의 역할이 아닌 스승이다. 일반적으로 '종교'라고 하면 보통 사람들은 다 같은 것으로 치부하는데 전혀 그렇지 않다. 가는 출발지가 다르고 과정이 다르고 당연히 도달하는 곳이 다르다. 그런데도 어찌 같다고 함부로 말하겠는가.

원래 불교의 스님들은 제사장이 아니었다. 그러므로 스님은 이런 왜곡된 일들을 바로 잡았다. 당연히 누군가가 해야 할 일이었다.

다만 스님이 그 일을 먼저 했을 뿐이다. 그런데도 불광의 가풍이 어찌 특별하다고 하겠는가? 불광의 내면을 자세히 살피며 들여다 보면 전통을 창의적으로 잘 계승하고 있다. 단지 현대인의 생활구조와 심리 흐름에 맞는 법, 필요한 법을 열어간 것이고, 오늘을 위해서 미래를 위한 대비일 뿐이다. 저 법고창신(法古創新)이란 말은 스님의 일관된 신념이었고 선에 근거한 스님으로서는 불교에 직입한 쾌거의 면목으로 시공을 넘은 본지풍광이다.

22. 향상일로(向上一路)

스님은 처음부터 선방 출신이다. 선에 의해서 단련된 인물이고 길러진 인물이며, 선불교가 배출한 20세기 중반에 출가한 이 시대의 출가 수행자다. 그래서일까, 스님은 항상 선방으로 돌아가고 싶어했고 선방의 그 공부를 더 하고 싶어했다. 선방의 제도를 좋아하고 선방의 분위기를 그리워하며 선방의 가풍을 숭상했다. 그러나 결코 추억 속에 묻혀 선방을 못 잊어 한 것은 아니다.

선방이 사람을 개안시키고 사람을 단련시키는 방식과 장소로 좋아한 것이고 잊지 못해 한 것이다. 예부터 전해오는 선방의 안목이 스님의 안목이다.

스님은 선방에서 목숨 걸고 용맹정진했다. 몸에 익은 용맹정진은 일상에도 병고 중에도 입적의 최후 순간까지도 그대로였다. 신도가 아프다고 하면 병원으로 달려갔고, 누가 죽었다고 하면 상가로 달려갔으며, 해외로 유학이나 출장 가는 사람이 수계를 원하면 즉시에 계를 설하고, 또 환자가 계를 받고 싶다면 병원 침상에 가서 계를 설했다. 어느 곳에 법회가 열린다고 설법을 청하면 봉고를 타고

이 골목 저 골목을 뒤지며 찾아갔다. 스님은 몸이 아프거나 일이 바빠도 가지 않을 이유를 찾지 않았고 밤낮을 구분하여 가리지 않았다. 오로지 용맹정진이었다. 스님은 매주 법회 때마다 신도들과 함께 "내 생명 부처님무량공덕생명 용맹정진하여 바라밀다국토 성취한다"를 큰소리로 외쳤다.

몸이 아프다고, 늙고 쇠약했다고 해서 결코 해야 할 일을 하지 않은 적도, 미룬 적도 없었다. 끙끙 신음소릴 내면서도 잡지에 글을 썼고 주보를 만들고 월보를 만들었으며, 사중의 대소사를 챙기고 새로운 방침을 일러주고, 원칙을 찾고, 법 아닌 것이 있으면 추상같은 염려와 훈도를 멈추지 않았다. 소위 사람들이 말하는 성공한(?) 도심포교당이라고 하여 조금이라도 자만한 일이 없었다. 세월이 흐를수록 더욱 겸손했고 지극히 하심했다. 어느 때나 사람을 대하는 일에 정성스러웠다. 매사 어느 것 하나 소홀함이 없었다. 그래서 향상일로는 선방의 말이었고 스님의 삶이었다.

23. 금하벽옥(金河碧玉)

스님의 신도들은 출중했다. 스님이 바라는 바가 무엇이고 스님이 지향하는 바가 어디임을 잘 알았다. 마치 선비를 사흘만 못 보면 눈을 비비고 봐야 한다고 했듯이[刮目相對] 날마다 달라지고 달마다 바뀌어 갔다. 참으로 법의 힘이 크고 부처님이 위대하심을 스님의 신도들을 통하여 피부로 느꼈다.

오히려 출가 수행자 못지않은 안목과 절제된 생활을 열어갔다. 그래서 불교방송이 처음 생겼을 때 무슨 프로그램을 새로 진행하려고 하면 불광의 신도를 빼면 나설 사람이 없다고 말할 정도였다.

불광의 신도들은 금하의 자비지혜 물결에 잠겨 끊임없이 스치고 다듬어진 덕분에 반질반질한 옥돌이 되었다. 그런 것이 스님 재세 시의 불광 신도였다. 난 그때의 그들을 주저없이 금하벽옥이라고 부른다. 그러나 어찌 신도들뿐이랴, 나 또한 그중의 한 돌임을 자부하고 자랑스럽게 여긴다. 내 비록 모나고 거친 돌이긴 했지만, 그리고 아직도 머트롭고 울퉁불퉁하지만, 분명 저 금하의 푸른 물결자비지혜에 푹 잠겼었다.

24. 산고수장(山高水長)

스님이 노년에 우리에게 보여준 모습을 한마디로 말하라면 산고수장이라고 하고 싶다.

병이 무슨 자랑은 아니지만 실지로 스님은 거의 일생을 병고와 함께 산 분이다. 병 속에서 병을 안고 병과 벗하며 용맹정진했고 뜻을 키웠고 실천했고 소임을 다했다. 병과 벗한 것은 젊은 시절뿐 아니라 노쇠하고 병약한 노년, 말년에도 어쩌면 한결같이 시종 보여준 것이 병이고 그래서 더 특출했다.

스님을 한 번이라도 만난 사람은 잊지 못해 한다. 어쩌면 얼굴이 그렇게도 깨끗한가 하는 놀라움 때문이다. 스님의 얼굴은 젊었을 때나 중년, 노년이나 또 건강할 때, 병들고 늙어 죽음이 임박했을 때, 그 어느 때나 여여했다. 맑고 청순한 모습을 한 순간도 잃지 않았다. 비록 몸은 장작개비를 쌓아놓은 것처럼 갈비뼈가 앙상하게 드러나 차마 눈뜨고 볼 수 없었지만 얼굴은 환하고 자비로웠다. 빛이 있었다. 범인이 도저히 흉내낼 수 없고 내가 함부로 넘볼 수 없는 경지였다. 난 바로 이 점이 병이 이르지 못하는 곳의 소식을 내

보인 스님의 으뜸 법력이라고 본다.

또 있다. 사람이 노쇠해져 간다는 것에는 거의 공통적인 부분이 있다. 인간 누구나 겪는 일이고 거쳐야 하는 과정인지도 모르겠다. 그래서 노인 심리학이라는 학문 분야가 따로 있어서 전문적으로 연구하는 학자들도 있다. 늙음은 네 가지 큰 고통 중에 하나다. 사람의 육신이 제 기능을 발휘하지 못하고 점점 떨어져 간다는 기막힌 일이 노인들이 겪는 늙음의 고통이다. 생각과 손발이 각각 움직이는 것이 대표적인 일일 것이다. 그러나 스님은 여느 노인들처럼 그러하지 않았다. 매사를 미리 살피며 천천히 움직였다. 아주 천천히 마치 정지된 듯이 움직였다. 그러므로 노인이기 때문에 정신을 깜빡깜빡해도 흉이 되거나 허물이 되지 않는다는 동정을 받지 않고 자신도 늙었다는 이유로 그런 혜택을 누리지 않았다. 내 기억으로는 한 번도 무릎을 탁 치면서 '아차' 하는 말을 입에 담지 않았다. 행동하기 전에 미리 생각해 보았다. 정신적으로 차근차근 자신이 해야 할 일을 훑어보았다. 마치 전등 불빛으로 물체를 비추어 낱낱이 확인하고 살피듯이 정신으로 자신의 행동반경을 관조하여 질서를 정한 뒤, 천천히 일어나서 하나하나 질서에 따라 움직여 갔다. 비록 시간이 걸리더라도 어느 것 하나 놓치지 않았다. 분명했다. 다만 더뎠을 뿐이다. 스님의 행에는 정중동(靜中動), 동중정이 지극히 잘 이루어졌다. 고요함에서 동을 보이되 다시 고요함으로 들어가는 동의 모습이 너무 보기 좋았다. 두 가지가 같았다. 거룩했다. 노인의 위대함을 보았고 알게 되었다. 그런 스님을 바라보고 있으면 울컥 절하고 싶었다. 절한 머리가 바닥에 붙어서 떨어지지 않았다. 난 스님의 그런 모습을 바라보면서 늙은 수행자의 참 면모를 보았다. 정중동(靜中動)의 경지를 세세히 보고 있었다. 산고수장

(山高水長)의 본지풍광을 대하고 있었다. 점점 고요함으로, 고요함으로 한없이 걸어 들어가는 스님을 보았다. 밀밀하고 촘촘하여 물 한 방울 셀 틈이 없는 스님의 진면모를 보았다. 나는 탄식했다. '그렇다. 저렇게 늙어가야 한다. 저것이 도인의 풍모이고 수행자가 가야 할 지고의 길이며 후학에게 내보여야 할 사표이고 전범(典範)이다'라고 무릎을 치고 또 쳤다.

병이 도달하지 못하는 경지를 남김없이 보여준 스님이다. 하루하루가 그랬다. 하루하루가 향상일로였고 산고수장의 본지풍광이었다.

25. 내원광진(內院光震)

난 스님 회하에 살면서 스님의 삶을 바라보고 스님의 인생을 느끼면서, 스님을 '이 시대 이 땅에 오신 미륵보살, 보현보살'로 생각하게 되었다. 한국불교의 앞날을 위해서 하나하나 자세하게 전법의 방략을 설정하고 실천해 가는 점이 미륵보살로 느껴졌고, 그 실천을 강조한 행동불교의 참모습을 보여줌이 보현보살로 믿게 되었던 것이다. 그럼 하필 우리 스님만이 보현이고 미륵인가? 물론 그렇지 않다. 만인이 미륵이고 보현이지만 내가 모신 분을 곁에서 보기에 그렇다는 것이다. 특히 온몸을 던져 대자비를 베푼 점이 그렇고, 무량한 지혜로 살아가는 삶이 그렇고, 어떤 어려움이 있어도 부처님의 인도와 가호가 있다는 믿음이 그렇고, 삶을 살아가는 불굴의 서원이 미륵이고 보현이라는 말이다. 그런 모두를 무엇 하나 남김없이 우리들에게 낱낱이 열어 보였기에, 그것을 내가 보고 탄식하며 하는 말이 '스님은 미륵이고 보현'이다. 끔찍한 말이지만 난 스님의 삼천위의 팔만세행을 살피는 가장 무서운 감독자였다.

난 이곳 안성 도피안사의 터를 닦으면서 산 이름을 도솔산이라 작명하였다. 통광스님이 이곳에 와서 처음 산세를 보고 난 뒤 수월스님을 소개했다. 수월스님께서 처음 이곳 지리를 살피면서 곤좌간향(坤坐艮向)으로 부처님을 모셔야 한다고 가르침을 주셨다. 지리로 본다면 이곳 터의 좌향은 바로 미륵보살 국토라는 설명이었다. 일반 풍수지리가들은 후천개벽이라고 하지만 말하자면 불교풍수가인 자신은 미륵도량이라는 것이었다. 허긴 역사적으로도 이곳 죽산에는 유난히 미륵보살이 많다. 우리나라에서 미륵보살 상이 가장 많이 남아 있는 곳이 안성 죽산이라고 한다. 거의 도굴되고 파손되었지만 지금도 이곳저곳 도처에 미륵보살이 모셔져 있다. 수월스님이 예언한 이 도량 역시 현대의 용화회상 미륵도량이라고 믿었다. 난 평소 스님을 이 시대에 오신 미륵으로, 보현으로 믿고 있었기에 수월스님의 말씀에 뭔가 문득 스쳐 가는 예감 어린 직관이 있었다. 그때 내가 얻은 직관이 이곳 산 이름이 되었다. 당연히 스님이 거주하는 곳을 내원(內院)이라고 불렀다.

올해 들어 경내 입구에 큰 바위를 안치하면서 그 위에 '내원'이라고 붓글씨를 써서 새겼다. 한문으로 뜻을 적은 것을 여기 우리말로 풀어본다.

常住說法善法堂	도솔천궁	내원정토	선법당에는
	미륵보살	상주설법	끊임없다오
願生淨土常聽法	바라건데	이내몸도	거기머물러
	용화회상	미묘법문	들어지이다
華林院龍華樹下	미륵보살	화림원의	용화수하 성불한후
成佛後三回說法	세차례의	설법으로	일체중생 건지시네

龍華會上到彼岸　　용화회상　어디멘가　여기이곳　도피안사
般若大法常轉輪　　반야보륜　굴러가는　무량겁의　상적광토

26. 복국우세(福國佑世)

생각해보면 스님은 우리의 복덩어리였다. 아니 나라와 세계의 복
덩어리였다. 망국의 백성으로 태어나 어린 시절부터 나라를 생각하
게 되었고, 그 나라를 위해 열심히 책을 읽어 학문 속에서 나라를
지키고 부강시켜 나가는 치세의 진리를 찾았다. 그것이 사회과학에
대한 특별한 관심이고 공부였다. 절에 와서야 그 완성된 묘법을 찾
게 되었던 스님은 항상 화합공동체를 염원했고 그 공동체정신을
강조했다. 그것이 불광의 진면모이고 한국불교의 참모습이며, 부처
님의 뜻이라고 굳게 믿는다. 그래서 스님의 희원(希願)인 불교운동
이 대각구국구세(大覺救國救世)였다. 그리고 반야바라밀다결사였다.
반야는 원래 호국과 연관이 깊다. 불교의 참다운 호국은 반드시 호
법이기 때문이다. 삼국시대부터 호법이 호국이라는 전통을 가지고
있다. '호국인왕'이라는 말을 찾아보면 안다.

스님은 불광사의 초파일 때나 창립기념법회 때는 나라의 영도자
를 위한 축원을 빠뜨리지 않았다. 난 스님의 뜻을 따라 축원을 올
리면서도 속으로 '내가 만약 지도자로서 이런 축원을 받는다면 얼
마나 기쁠까' 하는 상상과, 또는 내가 지도자나 된 양 한없는 감동
물결에 빠지기도 했다. 그리고 세계평화의 희원(希願)을 반드시 축
원문에 넣었다. 스님 회하에서는 이렇게 당연한 일도 다른 곳에서
는 거의 찾아볼 수 없었다. 아무리 이름난 큰스님의 행사에서도 종
단에서 벌이는 연중행사에서도 스님처럼 나라와 세계를 위하는 축

원을 거의 만날 수 없었다.

스님은 무엇을 하든지 항상 나라를 앞세웠다. 경기도 광주 땅에 '불광 기도처'를 지으려고 땅을 매입했다가 특전부대 부지로 편입되자 스님은 "나라를 위해서라면 그냥이라도 내놓아야지" 하면서 일절 토를 달지 않고 흔쾌히 그 땅을 나라의 용도에 넘겨주었다.

우리 출가자들은 모두 세상을 위해서 사는 사람들이 되어야 한다고 스님은 믿었다. 그래서 스님의 삶은 나라를 위하고 세계인류를 위해 노력하고 정진하는 평생이었다. 피눈물 나는 젊은 시절의 정진도 경골한의 종단 일도, 보살만행의 불광 불사도, 오로지 대각구국구세로 귀결되었다. 대각구국구세로 출발하고 대각구국구세로 살았으며 대각구국구세로 입적한 스님, 따로 설명할 것조차 없다. 복국우세 외에는 말이다.

27. 환래도생(還來度生)

정신적인 의식이 높을수록 환생이 어렵다. 수행을 많이 한 고승일수록 환생이 무척 어렵다는 말이다. 물론 예외도 있을 것이다. 그러나 일반적인 환생의 첫째 조건이 국토이고, 둘째 조건이 어머닌데 무엇보다 어머니 인연이 쉽지 않다. 고승들의 환생에는 적어도 삼생의 어머니 인연이 있어야 가능하고, 또 여러 상황이 딱 맞아 떨어져야 한다. 국토 인연은 스님께서 말년 병석에 계실 때 '이 땅에 환생하여서 다시 불광운동을 한다'라고 하셨기에 처음부터 정해진 것이나 다름없다.

난 스님 입적 후 백일재를 올린 후, 스님께서 생전에 하신 다짐을 떠올리고 티베트 수미산으로 스님의 '속환사바 재명대사(速還娑

婆再明大事)'의 환생기도를 올리기 위해 떠났다. 내 믿음과 응답으로는 스님은 입적 후 7년이 지난 이제 환생하셨다고 본다. 스님은 나의 수미산 기도 때마다 감응으로 당신의 환생에 대한 믿음을 확고하게 다짐주셨고, 어디로 올 것인지도 말씀하셨고 언제쯤 오시겠다는 시기도 내비치셨다. 또 내 꿈에 나타나 오시는 때와 장소를 예고해 주셨고, 어디로 오시는지도 짐작케 해 주셨다. 내 꿈뿐만 아니라 어떤 비구니의 꿈을 통해서도 모습을 비치기도 하셨다. 그래서 느닷없이 전활 받기도 했다. 바야흐로 이제 두 살이 되었을 것이고 아마 무척 잘 자라실 것이다. 과거생 스님은 한량없는 복덕과 공덕을 닦았다. 말할 수 없는 힘든 일을 몸소 겪어 내었다. 남이 하기 싫어하는 일을 앞장서서 했고 남이 놀 때도 놀지 않았고 비바람 눈보라를 가리지 않았고 서둘러 피하지도 않았다. 개인의 안위나 이익, 부귀나 명예를 생각지도 않았다. 오로지 대의를 위해 진리를 위해, 아니 이웃을 위해 불법을 위해 온 힘을 다해 나갔다. 최후의 순간까지……. 그랬기에 스님의 환생신은 복덕신이 될 것이고 공덕신이 될 것이며 금강신이 될 것이다.

솔직히 말하면 수미산 기도 때 반드시 이곳 도피안사로 오시겠다고 다짐하였다. 그래서 나에게 이곳 도피안사를 잘 지키라고 당부하셨다. 이제 스님 과거생의 뜻이 이곳 도피안사에서 펼쳐져 갈 것이다. 난 그렇게 믿는다. 수미산 기도 때 입은 감응으로 나에게 다짐을 두셨기 때문이다. 모두를 기록해 놓았다.(시봉일기 5권 224쪽 등 참조)

결(結)

스님은 대한민국 시대의 불교사상가다. 오로지 불교사상가다. 스님은 결코 철학자가 아니었고 또 철학자가 되기를 바라지도 않았으며 철학자이기를 감연히 거부했다. 단순한 도심포교의 성공자나 개척자도 아니다. 사람들은 다음 두 가지 관점을 가지고 스님을 바라봐야 한다. 스님은 '반야'를 선으로 파악한 뒤 교학에서 증득했다. 그러므로 스님은 설법을 하기 전에, 포교를 하기 전에 먼저 부처님 가르침으로 신인류를 구제하려는 사상을 갖추었다. 사상이 있었으니 방략도 있었고 묘방편도 있었다. 바로 '불광'의 전모이다. 스님은 분명 2천 년 한국불교 역사 속에 사상가의 한 사람으로 대한민국 시대에 등장했다.

아쉽게도 많은 출가 수행자들이 철학자로 머물다가 허무하게 그 생을 끝내는 경우도 많았고, 포교당을 만들어 일정 부분 성공한 것으로 부처님 은혜를 갚았다는 자위와 자족에 주저앉는 경우도 많았다. 이런 점에서 스님은 확연히 달랐다. 반야를 체(體)로 삼고 행원을 용(用)으로 삼았다. 자비와 지혜, 서원과 정진, 모두를 총섭한 불이(不二)다. 이것이 바로 현실 가운데서 대각구국구세운동으로 나타나고 있다. 교학적으로 말하자면 반야를 통한 존재론의 인간관과, 화엄을 통한 연기론의 세계관을 확립했다. 존재와 세계의 불이가 스님의 불교신앙이고 사상이며 수행이다.

金河堂 光德大禪師 年譜

作成, 2001년 2월 1일

1차 수정·보완, 2001년 10월 16일

2차 수정·보완, 2002년 12월 1일

연도	연령	연　　　　　　　보
1864	甲子	후일, 翁師가 되신 새 불교운동 대각교의 개창조 龍城震鐘 祖師 탄생(조선 고종 1년).
1886	丙戌	용성조사, 경북 선산 모례원에서 용맹정진 결사로 오도(당년 23세).
1890	庚寅	후일, 은사가 되신 정화불사의 대공덕주 東山慧日 大宗師 탄생(용성조사, 27세).
1897	丁酉	후일, 法師가 되신 韶天大禪師 탄생.
1905		제2차 한일협약(을사보호조약) 체결.
1910		① 3월, 안중근 의사, 여순 감옥에서 순국(사형). ② 8월 22일 한일합방조약 조인.
1912		① 東山慧日 大宗師 출가(당년 23세). ② 후일, 拈華知音의 사형이 되신 정화불사의 완성자이며 禪佛敎의 사상가 退翁性徹 大宗師 탄생.
1919		① 光武帝의 國葬을 계기로 전국 각지, 방방곡곡에서 기미년 독립운동(3.1운동)이 요원의 불길로 勃發. ② 용성조사 독립운동으로 수감(상좌인 동산 대종사 3년간 옥바라지).

1919		③ 상해 임시정부 수립. ④ 소천선사 3.1 독립운동 참가 후, 김좌진 장군 휘하에 入隊(당년 23세).
1921		龍城祖師 대각교 창립.
1927 (丁卯)	1	① 東山 大宗師 김천 직지사에서 悟道(당년 38세). ② 4월 4일(음 3.3), 경기도 화성군 오산읍 내리에서 아버지 高公 準學, 어머니 金氏 東娘의 2남3녀 중 넷째로 출생. 본관 제주, 본명 秉完.
1935	9	退翁性徹 大宗師 東山 문하로 출가(당년 24세). (당시 東山 大宗師 46세, 海印寺 白蓮庵 住錫).
1939	13	형, 秉烈 사망.
1940	14	4월 1일(음 2.24) 龍城祖師 입적(世壽 77세, 法臘 61세).
1941	15	아버지, 高公 準學 별세.
1945	19	일제 강점에서 해방.
1946	20	어머니, 金氏 東娘 별세.
1947	21	① 韓國大學(현 서경대학의 前身)에 진학, 폐결핵 감염. ② 둘째 누이 사망.
1950	24	① 한국전쟁 발발, 가을 부산 범어사 입산. ② 동산선사와의 만남을 통해 인생관, 세계관의 일대 전환을 맞이하여 범어사 선방(청풍당), 관음전, 지장전, 미륵암, 금강암, 송도, 죽도, 삼천포, 함안 장춘사 등에서 발분 정진.
1951	25	칠월칠석(양 8.9), 동산 대종사를 계사로 사미십계 수계식 도중, 受 십계를 受 오계로 복창하고 스스로 거사의 신분으로 낮추어 겸허하게 수행함.

1953	27	소천대선사의 覺運動과 그 사상에 깊이 계합한바 '금강경독송구국원력대'에 참여 전국 순회.
1954	28	① 부산 동래 온천장 금정사에서 悟道. ② 부산 범일동에서 최초의 법등가족 특별법회 시작(1년간 매주 실시). ③ 한국불교 정화불사 시작됨.
1956	30	대각회 창립, 초대회장에 취임(9.16).
1959	33	가을, 범어사 禪院에서 性昊·眞常·日陀 등 선사들과 현대선학연구회를 결성하고 취지문을 작성, 발표한 뒤 『벽암록』 및 여러 禪典을 현토함.
1960	34	① 범어사 보살계 때(음 3.15) 동산대종사를 恩師와 戒師로 受戒 ② 4.19 혁명 ③ 大韓佛敎譯經院을 설립하여 『벽암록』·『선문촬요』·『선문염송』·『선관책진』·『선문단련설』등 출판(현토).
1961	35	① 불국사에서 現代禪學硏究會 주최, 雪峰 師, 초청, 『벽 암록』 최초 강의. ② 5.16 군사쿠데타
1962	36	① 『벽암록』(성호 현토본) 간행(편집·현대선학연구회, 발행·대한불교역경원). ② 조계종 서무국장으로 종헌·종법 제정과 불교재산관리법을 주도적으로 成案하고 기타 종단 法令 마련으로 종단의 법률적 틀을 만듦.
1963	37	한국대학생불교연합회 창립(9.22, 초대 지도법사 취임).
1965	39	① 恩師, 東山大宗師 입적(음 3.23, 양 4.24. 오후 6시 무렵 세수 76세, 법랍 53세). ② 서울 봉은사 결사(주지취임)로 대학생 수도원 설립(9.12).

1965	39	③『보현행원품』(프린트본)-한국대학생불교연합회 교본으로 발행(6.5). ④ 학교법인 대동학원 이사 취임(8.18~1974.2.6).
1966	40	학교법인 원효학원 이사 취임(~1979.3.4).
1967	41	『선관책진』 간행(진수당, 10.15).
1968	42	『보현행원품』 간행(해인사판, 성철스님 서문).
1971	45	① 조계종 총무부장 취임(~1973.1.25). ② 조계종 총무원장 직무대행(청담스님 입적시, 11.25).
1972	46	① 自號 運海 사용(진리의 태양을 좋아하고 추종한다는 뜻의 高運海). ② 10월 유신 정치 쿠테타 감행.
1974	48	① 재단법인 大覺會 이사장 취임(3.25~1976.6.29). ② '한마음헌장' 선포(4.2), 월간 불광 창간호 게재. ③ 대각사에서 불광회 창립(9.1). ④『반야심경 강의』 완성-禪智와 般若眼의 究極을 밝힌 佛光敎典. ⑤ 월간 佛光 창간, 발행인 등록(11.1, 불광회를 모체로 함). ⑥ 순수불교 선언(월간 불광 창간호-새불교결사운동).
1975	49	① 대각사에서 불광법회 창립(10.16, 불광회를 모체로 함). ②『法寶壇經』 간행(대각출판부).
1976	50	사리불법등(대학생법회) 창등(2.5).
1977	51	① 보현행자의 서원 발표. ② 구국구세의 보살을 양성하기 위해『菩薩聖典』 간행(10.30). ③ 학교법인 동국학원 이사 취임(11.23~1993.11.13).

1978	52	① 法師 소천대선사 입적(4.15, 세수 82세). ② 禪智와 般若眼의 寶庫『禪門要典』 간행(10.9).
1979	53	① 파라미타 합창단 창단(3.29). ② 연꽃마을 이야기 출간(5.30). ③ 불광출판부 개설(10.10), 발행인 등록. ④ 12.12 신군부 쿠데타 감행.
1980	54	① 신달법등(중고등학생법회) 창등(9월). ② 신군부 정권의 10.27법난 자행.
1982	56	① 잠실 벌판에 불광사 준공 봉헌(10.24.)-불광 제2기 잠실시대 개막. ② 마하보디 합창단 창단(11월).
1983	57	① 活功救國救世運動을 위한 正法護持 발원(8월 3일 호법 발원) 시작. ② 불광의식집『불광법회요전』 발간(3.10).
1984	58	대웅전(후불탱화) 금판 금강경 주조 봉안(2.11).
1986	60	① 佛光幼稚園 설립(10.19). ② 佛光布敎院 설립(10.19).
1987	61	① 회갑기념 불교 시론집『빛의 목소리』 간행(3.20). ② '판소리 불타전' 공연-상수불학운동(5.5). ③ 6.29 시민항쟁 승리선언.
1991	65	월간 불광 200호 발행(6.1).
1992	66	① 창작 國樂交聲曲 '普賢行願頌' 발표 공연으로 새불교 운동을 거듭 제창함과 아울러 불교음악의 새로운 지평을 여는 계기가 되었음(4.2, 세종문화회관 대강당). ② 재단법인 대각회 이사장 취임(5.12~1999.9.10).

1992	66	③ 도서출판 한강수 개설(10.27), 발행인 등록. ④ 불광교육원 설립(10.26, 석촌동 160-2의 건물 매입).
1993	67	① 재단법인 보덕학회 이사 취임(3.30~1996.3.30). ② 分坐知音 退翁性徹 대종사 입적(11.4, 해인사 퇴설당에서 세수 82세, 법랍 59세).
1996	70	창작 국악 교성곡 '父母恩重頌' 발표 공연(5.11, 국립중앙극장).
1998	72	週報(일요정기 법회용) 제1,000호 발행(8.9).
1999	73	① 불광사 법주실에서 2월 27일(음 1.12) 오후 2시 무렵, 大圓寂 般若寂光三昧에 듦(爲法忘軀의 대자대비가 化歸本空 함). ② 입적 100일(6.6) 추모재(도피안사) 봉행. ③『광덕스님 시봉일기 1』(내일이면 늦으리) 출판(6.6). ④ 광덕스님 속환발원기도-티베트 수미산 순례단 출발(7.8).
2000		광덕스님 속환발원-1,000일기도 입재(2.27) 資 송암 봉행정진(도피안사).
2001		①『광덕스님 시봉일기 2』(징검다리) 출판(2.27, 대원적 2주기). ② 범어사에 行蹟碑와 부도 제막(10.21). ③『광덕스님 시봉일기 3』(구국구세의 횃불) 출판(12.30).
2002		①『광덕스님 시봉일기 7』(사부대중의 구세송) 출판(7.1). ② 입적 3주년 및 도솔산 개산 10주년 '환생' 전시회 개최(11.22, 서울 불일미술관), 도록『환생』발간.

門人 松菴至元 錄

광덕 스님 시봉일기 시리즈
각 권 요점정리

요점 정리는 책 출간된 시점을 따르지 않았다.
번호 순서에 의해 시리즈 전체의 책을 머리책에 차례로 소개한다.
여기서는 각 책의 특징만을 간단하게 말하고 그 책의 내용 몇 가지를 추려 싣는다.
좀 더 객관적인 시리즈 전체의 이해를 위해 시봉일기에 대한
당대의 여러 평 몇 꼭지를 먼저 소개한다. ─편집자

• 금하당 광덕큰스님은 한국불교사에서 찬연히 빛나는 불멸의 횃불이시다.
＿(청화/성륜사 조실)

• 스승존경의 풍토가 이 시대에 다시 가득 차기를 바라는 마음에서 이 책을 추천한다.
＿(김종서 서울대 명예교수)

• 비단 역사적인 고증을 위해서만 이 기록이 의의를 갖는 것은 아니다. 여러 가지 업적
중에서도 이 사업의 가장 큰 의의는 불법을 전수한다는 거룩한 사업이 거기에 있다.
＿(조홍식/성균관대 명예교수)

• 이 시대 보현보살로 불리운 광덕스님, 불교의 구국구세 각(覺)운동에 몸바친 스님
의 삶을 상좌가 마치 붓으로 그린 듯 고스란히 이 책에 담아내었다. 설함 없이 법을
설하는 스승의 일상(日常)과 들음 없이 법을 듣는 제자의 시봉, 이 꾸밈없는 스승과
제자의 이심전심을 통해 불교의 인간관계를 적나라하게 보여주고 있다.
＿(박영재/서강대 교수)

• 제자에게 진달래 활짝 핀 꽃밭을 보여주고 싶어했던 광덕스님, 그러나 이처럼 다정
했던 스승도 수행에 대해서는 엄격하기 그지없었다.
＿(조선일보/이선민 기자)

• 출세간의 불교에서 스승과 제자의 관계는 세속의 사제관계를 넘어 부자관계, 부부
관계를 합한 만큼이나 큰 의미를 지닌다.
＿(동아일보/송평인 기자)

• 자애로움과 경책으로 제자를 이끄는 광덕스님, 오직 경애감으로 스승을 따르는 제
자의 모습이 수채화처럼 그려져 독자의 가슴을 적신다.
＿(한겨레신문/조연현 기자)

내일이면 늦으리

가르침을 주는 스승이신 광덕큰스님과
가르침을 받는 상좌인 송암스님과의 사이에서 벌어진
108가지의 이야기가 진솔하게 펼쳐지고 있다. 세속에서는 느낄 수 없는
독특한 절 분위기의 팽팽한 긴장 속에서 벌어지는 일화를 통해 스승의
인격을 제자가 알아차리고 받아들이는
뜨거운 현장을 만난다.
일상 속에서 스승과 상좌의 관계를 통해 일상이 곧 가장
큰 수행이라는 점을 독자들은 알게 될 것이다.

함박눈이 내리던 어느 해 겨울

어렵게 번 돈일수록 그 돈이 더욱 소중하다. 무엇이든지 노력하여 얻은 것일수록 소중할 뿐만 아니라 때로는 생명과도 바꿀 수 있는 가치를 지닐 것이다.

나는 여러 곡절 끝에 스님의 상좌가 되었다. 그런 까닭인지 몰라도 스님 곁에 사는 것만으로도 매일 즐겁고 신났다. 기도를 해도, 스님 공양상을 들어도, 마당을 쓸고 법당을 청소할 때도 항상 스님이 나를 지켜보고 있다는 생각만 하면 우쭐해졌다.

그리고 모든 일을 잘하고 싶기만 했다. 법당 청소를 할 때는 스님이 뒤에서 보고 있다는 생각이 들어 더욱더 열심히, 땀을 뻘뻘 흘리면서 쓸고 닦았다. 그때의 스님은 또 하나의 나였다. 지금 돌이켜 봐도 행복하다.

갈매리 보현사에 스님이 머물던 때의 얘기다.

보현사를 지은 단월 창건주는 절에서 조금 떨어진 곳에 2층 양옥집을 한 채 지었다. 절에 방이 부족하여 스님은 그 집에 거처를 두었다. 스님은 매일 새벽에 한참 걸어야 되는 양옥집에서 절로 올라와 예불을 모셨다. 나와 같이 보현사에 있던 지홍스님은 당시에는 대각사에 있던 터라 나 혼자서 새벽 도량석과 종성을 하고 스님과 함께 싸늘한 겨울 법당에서 예불을 올렸다. 모든 것이 익숙지 않은 때였지만 나는 있는 정성을 모두 기울였다.

그해 겨울은 유난히도 눈이 많이 내렸다. 어떤 때는 밤새워 펑펑 퍼부을 때도 있었다. 무려 30센티미터 이상 온 적도 많았다.

눈이 오면 밑에서 절까지 올라오는 계단을 쓰는 것이 큰일이었다. 신도가 오는 때도 있었지만 내 생각은 신도보다 스님이 새벽 예불 때 올라오다가 미끄러지지 않도록 눈을 쓸고 또 쓸었다.

그날도 오후부터 눈이 내렸다. 그래서 저녁 9시쯤 눈을 쓸었는데 밤 11시쯤 되어 다시 나가 보니 또 그만큼 쌓여 있었다. 별 수 없이 처음부터 또 쓸었다.

법당까지 수많은 계단을 다 쓸고 방에 들어가서 몸을 녹인 뒤에 나와 보면 어느새 눈이 또 쌓여 있었다. 그러면 나는 또다시 눈길을 쓸었다. 누가 시켜서가 아니라 나 혼자 그렇게 해야 한다는 생각으로 잠을 자지 않고 눈길을 쓸고 또 쓸었던 것이다.

꼬박 밤을 밝혀 눈길을 틔우고 새벽 예불을 올리는데 스님이 그 길을 따라 올라왔다. 미끄러지지도 않고, 신발에 눈을 묻히지도 않고 스님은 편안하게 법당에 이르렀다. 나는 그것으로 감사했다.

예불을 마치고 스님이 나를 가만히 바라보았다. 나는 얼른 허리를 숙여 아침 문안을 올렸다.

언제부터인지 몰라도 나는 충성이라는 단어를 좋아하게 됐다. 출가자의 충성 대상은 부처님이고 법이고 일체 중생이어야 한다. 그런데 난 여기에 스님을 으뜸으로 두었다. 세월이 지나 생각해 보니, 그처럼 무조건 고개 숙이고 따를 수 있는 스님이 내게 있었다는 것 자체가 그대로 행복이고, 법열이었다.

무조건 의지하고 복종할 수 있다는 점에서 부처님과 스님은 내게 특별한 존재였다.(1권 26쪽)

내일이면 늦으리

스님은 불광사가 완공된 후에도 한동안 갈매리 보현사에 머물렀다. 보현사는 명산 대찰로 이름난 절은 아니지만 비산비야(非山非野)의 아늑한 분위기여서 스님은 그곳을 편안해 했다.

스님은 낮에 잠실로 와서 불광사 일을 보고 저녁이면 다시 보현사로 갔다. 때로 불광사에 일이 없을 때는 아예 하루나 이틀 계속해서 보현사에서 지내기도 했다.

10년 전쯤 어느 해, 3월 말이나 4월 초순의 어느 날이었을 것이다.

스님으로부터 전화가 걸려 왔다. 웬만한 일에는 크게 간여하지 않고, 지시할 일은 불광사에 나왔을 때 직접 말씀하는데, 그날은 스님이 손수 전화를 했다.

무슨 일일까 하는 약간 긴장된 마음으로 전화를 받았다.

"송암! 내가 학률 수좌하고 산책을 하다가 진달래가 우거진 꽃밭을 보았어. 어떻게나 야단스럽게 피었는지 흔치 않은 광경이야. 지금 와서 한번 보렴."

"스님, 감사합니다. 그런데 오늘은 갑자기 가기가 어려울 것 같은데요. 일이 많거든요. 내일이면 좋겠습니다."

"내일이면 늦으리! 오늘이어야 해."

스님의 목소리엔 천진한 소년 같은 정감이 배어 있었다. 그래서 나는 만사 제쳐놓고 달려가리라 마음먹었다.

외출 옷을 챙겨 입으면서 얼핏 생각하니 진달래 꽃구경을 혼자만 가는 것이 미안했다.

‘이 특별한 기회를 나 혼자 누리지 말고 절 식구들에게 권해 봐야지.’

그러고서 사무실로 내려가 스님이 진달래 꽃구경하라고 초청했다는 말을 전했다. 마침 합창단이 내려와 있다가 “와!” 하고 달려들었다.

“우리도 같이 가요.”

그날은 합창 연습이 있는 날이었고, 마침 연습이 끝난 무렵이었다. 덕분에 꽃구경 일행이 대폭 늘어나서 우리는 모두 버스를 타고 가게 되었다.

스님은 벌써 절 밖까지 나와 있었다. 보현사 언덕에 서서 그 긴 목을 늘여서 우리들을 기다리고 있었다.

“봄꽃이란 게 하루하루 빛깔이 다르거든. 그래서 굳이 오늘 오라고 한 거야.”

스님은 우리를 데리고 앞장서서 꽃구경을 나섰다.

나는 어느 때라도 스님 뒤를 따라가면서 길다란 스님의 목과 타원형의 머리를 보면 청순함이 느껴졌다. 그날따라 그 목이 순진무구한 소년처럼 더 청순해 보였다.

진달래꽃이 인정사정없이 마구 피어 있는 꽃 언덕에 도달했을 때, 스님이 뒤돌아서서 따라오는 법우들에게 미리 다짐을 두었다.

“여러분, 입을 크게 벌리지 말아요. 나중에 다물어지지 않아요. 그럼 나 책임 못 져요.”

그 말씀과 표정이 어찌나 재미있고 우스운지 다들 큰소리로 웃고 말았다.

정말 지천으로 피어 있는 진달래는 토양이 비옥해서인지 꽃잎이 크고 두꺼웠다. 공기가 맑아서 색감도 좋았고 한두 그루만 있어서

저 혼자 자태를 뽐내는 것도 아닌, 서로 어울려 온통 골짜기와 언덕에 가득해서 더욱 좋았다.

무척 드문 일이었다. 꽃이 좋다고 소임살이 하는 상좌를 불러서 꽃구경시킨 일이 내 기억에는 그 전에도 그 후에도 없었다.

진달래꽃으로 보여준 스님의 법문.

지금도 봄이 되어 붉게 피어 있는 진달래만 보면 그때 스님의 소년 같은 그 웃음이 생각난다. 그리고 그때 그 진달래 빛깔과 같은지 유심히 바라본다.

도피안사 주변 산야에 핀 진달래 빛이 정말이지 하루하루 달라지는 걸 볼 때마다 어디선가 "내일이면 늦으리!" 하는 스님의 목소리가 들려오는 듯하다. 그래서 지금도 "내일이면 늦으리!" 하는 스님의 말씀을 화두(話頭)처럼 받들고 있다. (1권 40쪽)

하늘 꽃

스님의 평소 출가에 대한 생각은 매우 각별했다. 하긴 부처님께서도 출가하였고 스님 당신도 출가한 입장이었으니까 그럴 수밖에 더 있겠나 하겠지만, 그런 직접적인 이유에서만이 아니라 좀 더 보편타당한 생각을 가지고 있었다. 자주 출가를 거론하여 강조하는 것은 아니지만 가끔 이야기 속에 묻어 나오는 스님의 생각들을 모아 보았을 때 그렇다는 것이다.

경에도 출가에 대한 부분이 뜻깊게 시설되어 있다.

세상에 작지만 작지 않은 것이 셋 있다. 뱀이 작아도 독이 있어서 물리면 죽게 되고, 어린 왕자가 작아도 커서 왕이 되면 사람의 생살여탈권을 갖게 되고, 사미가 작아도 도인이 되면 삼계를 뛰어넘어 인천(人天)의 스승이 되고 대자유인이 된다. 물론 출가를 강조하기 위한 것으로 앞의 두 가지는 비유이다.

스님은 상좌인 우리들에게 출가 수행자의 역할을 단정적으로 적시(適示)했고 또한 몸소 실천했다. 모름지기 출가자가 절 살림을 하느라 시간을 보내서는 안 되고, 스승 시봉을 하느라 배움의 기회를 미루거나 대신해서는 안 된다고 했다. 절 살림은 신도들에게 맡기고, 출가자는 오로지 법의 증거자가 되어야 하며, 보살행의 중심이 되어야 한다고 늘상 강조했다. 세간 사람들이나 재가불자들이 하지 못하는 출가자들만의 고유한 영역을 지켜야 한다고 역설했다.

만약 출가자들이 법의 증거자가 되지 못하고 보살행의 중심이 되지 못한 채 아무리 일을 잘하고, 스승에게 효성스러운 상좌가 된다고 하더라도 출가의 신성한 의무를 저버리는 것이 되어 결국에는 불조(佛祖)에 큰 죄를 짓게 된다는 것이 스님의 생각이었다.

스님은 불광사를 지어서 본격적인 포교활동을 하면서도 상좌가 공부하러 간다면 언제고 막지 않았다. 스님 자신의 건강이 좋지 않고 당장 절 지킬 사람이 없어도 상좌이기 전에 한 사람의 출가자로서 배워야겠다는 의지를 결코 막지 않았던 것이다. 곁에서 모시고 있을 때는 야속하고 섭섭한 생각이 들 정도로 상좌들이 오고가는 것에 관여하지 않았다.

아울러 스님 스스로가 출가자로서 드높은 자부심을 가지고 있었다. 출가자로서의 엄정한 자존심을 견지하고 비로봉 정상을 독보하는 기상으로 출가의 위의가 사뭇 당당했다. 그렇기에 상좌들이나 후배를 만나면 게으르지 말 것과 항상 경전을 가까이 할 것을 독려하고 강조했다.

부처님 출가절이 음력 2월 초여드렛날이다. 스님은 이날을 전후하여 가장 가까운 일요일을 '스님의 날'로 정하여 신도들이 꽃공양과 사사공양을 올려 경배하는 의식을 가졌고, 출가 앞에 머리 숙여 감사하는 자세를 심었다.

아마도 한국불교 역사이래 '스님의 날' 행사를 감동스럽게 거행했던 분은 오직 스님이 처음이었을 것이다.

언젠가 한 말씀이다.

"하늘 꽃이 비록 시든다 해도 활짝 핀 지상의 꽃보다 훨씬 더 아름답다." (1권 159쪽)

스님의 재[尺]

스님은 수행자로서 재[尺]를 갖고 있었다. 무슨 일을 하든지 그 자를 들고 먼저 재보고 난 뒤, 할 것인가 말 것인가를 결정했다. 부처님 일을 하더라도 옛 스님들의 가풍과 규범을 따랐고, 시절이 바뀌어 율장에 없는 새로운 일들이 나타나면 한동안 곰곰 생각했다. 스님이 수행자로서의 자를 새로운 일에 들이대고 있는 것이다.

그러한 스님을 보고 혹자는 광덕스님은 원칙과 명분에 약하다고 말하기도 했다. 불광사를 지을 때 스님의 불사 원칙은 빚을 얻지 않는다는 것이었다. 빚을 얻게 되면 신도에게 부담이 되고, 아울러 여러 부작용이 생기게 되는데, 그것은 출가 수행자가 취할 태도가 아니라고 생각했기 때문이었다. 설령 집의 규모를 줄이거나 2차 공사로 미루어 경제적 뒷받침이 되었을 때 다시 시작하더라도 무리하면 안 된다는 것이 스님의 불사방침이었다. 아무리 좋은 일이고 필요한 불사라고 해도 무리수를 쓰게 되면 스님 자신은 말할 것도 없지만 결국에는 여러 사람에게 고통을 주게 된다는 확고한 방침 덕분에 빚 없이 불광사 건축 불사가 끝나게 되었다.

그즈음 평소에 스님을 존경하고 뜻을 따르던 부산 단월의 보시로 유치원 지을 땅은 이미 구입했는데, 건축 비용이 없어서 공사를 못하고 있었다. 그 직전에 나의 전임자는 공부하러 멀리 해외로 갔기 때문에 내가 스님 곁에서 여러 가지 심부름을 하고 있었다. 그때 내 생각으로는 불광사 건축 불사가 끝난 지 얼마 되지도 않은 때에 다시 유치원 건립을 시작한다면 신도들이 힘들어 할 뿐만 아니라 성사되기도 어렵다고 판단했다.

뭔가 비상한 방법을 쓰지 않으면 안 될 것 같은 생각이 자꾸만 들었다. 그때 내가 생각해 낸 비상한 방법이 당시 성행했던 선서화 전시회였다. 그런데 스님의 성향으로 봐서 내가 선서화 전시회를 하자고 청을 드리면 안 된다고 불허할 것이 불을 보듯 뻔했다.

그러나 일단 말씀은 올려야 될 일이어서 여러 가지 상황 설명을 하고 난 뒤 선서화 전시회를 열어야 하는 까닭을 자세히 여쭈었다. 역시 스님의 대답은 예상한 대로였다.

"안 된다. 좀 기다렸다가 때가 되면 하자."

그 후로도 몇 번의 간청을 했고 그때마다 안 된다는 짧막한 대답만 반복되었다.

그때가 1986년이었으니 당시의 나는 지금보다 더더욱 세상 물정이나 부처님 법에 어둡기만 했던 때이고, 철없이 설치면서 젊음의 만용을 부릴 때였다.

나는 스님이 허락하지 않을수록 무슨 오기를 가진 사람처럼 어떻게든지 선서화 전시회를 해야지 하는 결심을 속으로 굳혀갔다.

마침내 어느 신도에게 그때 돈 오백만 원을 빌려서 전시회 벌일 준비에 들어갔다. 물론 스님 모르게 저지른 일이었다.

나는 빌린 돈을 손에 쥐고 우선 인사동으로 달려갔다. 화선지도 사고, 그때 어느 스님이 특별히 만들었다는 닥나무 화선지도 넉넉히 샀다. 그 길로 미리 준비한 것을 차에 싣고 신들린 사람처럼 전국을 누비면서 글씨 잘 쓰는 스님들과 그림 그리는 스님들을 방문하여 청을 했다. 당시에 조금이라도 서화에 소문이 난 스님들에게는 거의 빠짐없이 찾아가서 부탁을 했다.

그때 나는 스님의 힘을 새삼 크게 느꼈다. 나야 아는 스님들이 거의 없었지만 스님의 존함을 말씀드리면 조금도 귀찮아하거나 힘들어하지 않고 오히려 기쁘게 필요한 만큼, 아니 내가 주문하는 만큼 모두 그리거나 써 주었다. 심지어는 수고한다고 차비까지 손에 쥐어 주는 분들도 있었다.

나는 신명이 났다. 스님 몰래 저지르고 다니는 일이긴 해도 제방의 대덕들께서 적극적으로 협조해 주니 모든 것이 잘되리라는 신념이 생겼고, 나의 뜻이 걸리지 않고 오히려 격려를 받으니 나중에 삼수갑산을 가더라도 그 당시는 춤추듯이 다닐 만도 했다. 그것도 모자라 나중에는 재가불자나 저명한 작가들에게도 도움을 청하게 되었다.

여기에서 일일이 고마운 그분들을 다 거명하거나 그때의 일을 자세히 거론할 수는 없어도 많은 분들이 아낌없이 작품을 꺼내 주신 것만은 엄연한 사실이었다.

(그리고 그 힘으로 불광유치원이 빚 한푼 없이 건립되었던 것도 부인할 수 없는 엄연한 사실이었고 말이다.)

전시 공간으로는 꽤나 넓은 디자인 포장센터 두 개 층을 계약하고, 전시 팜플렛을 만들 때가 되어서야 나는 비장한 각오와 결심을 하고 돌처럼 굳은 얼굴로 스님 앞에 무릎을 꿇었다. 그동안 벌어졌던 일의 자초지종을 덜덜 떨면서 아뢰고, 두 손으로 방바닥을 짚고, 무릎꿇어 머리 숙인 채 스님의 처분만 기다렸다. 그날은 끝내 아무런 말씀이 없었다.

무지하면 용감하다고 했던가. 그 말과 같은 실제 인물을 눈앞에 대하는 스님의 심정이 과연 어떠했을까.

지금 생각하면 안쓰럽고 너무나 큰 고통을 안겨드렸다는 자책과 후회도 든다.

　마침내 전시회 개막일, 스님은 무지한 상좌가 저질러 놓은 뜻밖
의 사건 현장에 조용히 임했다.

　상좌의 허물은 스님 자신의 허물이라는 대비의 뜻으로 나는 새
겼다. 출가자의 불사는 기도로 이루어야 한다는 만고불변의 교훈을
어기고 엉뚱한 일을 벌여 놓은 못난 상좌 곁에 학처럼 고고한 자태
를 임해 주었다. 평생 지니고 다닌 당신의 잣대를 잠시 내려놓은
채 모든 것을 감수하려는 모습이었다. (1권 192쪽)

연 꽃

나는 스님 곁에 살면서 내 나름대로 스님을 자세히 관찰했다. 마치 내 손바닥을 펴서 손금을 살펴보듯이 말이다.

그리고 평소에 나는 사람은 누구나 자기 말에 책임을 져야 한다고 생각했다. 세간의 범정(凡情)도 말을 아끼고 이미 말이 되었으면 책임을 지고 신의를 앞세우는데, 하물며 무상도를 닦아 가는 사람들이 언행의 불일치를 보여서야 어찌 불조의 혜명을 계승했다고 말할 수 있으며, 또 닦아 가는 사람이라고 말할 수 있겠는가 하고 주장했다.

그러기에 우리 스님은 끝까지 저잣거리에서 금생의 명을 마쳐야지 중간에 산으로 돌아가면 일상의 가르침과 평생의 뜻에 어긋난다고 역설했다.

사람의 힘에는 한계가 있다. 육신을 가지고 있는 이상 그 한계를 벗어나기는 어려운 일이다. 대부분 사람들이 자기 한정과 자기 한계라는 틀 속에 안주하여 그 안에서 헤매고 끙끙거리다가 삶을 마감한다.

한계 밖의 소식을 펼쳐 보인다거나 드러내는 경우는 무척 드물다. 어쩌면 거의 없다 싶을 만큼 희귀한 일이기도 하다. 여기서 한계 밖이라고 하면 특별히 기특한 일을 말하는 것이 아니고 본래면목을 드러내는 것을 말한다. 도인이 밥 먹고 잠자고 사람 만나 애기하며 그 속에서 항상 분명한 참 면목을 잃지 않아 우매하거나 어둡지 않음을 말한다고 하겠다.

수행은 이렇게 일상 속에서도 훤칠해야 되고 또 어느 때나 다르지 않아야 된다. 도인은 법상에 올라갔을 때 참 면목이 드러나는 것은 말할 필요도 없고 법상에서 내려왔을 때도 그와 같아야 한다.

평소 스님의 하루 생활은 세월이 흘러갈수록 앉아 있는 시간보다 누워 지내는 시간이 많았다. 누웠어도 편안하게 잠들거나 휴식을 취하는 것이 아니라 늘 고통스러워했다.

스님도 견문각지(見聞覺知)의 인간이었으니까 누군가가 당신의 고통을 좀 알아주었으면 하는 생각을 많이 했을지 모른다. 가까이는 아픈 육신을 만져주기도 하고, 위로하기도 하며, 내지 속마음을 알아주기를 바랐을지도 모른다.

또 스님이 시작해 놓은 여러 가지 불사를 누군가가 기쁘게 맡아서 헌신적으로 꾸려나갔으면 하는 생각을 얼마나 간절하게 희망하였을까. 각기 이 핑계 저 핑계를 가지고 개인의 주장만 했지 스님 입장에서 생각하고 판단하여 진정으로 스님의 편이 된 사람이 과연 누구였을까. 아무리 생각해 보아도 선뜻 대답이 떠오르지 않는다. 거의 주변 사람들이 스님을 이기려고만 했지 스님 편이 되려고 하지 않았다. 그러한 주변 정황들이 스님에게는 큰 고통이 되었을 것이다. 오히려 병고보다 더 괴로운 심고(心苦)가 주변 사람들의 교만과 독선에 의해 자행되었을지도 모른다. 스님은 그러한 육체적·정신적 고통 속에서 하루하루를 이어나갔다.

그러나 그 가혹한 육체적·정신적 고통 속에서도 스님은 언제나 평화스러운 열정을 가졌고, 자애로운 마음을 유지했다. 이것은 평상의 생활 속에서 느낄 수 있는 스님의 본분이기도 했다.

나는 스님이 쓴 글을 대할 때면 여러 가지 생각이 한꺼번에 들었고, 무척 놀라웠다. 어떻게 이런 글이 나왔을까. 어디에서 이렇게 밝고 건강하고 우렁찬 함성이 높다란 산맥처럼 우뚝 솟아났을까. 저 아픈 스님의 육신 어디에서 조금도 그늘이 없고 아픈 흔적조차 없는 이 글이 숨어 있다가 나왔을까를 생각하면 실로 경탄과 존경을 금할 수 없었다.

대개의 수행자들이 스승 곁에 오래 있으면 아쉬움도 있고 섭섭함도 생긴다고 하지만 나의 경우에는 스님 곁에 오래 있으면 있을수록 이마가 땅에 붙어서 떨어지지 않았다.

바로 그 점 때문이리라. 병에 물들지 않는 천연의 모습. 고통에 좌우되지 않는 본래의 모습을 스님은 잘 보여주었다. 법상에서 말씀하는 대로 일상에서도 똑같이 남김없이 보여주었다.

이와 같이 평소 삶을 통한 일상사의 설법은 언제나 여여했고 분명하여 한 점 의혹도 없던 우리 스님, 나는 그런 스님을 늘 연꽃같다고 생각했다. 진흙 속에서도 밝고 곱게 피어나는 처염상정(處染常淨)의 연꽃. 연꽃이야말로 가장 짧게, 최적의 표현으로서 부를 수 있는 스님의 또 다른 이름이 아니었던가. (1권 264쪽)

내가 죽고 없더라도

조상 섬기는 일에 스님의 정성은 남달랐다.

평소 어른들에 대한 예의가 깍듯하기로 소문날 정도였지만 돌아가신 조상님들에 대한 정성도 여간 아니었다. 스님의 그런 모습을 가까이 보면서 우리 시자들은 느낌이 많았다.

스님 속가는 스님의 출가로 말미암아 대가 끊어지고 말았다. 스님이 독자이기 때문이다. 그런 까닭에 스님의 부모님 기일이 다가오면 스님이 손수 제수를 정성껏 준비한다. 당일이 되면 몸을 깨끗이 하고 시식을 베풀어 돌아가신 부모님에게 밝은 눈을 일깨워 드렸다. 그 모습이 어찌나 진중하고 은근한지 모른다.

뿐만 아니라 출가한 스님들의 기일도 정성껏 챙겼다. 스님이 몸이 불편한 관계로 내게 옹사(翁師)이신 동산(東山)대종사의 기일도 불광사에서 모셨다. 생전에 노스님께서 좋아하셨다는 상추를 수북하게 발우에 담아 올리고, 성철스님께서 용성조사 기일을 위해 지으셨다는 의식문을 우리가 염불하면 스님은 시종일관 무릎을 꿇고 노스님 진영 앞에 앉아 있었다. 그 숙연한 모습은 생전에 노스님을 모신 정성을 짐작하게 했다.

또 스님은 소천스님과 호산스님의 기제도 특별하게 모셨다. 살아 있는 분을 가까이서 모시는 듯 받들어 올리는 스님의 정성은 어느 때나 지극했고 새로웠다.

조상님과 선지식을 섬기고 받드는 일을 말씀으로 강조하는 것보다 그와 같은 스님의 행을 직접 보고 느끼는 차이는 감히 필설이 따르지 못한다.

　일반적으로 출가 사문이 영단 예절을 차릴 때는 가사를 벗는데 스님은 가사를 수한 채 그대로 절을 할 때도 있었다. 한 해 한 해 연세가 들면서 달라진 변화였다. 출가 사문이 걸어가는 길이 동일 생명의 길이라면 구태여 조상님에게 절을 아낄 필요가 따로 있으며, 가사를 벗어야 될 특별함을 가져야 될까.

　평소에 율장에 많은 관심을 두고 설법 때도 부처님 말씀에 의거하여 스스로의 일탈을 엄격히 규제했던 스님이 개인적인 생각에서나 적당한 얼버무림에서 취한 행이 아니었을 것이다.

　지금도 스님이 직접 쓴 당신 부모님의 축원문을 내가 간직하고 있다. 그때의 말씀이 다시 떠오른다.

　"내가 죽고 없더라도 너희들이 우리 부모님을 위해서 해마다 기제를 올려다오. 꼭 부탁한다."

　당시에는 얼떨결에 건성으로 또는 의례적으로 대답했지만 세월이 흘러갈수록 스님의 말씀이 더욱 역력해진다. (1권 272쪽)

"나 좀 일으켜다오" 하고 손을 내밀 것만 같아

이제 스님이 떠나고 난 뒤, 다시 스님을 생각하면 너무나 아쉽고 안타깝다. 끝도 한도 없는 아쉬움과 상실감이 엄습해 온다. 뭐라고 표현할 수 없는 이 안타까움을 어떻게 처리해야 할지 지금으로선 통 생각이 나지 않는다. 단지 이제부터 내가 살아 있는 동안 스님이 해 온 일을 힘껏 쫓다가 언젠가 나도 때가 되면 가겠지 하는 생각만 할 뿐이다.

그렇다고 구체적으로 방안이 딱 마련되어 있는 것도 아니고, 넉넉한 준비가 있는 것도 아니다. 생각이 그렇다는 것이고, 내 인생이 그래야만 한다고 믿는 것뿐이다.

나를 키우고 알아준 스님의 은혜는 이 세상에서 가장 지극했다. 그것이 나만의 생각이고 착각이라고 해도 괜찮다. 대장부가 한 번 머리를 조아렸으면 일신의 안일이나 그다음 일은 생각지 않는 법이고 참으로 귀의를 마쳤으면 길을 바꾸지 않는 것이 고래로부터 이어져 오는 출가문의 미덕이며 출세간의 엄한 전통이고 반야문의 가풍이다.

스님의 유해가 마지막 떠나는 날, 그러니까 1999년 3월3일 새벽 0시 10분에 스님이 가만히 누워 계시는 범어사 종무소 부속 건물로 내려갔다.

보제루 분향소 상주자리에 앉아 있다가 혼자 조용히 일어나 잠든 금정산 자락을 바라보면서 이제 몇 시간 뒤 스님과 이별할 것을 생각하면서 한걸음 한걸음 발길을 옮기고 있었다.

수십 년 전 행자가 되어서 처음 이 절에 왔을 때, 사내 전 대중이 모여 올리는 새벽 예불이 하도 좋아서 잠도 안 자고 도량을 서성거렸던 때가 문득 떠올랐다. 그때도 지금처럼 달이 밝았다.

그때는 달빛 아래서 기쁨으로, 어떤 뜻도 모를 환희로 도량을 서성거렸는데, 오늘은 내 인생에서 가장 슬프고 침통한 순간이 되어 도량을 서성거린다는 생각이 들었다. 이와 같이 인생은 흘러가는 것인가, 끝없이 변화해 가는 것인가를 되물으며 내 몰골을 다시 돌아보고 가다듬게 되는 엄숙한 순간이었다.

나는 넋 나간 사람처럼 비틀거리며 간신히 스님 앞에 엎드렸다. 스님 곁에 있던 손상좌들은 피곤에 지쳐 기척이 없고, 다만 촛불만 타닥거리며 출렁거릴 뿐이었다.

절하고 절하고, 다시 절하고, 스님 영정을 우러르면서 스님을 생각했다. 금방이라도 힘든 몸을 돌려가며 "나 좀 일으켜다오." 하고 손을 내밀 것 같은 생각이 들었다.

'무상하구나. 그토록 밝으신 분이 이렇게 가시다니…….'

평소에 스님을 유리처럼 투명하고 영능한 분이라고 믿었던 내게는 스님의 열반이 도저히 믿어지지가 않았다. 나의 스님이 꽁꽁 묶여서 관속에 가만히 누워 있다는 현실이 수긍되지도 않았고 실감나지도 않았다.

나는 이마를 땅에 대고 하염없이 스님을 불러 보았다.

스님에 대한 연민과 존경이 줄줄이 떠올라 슬픔과 아쉬움이 파도가 되어 가슴속에서 소용돌이쳤다.

'이제 이 시간이 지나면 유해마저도 대할 수 없게 된다.'

여기까지 생각이 미친 나는 다시 일어서서 절하고 생각을 가다듬었다. 그리고 메모지를 꺼내 놓고 내 슬프고 장엄한 인생 다짐의 감회를 쓰기 시작했다. 글도 아니고 시도 못 되지만 내 다짐이 들어 있다는 이유 하나만으로 여기에 옮겨 본다.

이시간　지나가면　법구도없고
그리움　하늘가득　더욱사무쳐
정다운　우리스님　어디서뵐까
내이제　무엇으로　의지처삼아
스님의　전법부촉　이어갈까나

한밤중　금정계곡　물소리함께
임향한　만단정회　흘러가누나
어디로　흐르는지　알수없지만
내가슴　솟아나는　임의향기는
어느때　다시만날　굳은맹센가

스님을　보내는맘　너무나아파
긴신음　한숨소리　푸른별들에
내사연　묻어두어　영원히살자
내인생　모두바쳐　스님뜻이어
뵈올때　숨김없이　모두말하리

스님께　이밤맹세　올리옵고저
법구앞　삼생약속　머리에이고
미래세　나의인생　오직이한뜻
모든힘　쏟아부어　스님뜻이어

이루리　이루오리　보리이루리

오늘이　스님육신　마지막이니
본래로　공한이치　이미알지만
그래도　허전한맘　가눌길없어
엎드려　무릎꿇고　예배합니다.
어둠속　계명봉이　우뚝한것을

내가왜　이사실을　이제야알아
천추의　깊은한을　풀지못했나
미련한　이내심정　탓해보아도
그리움　달빛되어　누리에차고
한숨은　바람되어　나무흔드네

내이제　두손모아　비옵나이다.
스님의　대서원을　분명히알아
위없는　무상보리　이루고말리
세계에　평화심고　불토이루어
웃으며　스님다시　만나뵈야지.

스님의 영결식 날, 날씨는 맑고 따뜻했다. 마치 스님 성품처럼 온화하고 평화스러웠다. 이제 조금 있으면 봄이 되어 꽃이 피고 새가 노래하는 호시절이 올 터인데 스님은 그런 것을 아랑곳하지 않고 표표히 갔다.

제방의 큰스님들이 운신의 노고를 마다하지 않고 왕림했고, 수많은 구도 납자들이 애석해하고 슬퍼했다. 서울 신도들, 부산 신도들 모두 슬픈 심정으로 구름같이 모여들어 스님의 영결식을 더욱 장엄하게 만들었다. 노스님(東山) 입적 후 가장 많은 사람이 모여서 슬픔을 함께 했다고 한다.

이제 남은 것은 내 문제다. 어떻게 스님과 헤어질까. 어떻게 스님 안 계신 세상을 살아갈까. 누워 있더라도 살아 있기만 하다면 열심히 노력하여 얻은 성과물을 가지고 달려가서 보고도 하고 자랑도 할 텐데……. 어디 가서 떼를 써보나. (1권 305쪽)

징검다리

1권에 이어 2권에도 상좌가 보고 그런
스승의 교훈 86가지의 이야기가 좀 더 자세하게 펼쳐진다.
이 2권부터는 광덕큰스님의 상좌인 저자가 수미산 환생기도를 다녀온
후부터 본격적으로 쓰기 시작한 내용이다. 본래는 1권으로
끝이 날 뻔했는데 1999년 7월,
수미산에 가서 스승의 환생기도를 통하여 환생을 확신한 뒤
환생에 대한 준비작업으로 본격 쓰기 시작했다.
책 뒤 부록에는 6편의 귀중한 자료가 들어 있다.

수미산 순례와 스님 환생기도

1999년 6월 6일, 우리 스님 입적 백일을 당해 지난해 가을부터 쓰기 시작한 스님의 가르침을 묶어서 『내일이면 늦으리』라는 제목으로 상재(上梓)하였다. 기왕 나와야 될 책이면 스님 떠난 슬픔이 가시기 전에 출간하면 내 마음도 조금이나마 위안이 될 것 같았고, 스님에 대한 작은 효도(?)도 되리라는 순직한 생각으로 서둘러 냈다.

사실 나는 스님께서 오랜 세월 동안 병석에 계셔도 이렇게 갑자기 입적하리라는 생각은 미처 못하고 지냈다. 그런데 막상 입적이란 큰일을 당하니까 말로 형용할 수 없는 크나큰 상실감과 슬픔이 거대한 파도처럼 내 몸을 휘감아 버렸다.

나는 이런 내 마음을 하루라도 빨리 진정시키기 위하여 스님을 잊으려고 애를 썼다. 그러나 잊으려고 애를 쓰면 쓸수록 슬픔은 더욱 사무치고 회한은 넘쳐 이대로는 도저히 내 마음을 안정시킬 수가 없었다. 어디를 가나 무슨 일을 하나 온통 스님 생각뿐이었다.

돌이켜보면 우리 스님과 나는 특별한 인연이 있었다. 스님 앞에서 머리 깎고 출가하여 스님 곁을 떠나본 적이 없었다. 자기를 낳아준 부모라도 그렇게 가까이서 평생 모실 수는 없었을 것이다. 그랬기에 내 가슴속에 깊고 간절한 소원은 스님과 영원히 헤어지지 않는 것이었다.

그러나 '스님의 금생 육신은 이제 다시는 찾을 길 없는 것 아닌가. 그렇다면 스님께서 다시 이 땅으로 돌아오시면 되겠지. 아마 스님도 빨리 이 땅으로 오고 싶으실 거야. 와서 못 다한 반야바라밀 결사운동을 계속하실 거야.' 하는 데까지 내 생각이 이르렀을 때, 나는 홀연히 짐을 챙겨 티베트로 떠났다. 그리고 지구의 성산(聖山) 수미산을 향하여 평균 고도 5천여 미터의 티베트 서부 고원지대를 쉬지 않고 달렸다. 고소(高所) 적응이 여의치 않아 몇 번이나 기절하다시피 정신을 잃어가면서도 오직 일념은 수미산을 참배하는 것이고 수미산을 친견하는 것이었다. 수미산에서 스님의 환생을 간절히 기도하는 것이 목적이었다.

그렇게 천신만고 끝에 드디어 수미산이 멀리 보이는 티베트 서부 고원지대, 어느 언덕 위에 올라서게 되었다. 사진으로는 여러 번 보았지만 실제로는 처음 보는 수미산이었다. 수미산이 눈에 들어오는 순간, 경탄의 소리를 지르기도 전에 나는 그 자리에서 무릎을 꿇었다. 그리고 절을 하며 간절하게 기도하며 빌고 또 빌었다.

"원하옵건대, 수미산이시여! 제발 우리 스님이 하루 속히 환생하시어 그 후신을 다시 만나게 해 주소서."

내 기도는 스님에 대한 가슴속 가득한 그리움이 푸념처럼 얽어져 나오는 넋두리요, 애달픈 고백이며 무가(巫歌)였다. 이렇게 시작된 수미산 친견과 스님의 환생을 비는 기도는 계속되었고, 그러기를 또 며칠이 지나서야 마침내 수미산 턱밑에서 그 대답을 듣는 깨달음을 얻게 되었다.

수미산의 눈 녹은 물이 철철 소리내어 흐르는 개울가에서 하루의 순례 일과를 마치고 바늘로 찌르는 것같이 따가운 빙설 같은 개울물에 세면하려고 손을 넣는 순간, 내 의식이 확 바뀌어 일대전환을 맞이하였다. 무엇에 묶여 있는 것 같았던 몸과 마음이 거대한 성산의 기운을 그대로 받아들인 듯, 수미산과 내가 둘이 아님을 즉시 알아채었다. 그리고 스님의 환생을 틀림없이 믿게 되었다. 동시에 의심 없는 확신의 메시지를 너무도 뚜렷하게 전달받았다. 정말 놀랍고 기쁜 일이었다. 뛸 듯이 환희에 찬 마음이었다.

나는 비로소 이제껏 힘든 과정으로 찡그리기만 했던 얼굴을 펴고 저절로 터져 나오는 속 깊은 웃음을 웃었다. 나는 가슴 가득 차오르는 환희의 용솟음을 지그시 누르고 이제부터 내가 과연 무엇을 해야 하느냐를 생각했다. 그러자 스님 후신이 오시면 모실 준비에 착수해야 된다는 느낌이 또 전광석화처럼 가슴을 치고 지나갔다. 스님 후신이 와서 반야바라밀 결사운동을 계속할 수 있는 터전을 마련하고, 금생에 보여준 스님의 면모를 고스란히 보존하여 서로 계합하도록 해야겠다는 다짐이 일었던 것이다.

세수하려고 숙였던 허리를 펴고 심호흡을 하며 수미산을 올려다보았다. 구름 속에 얼굴을 묻고 있던 수미산이 어느새 그 얼굴을 환히 드러내고 나를 향해 정답게 미소하며 고개를 끄덕이고 있었다. 그것으로 충분했다. 그것으로 기도는 이미 원만성취되었다. 나무마하반야바라밀, 나무대행보현보살마하살……

사실 수미산까지 가면서 무척 힘든 고비가 여러 차례 있었다. 신체적인 한계를 느껴서 용기를 잃고 돌아가려고 했던 때도 있었고 게으른 생각이 일던 때도 많았다. 그런 어려운 때에는 스님께서 어김없이 내 깊은 의식인 꿈으로 오셔서 인도해 주셨다. 내일 가는 길을 미리 알도록 암시와 용기를 주셨고, 나를 보고 다정하게 미소 지어 안심을 주셨다. 그러나 그런 다음날에도 고산병으로 속이 울렁거려 밥 먹기조차 힘들었지만 간밤에 스님을 만났다는 기쁨과 나를 인도해 주신다는 믿음 때문에 내 힘든 육신을 앞으로 밀고 나갔다. 그렇게 온갖 난행·고행을 되풀이하여 마침내 수미산 북쪽 지역(수미산 뒷모습)에 당도했다.

산은 구름에 가려 잘 보이지 않았지만 그 주변 분위기만으로도 신비하기 그지없는 성산(수미산)의 자태를 충분히 느낄 수 있었다. 나는 무엇에 홀린 사람처럼 그 자리에서 또 수없이 절을 올리면서 감사 기도를 했다. 하염없이 절을 하면서 오직 일념으로 감사했고 또 감사했을 뿐이었다. 돌멩이만 쌓여 있는 산비탈에서 무릎이 아픈 줄도 모른 채 마냥 절을 하면서 감사를 올렸다. 더 이상 아무것도 바라는 것이 없는 만족과 행복이 충만한 감사 기도였다.

한동안 그렇게 기도를 하다 문득 고개를 들어 다시 성산을 올려다 본 순간, 나는 그만 화들짝 놀라고 말았다. 어쩌면 저렇게도 기상천외(奇想天外)일까. 정말 놀라서 아무 소리도 못하고 가슴에 전류가 흘러가는 찌릿한 느낌만 받았다. 이곳에 와서 처음 수미산을 보았을 때는 구름에 가리어서 그 윤곽만 보였다. 그런데 내가 기도를 끝내고 다시 올려다 본 수미산은, 구름 한 점 없이 너무나 깨끗한 모습으로 흰 왕관(꼭대기에 눈이 덮여 있음)을 머리에 쓴 채, 때마침 석양빛을 받아 준미하기 그지없는 출중한 모습 그대로 환하고 고결하게 거기 있었다. 그런 성산을 대하는 내 마음에는 큰 파장이 일었고 동시에 뜨거운 가슴속 탄성이 저절로 터져 나왔다. 바로 수미산이 우리 스님 같았기 때문이었다. 준수한 모습이 스님 같았고 스님이 평생 살아온 덕화의 삶이 저 성산 같았다. 저렇게 우뚝했고 저렇게 고결하고 훤칠했다.

그 이후 나는 수미산을 우리 스님이라고 생각하고 있다. 구름에 덮여 있던 수미산이, 아니 우리 스님께서 내 기도에 응답하기 위해 초출(超出)한 그 웅자(雄姿)를 아낌없이 그렇게 낭연히 내 앞에 과시했던 것이다.

나무귀명정례 수미산! (2권 26쪽)

위법망구

스님은 오직 법을 위해서 세간적인 오욕락(五慾樂)을 버린 것은 말할 것도 없고 스스로의 몸마저도 돌보지 않아, 세월이 흘러 육신이 노쇠해지자 온갖 병고의 고통을 다 겪게 되었다.

스님은 병든 몸, 아픈 몸을 일으켜 세워가며 신도가 입원해 있는 병원을 찾았고 어려움에 빠져 있는 형제들을 일일이 찾아다녔다. 우리 형제들이 있는 곳이면 그 어디라도 사양치 않고 친히 가서 근본 심지법(心地法)을 고구정녕으로 간절하게 설하였다. 그럴 때면 도저히 아픈 사람이라고 말할 수 없을 정도의 놀라운 힘이 어딘가로부터 스님께 넘쳐 흘렀다. 지금에 와서 다시금 그때의 광경을 떠올려 스님을 생각해 보면 역시 위법망구의 대보살심에서 그러한 놀라운 힘이 넘치지 않았나 하는 믿음이 든다.

그때는 곁에서 보기에도 참으로 안타까운 광경이 많았다. 스님은 밤중이고 새벽이고, 비가 오나 눈이 오나 육신을 법의 도구로 삼아 대비의 보살행을 게을리 하지 않았다. 그러나 스님의 육신은 한계가 있고 또 이미 병들고 노쇠하여 대비의 보살행을 언제까지나 감당하기 어려운 지경이 되고 말았다. 하루종일 거리를 누비다가 오후 늦게 절에 돌아와서는 끙끙 앓아 눕는 스님의 모습이 너무나 애처로워 속 눈물을 감추지 못한 적이 한두 번이 아니었다.

스님은 그런 혹독한 병고 속에서도 신도가 찾아오면 일어나 앉아서 맞이했으며, 여러 가지 인생 상담에 피곤해 하거나 싫은 기색 하나 없이 장시간을 진지하게 듣고 적절한 법의 처방을 친절하고 자비롭게 전해 주었다. 그것은 실로 놀랍기 그지없는 일이었고 불가사의한 법력이었다.

저런 법력이 과연 어디서 나왔단 말인가. 어찌하여 저런 일이 노쇠하고 병약한 몸으로 가능하단 말인가. 보통의 상식으로는 이해할 수 없는 일이었기에 나는 놀라움을 되뇌이며 내 자신에게 수없이 되묻곤 했다. 보통 인간의 눈으로는 상상할 수 없는 일들이 스님의 일상 가운데 그렇게 자연스럽게 펼쳐졌기 때문에 나는 스님의 위법망구의 커다란 자비심을 그 어떤 일들보다 뛰어난 법력이라고 믿었고, 완전한 진리성에 계합한 이의 면모이며 각자(覺者)의 가풍이며 자비의 실상이라고 굳게 생각했다.

사람은 본능적으로 누구나 자기 몸이 힘들면 하던 일도 놓게 되고 찾아오는 사람도 마다하고 스스로의 고뇌와 불안에 빠져들게 된다. 그 어떤 일에도 흥미를 잃게 되고 자신의 처지를 비관하게 되어 마침내 무기력하게 변하는 것을 우리는 일상의 주변에서 자주 보아왔다. 역시 스님도 인간이기에 몸은 여느 사람과 똑같았다.

그런데도 병들어 힘든 몸을 일으켜 세워서 거리를 누비며 온갖 고행을 무엇 때문에 저렇게 해야만 하는가? 그것이 비록 내 작은 머리로 이해할 수 없는 사실이었지만, 사실 그것은 내가 잘 알 수 없었던 차원의 일이었고 이해나 알음알이로 갈 수 없는 스님만의 본분사였다.

일체 중생은 원래 한 몸이다. 진리로 한 덩어리이다. 중생이 아프면 보살도 아프다. 지옥이 있으면 지장보살은 성불하지 않고 오직 대비심으로 끝없는 보살행을 닦아갈 뿐이다. 그래서 스님은 오직 본분사의 양심대로 위법망구의 지장보살이 되었고 유마거사가 되었다. 그렇게 할 수밖에 없었던 것이 스님의 솔직한 양심이라고 생각한다. 이렇게 특출했던 스님에 대한 그리움과 지금 나의 감회를 몇 자 글로 옮겨본다.

사모(師慕)

밥을 먹고
기도를 하고
도량돌이에 나서고
그리고 잠을 자면서도
나는 스님을 찾아 나선다.

그리움은 뼈가 아픈 고통이라고 말했던가.
한밤중 벌떡 일어나 앉아 가만히 소리내어 불러보는 스님,
하도 그리워……
다시 누워 잠을 청하지만
흐르는 두 줄기 눈물.

보고 싶다.
애간장이 녹아 내릴 것같이 간절히 보고 싶다.
이럴 줄 알았으면
스님 입적 후 꼼짝 않던 시신 곁에 나란히 누워나 보고
앙상한 뺨에 얼굴이라도 비벼볼 걸……
백 가지 천 가지가 한스럽기만 하다.

실성한 사람 같다 하더니만

스님 생각 간절할 때면
시도 없이 때도 없이
목젖은 가라앉고 눈자위가 붉어져
애꿎은 먼 하늘만 바라본다.

그렇게 다정하던 분이
열사흘 달처럼 환하던 분이
안팎이 유리처럼 투명하셨던 분이
어느 사이 내 곁을 떠나 멀리 멀어졌고
마침내 다시 볼 수 없다는 기막힌 현실 앞에 서서
몸서리치도록 차가운 會者定離의 법칙만 되뇌어 본다.

지금 내가 숨 붙어 있는 이 세상에서
다시 손 한번 잡아볼 수 없는 기막힌 서러움에
아리고 쓰린 마음 슬퍼서 끝이 없구나.
보고 싶을 때마다
비록 꿈속에서라도 스님을 볼 수 있다면
폭풍우 지나간 내 마음 평원에
다시 꽃을 심고 나무 가꾸는 데
큰 힘이 될 텐데.

내가 스님을 그리워함은 벌[罰],
사모는 업보(業報)다.
내 삶의 뜻은 오직 하나……
그것은 내 생명의 내용이리라. (2권 138쪽)

징검다리

스님께서 이곳 도피안사에서 머물 때 일이다. 평소 스님은 애기처럼 아장아장 걸었다. 물론 건강이 나빠졌기 때문이고 그만큼 쇠약해진 탓이다. 그때 나는 어느 건강잡지를 뒤적이다 '보폭을 크게 해서 양손을 흔들며 걷는 연습을 하면 기력이 회복되고 병도 치유된다.'는 기사를 접하게 되었다.

나는 즉시 절 안에 있는 큰 벽돌을 옮겨다 두 장씩 맞붙여서 스님 다니는 길에 벽돌 징검다리를 놓았다. 건강한 성인이 걸으면 보폭이 짧지만 스님에게는 매우 긴 징검다리였다. 그러고 난 뒤 스님 방에 들어가서 무작정 산책 제안을 했고 스님도 그냥 웃으면서 응해 주었다. 내 몸으로 스님을 안다시피 부축하여 밖에 나와서야 징검다리를 놓은 이유를 말씀드렸더니 한동안 나를 가만히 쳐다보았다.

물같이 맑고 부드러운 눈동자에 자비와 인간애를 가득 담고 건너다보는 스님의 표정과 눈빛은 어느 때나 좋았다. 스님의 그런 눈빛 앞에 서면 행복한 생각도 들고 힘도 솟고 또 뭐라고 말할 수 없을 만큼 기쁘고 즐거웠다. 스님께서는 이미 나의 뜻을 받아들여 징검다리에 올라서서 깨금발을 뛰듯이 한 칸 한 칸 건너갔다. 갑자기 넓게 벌린 보폭 때문에 비틀거려가며 힘들게 한 번 왕복을 마치고 난 뒤 다시 방에 들어와서 이런 말씀을 했다.

"내가 앞으로 너희들에게 짐이 되지 않아야 할 텐데, 사실은 내가 부처님께 늘 기도하고 있어. 수행자가 남의 신세를 무턱대고 진다고 하는 것은 매우 미안한 일이지."

나는 스님의 이 말씀을 듣고 수행자 자신의 책임감을 강하게 느끼게 되었다. 어느 때나 수행자는 스스로 자신의 정신이나 육체에 대하여 끝까지 책임지며 살아야 하는 것이다. 남에게 신세지지 않고 폐를 끼치지 않는 것은 수행의 제일보나 같은 것이다. 이런 뜻에서 한 사람의 수행자로서 스님의 의지가 새삼 강하게 전해왔다. 어느 때나 자신을 살피며 잘잘못을 가려서 남에게 피해를 주지 않는 것은 말할 것도 없고 부처님 가르침에서 한 치라도 벗어나지 않겠다는 무한 책임의 정신 상태, 나는 그것을 전체적으로 법력이라고 말하고 싶다.

스님은 어느 때나 법력이 충만한 명징한 정신의 소유자였고 놀라운 실천자였다. 몸이 아파 자리에 누워서도 출가자의 본분을 잃지 않았던 스님은 오늘날 각박한 현대를 살아가는 우리들의 징검다리였다. 스님이 지금도 항상 내 옆에 있는 것 같은 느낌은 무슨 까닭일까? 흐르는 물살이 거칠어졌고 빨라졌기 때문에 물길을 건너야 하는 튼튼한 징검다리의 필요성이 더 커졌기 때문이리라. (2권 198쪽)

국수와 멸치

스님들은 거의가 국수를 좋아한다. 아마 늘 밥만 먹다가 별식으로 국수를 가끔 먹게 되어서 그런지도 모르겠다. 별식이 거의 없는 단조로운 절 식단에서 보면 국수는 별식이 아니라 오히려 특식이라고 해야 할 것이다. 오죽하면 그 흔한 국수를 승소(僧笑)라고까지 애칭, 별칭으로 불러가며 좋아하고 편식, 폭식했으랴? 역시 스님도 이 편식의 열렬한 동참자다. 스님이 대각사 조그만 골방에 머물던 무렵, 바로 그 앞방에 동헌(東軒)노사가 주석하고 있었는데, 그분은 스님에게 사숙이 되는 어른이셨다. 저 유명한 용성조사의 고족이셨다.

어느 날 동헌노사에게 객스님이 왔고, 그 객스님 역시 국수를 광적이다시피 편애하던 분이어서 동헌노사께서는 절 주변 국수집에서 때 이른 점심공양을 국수로 대접하려고 했던 것 같다. 그때 마침 스님이 방에 있는 걸 알고 동헌노사가 권하여 함께 가게 되었다.(이 얘기는 어느 날 한가하고 조용한 시간에 스님 자신이 상좌인 나에게 고백한 내용이었으며 훈도였다.)

세 스님이 이른 점심시간 국숫집에 앉아서 그 좋아하는 국수 그릇을 앞에 받아 놓고 침을 삼켜가며 흐뭇해하는 광경을 그려보면 절로 웃음이 솟아나지만 세속에서는 볼 수 없는 광경이다.

우리나라의 70년대 초는 물자가 귀한 시절이었기에 따라서 국수에 들어가는 양념도 다양하지 않았을 때였고 주로 흔한 것이 멸치 몇 마리 넣어서 국수 맛을 돋우는 정도였다. 국숫집에서는 뜻하지 않게 이웃 절의 점잖은 스님 세 분을 첫 손님으로 맞이하게 되었으니, 주인은 그야말로 그날 하루 개시 장사에 청신호가 들어온 기분이 들었는지 특별 배려와 온갖 서비스를 아끼지 않았다고 한다. 그래봐야 기껏 멸치 몇 마리 더 집어넣는 정도였을 것이지만 말이다.

아무튼 국숫집 주인은 신이 났던 것이 사실이고 특별 대접도 사실임에는 틀림없었으리라. 면발이 고운 국수를 커다란 플라스틱 대접에 가득 받아들고 먹기 시작하는데, 스님(광덕)은 별 생각 없이 국수 속에 이리저리 가로누워 있는 굵은 멸치를 나무 젓가락으로 건져내고 먹었다고 한다. 셋이서 땀을 흘리며 배부르게 잘 먹고 무사히 절로 돌아와서 양치를 하고 있는데, 동헌노사가 급히 불러서 갔더니만 대뜸 노사의 일갈이 떨어졌다고 했다.

"아니, 광덕이 자네는 어른과 같이 공양을 할 때 어른이 그냥 먹으면 당연히 아랫사람인 자네도 그냥 먹어야지, 그래 어른 앞에서 멸치 대가리를 건져내는 경거망동한 짓이 어디 있어? 예절 밝고 경우 바른 자네가 그걸 몰라서 그래? 아니면 딴 뜻이 있었나? 에이 참, 고약한 일이군."

그 순간 스님은 등에 식은땀이 주르륵 흘러내리는 것을 느꼈다고 했다. 즉시 그 자리에서 엎드려 참회를 하고 크게 부끄러워했다고 스님이 그때의 심정마저 나에게 감추지 않고 진솔하게 고백했다.

나도 스님의 말씀을 들으면서 깜짝 놀란 기분이 되었다. 나는 그 동안 어른을 모신다고 하면서 경우 없는 행동을 얼마나 많이 했을까를 순식간에 되돌아보았기 때문이다.

아랫사람이 웃어른에게 지켜야 되는 예절도 그 근본 터전은 자기가 비워진 경계에서 이루어지는 것이다. 또한 윗사람이 아랫사람을 가르치는 데도 자기를 비웠을 때 더 큰 감화가 있고 올곧은 깨달음이 있을 것이다. 자기를 비우지 않고는, 또는 비우는 공부를 소홀히 하고는 진정한 예절을 찾기 어려울 것이다.

어쩌면 스님 자신의 감추고 싶은 실수담일 수도 있는 얘기를 상좌교육을 위해 기꺼이 꺼내 놓았던 스님의 사랑, 스님의 고귀한 사랑을 통해 나는 비워진 경지의 진실이 무엇인가를 다시 깨닫게 되었다. (2권 227쪽)

칭찬 기술자

사람이 살아가면서 사소한 일상의 일로도 주변 사람들에게 칭찬 받으면 무척 기쁘고 즐겁다. 매일 똑같은 일상이 반복되는 답답함 속에서 가끔 얻게 되는 칭찬의 행복감은 나태한 안일에서 잠을 깨게 하는 각성제도 되고 답답한 마음을 새롭게 하는 청풍(淸風)이 되기도 한다. 설령 입에 발린 칭찬이라 하더라도 그렇다.

비단 어떤 술수나 계략을 갖고 전술적으로 건네는 계산된 칭찬이어도 칭찬에는 힘이 따르고 사람 마음을 움직인다. 이미 상대방의 속이 뻔히 들여다보이는 칭찬이고 그 속을 다 알면서도 역시 즐거움이 없는 것은 아니다. 칭찬의 힘이 그만큼 크다는 증거일 것이다.

사람은 칭찬의 힘에 의해서 성장하고, 또 어떤 때는 운명이 바뀌기도 하는 결정적인 계기도 된다. 칭찬 한마디로 말이다. 그런데 가만히 살펴보면 나이가 들수록 남에게 칭찬 받는 기회가 사뭇 적어지는 것 같다. 오히려 칭찬 듣는 기회보다 칭찬해야 될 때가 더 많아지는 것이 나이 든 사람들에게 부과되는 또 하나의 인생의 책임과 의무가 아닐까 생각해 보기도 한다.

다시 나의 지난 시절을 돌아보면 나는 스님의 무수한 칭찬의 은혜를 입었다. 그것도 최상의 칭찬이다. 스님이 나에게 무슨 원하는 일이 있어서 방편으로나 또는 인사로 하는 의례적인 칭찬이 아니다. 또 격식이나 흔히 주고받는 덕담의 차원이 아닌, 마음 밑바닥에서부터 솟아나는 뜨거운 인간애의 표현인 긍정 칭찬, 자비 칭찬, 불성 칭찬…… 생명의 맑은 물줄기를 끌어올리는 작업의 칭찬 말이다. 나는 그런 가슴 뜨거운 칭찬 속에서 살아오고 성장했기 때문에 지금 홀로 된 입장에서 보면 스님의 칭찬이 더없이 그리운 것이고 또 생각할수록 소중하고 값진 것이다. 나에게 있어 스님의 칭찬은 그 무엇과도 대신할 수 없는 은혜의 광명이었다.

우리가 살다가 죽어서 저승에 가면 심판을 받는다고 하는데, 그때 심판관이 나에게 인간 세상에서 가장 귀한 지고의 보물을 딱 한 가지만 들라고 하면 나는 스님이 나에게 내린 칭찬을 유일하게 거론할 것이다. 내가 힘이 없을 때나 의기가 소침했을 때나 판단이 바르게 서지 않을 때나 게을러 혼미에 빠져 있을 때나 그 어느 때나 스님의 칭찬은 보약 같은 것이었고 오히려 꾸지람이었으며 어둠 속에서 헤매고 있는 나에게 밝은 불빛이었다. 스님의 칭찬을 참으로 구하기 힘든 귀한 영약(靈藥)으로 규정하고 싶다. 병들어 죽어 가는 사람을 단숨에 살려내는 영약 말이다.

사실 인간의 모든 문제는 번뇌망상으로 비롯된 것이다. 문제가 육신에 있든 정신에 있든 번뇌로 비롯된 것이다. 그렇기 때문에 인간 문제의 근본 해결은 번뇌망상에서 벗어나는 것뿐이다. 번뇌에서 벗어나기 위해 그것과 다투고 따지고 협상해서는 안 된다. 다투고 따진다고 하는 것은 괴롭다고 술을 마셔 피난처를 찾는다거나 원인과 결과의 탓을 남에게 돌려 문제를 피하는 것과 같은 것이다.

근원적인 문제 해결의 방식으로 아예 번뇌망상을 상대하지 말아야 한다. 철저히 무시해야 하고 원래 없다는 생각에 이르러야 한다. 왜냐하면 번뇌망상은 본래 없던 것이기 때문이다. 무(無)이다. 다만 착각에 의한 허깨비에 지나지 않고 허공 꽃 같은 것을, 참으로 있는 실재로 인식하고 인정하고 매달리고 내지 그 종살이를 하니까 결국에는 문제 해결은 점점 힘들어지고 멀어지고 오히려 해결을 위해 노력할수록 엉키고 설켜 벗어날 길마저 잃고 만다. 그러한 잘못된 방법으로 인해 결국은 그 가짜들의 위세만 대단하게 키울 뿐이고 허상만 더더욱 높여줄 뿐이다. 그래서 마침내 인간 문제의 근원적 해결은 점점 멀어지거나 사라져 없게 되고 해결하려는 노력이 클수록 또 다른 번뇌 수렁으로 빠져 들어가 급기야는 모두가 함께 허우적거리는 고통의 악순환만 초래될 뿐이다. 결론적으로 번뇌망상의 존재는 원래 없는 것이니까 그렇게 바로 믿고 참으로 있는 불성생명에만 순응하고 호응하고 하나가 되는 이치를 찾으면 되는 것이다.

스님의 탁월한 칭찬 기술은 바로 이러한 불성원리에서 비롯되었다고 본다. 번뇌에 꽁꽁 묶이고 시달린 몸과 마음을 아무리 위로한다고 해도 위로가 통하고 격려가 소용되어야 말이지, 그때뿐이고 다만 그냥 잠시 스쳐 지나는 바람 같은 허언(虛言)일 뿐 진정으로 위로되거나 해결되는 일이 없다.

그러나 진정한 칭찬을 통해 번뇌를 이길 수 있는 크나큰 힘이 솟아나게 한다거나, 번뇌가 본래 없는 것임을 알게 된다면 칭찬은 물에 빠진 사람을 건져 올리는 두레박 같은 크나큰 법기(法器)가 될 것이다. 본래 없는 것을 없는 그대로 인정하고 참 실재만 대하고 거기에 따르는 원리와 실상만 보고 말했을 때가 사실은 무한 칭찬이며 최상의 칭찬이며 칭찬 이전, 참 소식의 전달이다. 사실 이 것은 누구에게나 있는 소식이고 모두에게 통하는 소식이며 불생불멸의 소식이고 또 나에게만 하는 칭찬이 아니라 일체 중생 모두에게 하는 칭찬이고 사람에 대한 지극한 인정이며 큰 믿음이기도 하다. 이 역시 스님의 칭찬 비결이고 칭찬이 연원하고 있는 본 터전이며 그 입각처인 것이다.

그러기에 스님의 칭찬은 설법으로, 꾸지람으로, 각성(覺醒)으로,

청량제로 두루 활용되고 널리 애용되어 사람에게 유익하게 쓰여졌던 것이다. 스님의 칭찬은 각사업(覺事業)이었고, 보현행(普賢行)이었으며, 선방편의 원만한 지혜였으며, 그러기에 훌륭한 포교와 전법이었음을 이제 다시 깊이 깨닫는다.

인간의 무한한 자기 개발과 향상일로의 끝없는 성숙의 과정(修行)에 칭찬은 어떤 역할을 하는가 내 경험을 한 가지 소개하고 싶다.

내가 스님 회하(會下)에 있을 때, 해마다 연중 행사로 이른 가을이 되면 설악산 꼭대기에 있는 적멸보궁 봉정암 순례법회를 가곤했다. 주로 2박 3일의 여정을 잡고 미리 언약한 수행 벗들과 동행하여 호화로운 특장 전세차를 둥실둥실 타고서 강원도 백두대간을 찾아들면 속세의 모진 때가 훌훌 벗겨지는 듯 한없는 상쾌가 온몸에 가득 찬다. 특히 설악산에 접어들면 자연에 대한 내 감흥이 그 무엇과도 바꾸어 얘기하지 못할 정도로 벅차다.

초가을, 겨우 9월의 문턱인데 이미 설악의 상봉에는 단풍이 곱게 내리기 시작한다. 수천 길 바위 봉우리의 아스라한 절벽에 교묘히 달라붙어 있는 단풍나무, 거기에 오후의 햇살이 가로 비끼면 그 색깔의 고움이란, 선계(仙界)를 방불케 하여 그만 우리들의 상상과 표현을 초월해 버리고 만다. 어안이 벙벙하여 말도 끊어지고 생각도 멈추어 순간 천하의 일등 바보가 되어 버린다. 설악산에서 돌아온 뒷날까지 하도 기억이 생생하여 그때의 감흥을 다시 떠올려 스님께 글로 적어 바친 일이 있었다.

기암이　빼어나게　첩첩한곳에
신선들　모여앉아　바둑둔다네
바람이　선들선들　불어와서는

고운색　가지가지　염색들이네
색깔은　빨강노랑　분홍푸른색
어마나　어디갔나　동해신선님
바위봉　기암괴석　천길벼랑에
붉은꽃　웃고있네　무섭지않나
머리위　푸른바다　흰구름있고
창해는　유유하고　아득하여라
바람은　달려와서　옷깃흔들고
괜스레　내가이제　신선이구나.

이것은 내 글 자랑이 아니라 스님 칭찬 얘기다. 스님은 이 글답지 않은 글을 보면서 시종 미소와 칭찬을 함께 주었다. 나는 그때 이미 나이가 꽤나 들었음에도 불구하고 스님의 칭찬을 통해 용기를 얻고 힘을 내어 우쭐하기도 했지만 그것은 잠시, 건강하고 활달한 삶을 살았으며 높은 이상을 품고 정진했다. 이와 같이 스님의 칭찬을 들으면 기뻤다. 그 기쁨은 오랫동안 지속되었다. 내 삶의 활력은 스님의 불성 칭찬 속에서 그렇게 마구 용솟음쳤고 파도쳐 갔다.

칭찬 사례를 한 구절 더 소개하겠다.

같은 사건(?), 봉정암 참배와 기도를 마치고 가야동 계곡으로 오세암을 가는 길에 얼마나 큰 바람을 만났는지, 그때 우리 일행들은 한동안 움직이지 못하고 나무를 붙들고 한참이나 그 자리에 서 있었다.

그 순간의 느낌을 메모했다가 후일 다시 글로 적어 스님께 올렸더니, 예의 그 푸른 하늘 같은 신비한 미소를 지으면서 칭찬을 아끼지 않았다. 나는 글답지 않은 내 글을 힘들여 읽어가는 스님의 고통은 생각지도 않고 이번에는 어떤 칭찬을 주시나 하는 욕심에 사로잡혀 뻔뻔스러운 짓을 아랑곳하지 않고 저질렀다. 그러니까 칭찬에 눈이 멀어 부끄러운 줄도 모르고 툭 하면 글을 써서 스님께 내밀었다.

　나는 우쭐거리기 좋아하고 떠벌리고 자랑하기 좋아하는 성질이 많았는데도 스님은 기세를 꺾지 않고 오히려 칭찬으로 북돋워 주었고, 칭찬 속에서 깨닫도록 잘 인도해 주었다. 지금 생각하면 무척 창피하고 부끄럽지만 스님의 면모를 고스란히 전한다는 뜻으로 독자들 앞에 마저 소개하겠다.

<pre>
파도가　산이되어　쳐들어오면
절벽은　의젓하게　두팔벌리고
바람이　파도되어　호령할때면
林海가　쏟아내는　삶의숨결들
엄마야　아들딸아　견딜만하냐
소리쳐　불러보는　생의찬가야
천둥이　폭풍우가　지동치듯이
휩쓴뒤　임해에는　고요가왔고
숨막혀　꾹꾹참는　또하나의벌
뿌리는　절벽처럼　지구를안고
가지는　푸른하늘　허공을안고
울면서　찢기면서　견딘보람에
지나간　멍석바람　더욱고마워
땅밑이　하늘보고　하하웃는다.
</pre>

　어리석음에도 수준이 있고 바보에도 경중(輕重)의 차이가 있겠지만 나의 이 어리석음은 못 말리는 수준이고 바보의 정도에는 아예 기준마저 없는 것이다. 칭찬 일류 기술자인 스님은 더더욱 감당할 수 없고 못 말리는 수준이었나 보다. (2권 276쪽)

사무사(思無邪)

스님의 평소 일상생활은 밝고 적극적이었다.

나는 스님 곁에 살면서 스님의 무엇에도 걸리지 않는 훤칠한 발상, 뛰어난 창의력과 굳센 신념을 늘 접하곤 했다. 비록 내 자신이 힘들다 싶을 때도 스님을 뵈면 새 힘이 솟았고 힘찬 용기를 얻었다. 사람이 나이가 들면 들수록 가리는 것도 많고 주저하는 것도 많은 법인데 스님은 그런 면에서 좀처럼 우물쭈물하는 기색이 없었다. 한결같은 일관성과 굳건한 삶의 철학은 연령의 높아감을 떠나고, 육신의 노쇠함을 아랑곳하지 않은 채 문자 그대로 태산북두(泰山北斗)였다.

스님께서 입적하여 그 육신의 몸을 감쪽같이 감추자 나는 스님 생전보다 스님에 대한 생각을 훨씬 더 깊이 하게 되었고 더 절실히 스님의 보다 깊은 뜻을 찾게 되었다. 그런 까닭인지 스님 생전에 미처 몰랐던 스님의 숨은 뜻을 입적 후 비로소 이해한 것도 많다. 남들이 알거나 들으면 불효자라고 흉잡고 나무라겠지만 숨길 수 없는 사실임에 난들 어쩌랴.

망발이 되겠지만 이제 내가 조금 철이 들었다고 전제해 놓고 얘기해 본다면, 생전 스님의 일상을 다시금 곰곰 살펴보았을 때 위에서 이미 말한 대로 스님의 평상 삶의 활발발은 바로 청정(淸淨)의 힘이라고 생각된다. 다시 말해서 청정한 무애(無碍)의 실상과 세계를 고스란히 현실에 나툰 것이 스님의 일상생활이었다고 본다.

왜냐하면 스님의 생각에는 티끌이 없었다. 부처님 일을 하면서 기우나 염려가 없었고 금기나 터부가 없었다. 밝고 밝은 대명천지에 본지풍광(本地風光), 그뿐이었다. 그렇기에 내가 힘이 없다가도 스님 곁에 가면 힘이 솟았고 다시 용기가 솟았으며 순간순간 지혜의 선방편이 나에게까지 넘쳐서 나도 스님처럼 금방 활발발한 모습을 되찾곤 했다.

어른이 어린아이처럼 순진하다든지, 노인의 생각이 밝고 긍정적이며 한없이 너그럽다고 하는 것은, 생각 가운데 잡념이 없으며 티끌이 없는 순일하고 무잡한 세계를 말한다.

사람의 정신은 환경에 따라 영향을 받게 되는데, 특히 육체의 변화에 매우 민감한 정신 반응을 띤다는 것을 생각할 때, 언제나 한결같은 정신을 소유한다거나 아니면 나이가 들고 육신이 노쇠해도 정신은 오히려 성숙하고 오랜 세월을 견딘 연륜을 따라 정신이 향상된다면 역시 보통으로 있는 흔한 일은 아닐 것이다. 이러한 점은 나이 든 모든 사람들이 목표로 삼아야 할 훌륭한 노년일 것이다. 어쩌면 부러워해도 좋은 아름다운 모습일지도 모르겠다. 그런 점에서 스님은 심한 병고 중에서도 늘 정신의 자비와 너그러움과 청정을 지켰고 삶의 활력을 잃지 않았으며 얼굴에는 동안(童顔)의 밝은 미소를 간직했다. 사실 이 모든 것은 스님 자신, 내면의 표현이었고 내부로부터 비롯된 수행자 정신의 광채 어린 발휘였다고 해도 좋을 것이다.

스님의 생각이 지극히 맑고 깨끗하여 일체에 걸림이 없었다는 것을 말로 표현하자면 바로 사무사(思無邪)였다.

젊은 시절부터 순수하게 살고, 일심으로 살고, 봉사와 헌신으로 살아온 사람만이 도달하는 진리의 경지가 청정이며 사무사일 것이라고, 나는 스님의 삶을 보고 깨달았으며 또한 확신했다.

제3권

구국구세의 횃불

3권은 앞편과 뒤편으로 나뉘어져 있다.

앞편에는 한때 출가를 하기도 했으며 불교신문사와 동국역경원,

법보신문사 등 종단의 주요 언론과 역경의 핵심적인 역할을 담당했던

유찬거사님의 글이다. 큰스님과 오랜 세월 친분을 나누었던

유찬거사 박경훈 선생님은 '광덕스님과 나의 인연 이야기'란 제목의

이 글에서 큰스님의 어린 시절부터 시작하여 거의 전 생애를 다루고 있다.

흔히 아무나 할 수 있는 그런 이야기가 아니다.

제1장에서부터 제5장으로 24개 항목으로 구성되어 있는 귀중한 자료이다.

뒤편에는 상좌가 바라본 64가지의 스승에 대한 이야기가

주제 별로 나뉘어 10장으로 구성되어 있다.

스승과의 삶을 소재로 하여 상좌 자신이 보고 느낀 이야기를

담담하게 설명식으로 풀어나가고 있다.

나랑 살고 싶어했던 스님

스님의 앙상한 가슴, 그 속에 사무치고 한 맺히고 아프고 시린 기막힌 사연들.

그러한 이야기는 내가 스님에게 직접 들은 것보다 제3의 만남을 통해 들은 얘기가 더 많다. 예를 들면 홍교스님·홍교법사·월탑 노사(月塔老士) 등, 대부분 스님과 친했던 분들의 후일담을 통해서 들은 얘기들이다. 두어 가지 이야기를 소개한다.

1.

그러니까 2542(1998)년 초가을, 아무런 사전 예고도 없이 불광 사에 머물고 있던 스님이 이곳 도솔산에 당도했다. 얼떨떨하여 우 두커니 장승처럼 서 있던 나에게 홍교 사숙을 만나기 위해 발걸음 을 했다는 시자의 귀띔이 있고서야 황급히 인천으로 연락을 했다. 그 무렵 홍교 사숙은 치아 치료로 인천 집에서 머물고 있었다. 홍 교 사숙은 연락을 받자마자 잘 훈련받은 군인처럼 지체 없이 이곳 도피안사로 달려왔다. 스님은 그날 저녁 불문(佛門)의 동생인 홍교 사숙과 보현당 보시실에 함께 누워서 밤새워 두런두런 가슴속 애 기를 다 털어놓으며 의논하고 고뇌했다.

그날 저녁, 두 분의 자세한 상황도 스님이 하룻밤 묵고 가신 며 칠 뒤에서야 홍교 사숙으로부터 전해 듣게 되었다. 그날 다녀간 걸 음이 스님 생전 마지막 도솔산행이 되었는데도 그 당시에는 아무 도 그 사실을 알지 못했다. 아무튼 홍교 사숙이 이야기해 준 그날의 비화(秘話)를 나는 평생 가슴에 간직하게 될 것 같다.

어느 날, 아침공양을 하면서 홍교 사숙이 나에게 거론했던 비화의 전모(全貌), 그중 일부다.

"송암 화상, 형님(광덕스님)이 그날 저녁 밤늦도록 잠들지 않고 나에게 거론한 얘기는 거의 화상에 대한 얘기였어. 내 느낌으로는 형님이 화상을 서울 불광사로 데려가고 싶은 마음이 가득했어. 형님이 그런 이야기를 꺼낼 때마다 내가 초를 쳤지, '아니 형님, 주지가 지금 여기서 공부 잘하고 있는데, 데리고 가서 또 무슨 고생을 시키려고 그래요. 여기서 그냥 살게 내버려 두세요.' 하고 항의조로 말해 버렸어. 내가 그렇게 핀잔을 해도 형님은 미련을 버리지 못하고 자꾸만 '송암' 타령을 하는 거야. 주지 화상이 앞으로 서울 가는 것은 내 말 한마디에 달려 있어. 알겠지. 나에게 잘 보여야 되는 것 잊지 말고."

마지막 말은 농담 반 진담 반이었지만 홍교 사숙 특유의 재치와 유머였다.

2.

2543(1999)년 6월 11일 오후 5시경, 부산 신흥사에서 홍교 사숙을 뵙고 며칠 전(6월 6일)에 발간한 책(『내일이면 늦으리』)을 드렸더니 그 자리에서 이리저리 책장을 넘기면서 눈길 가는 대로 몇 단락 읽었다. 한참 시간이 지난 뒤 나를 건너다보고 웃으며 입을 열었다.

"아니, 송암은 무척 효자네. 언제 이런 생각을 다 하게 되었어? 송암에게 이런 구석이 있으니까 스님(광덕)이 그런 소동을 감내하면서도 송암만 좋아하셨지."

이런 덕담과 아울러 스님과 단 둘이 나눴던 이야기(秘話) 한 토막을 들려주었다.

"송암, 불광이 한창 시끄러울 때, 내가 스님(광덕)을 서울 불광사로 찾아뵙고 인사를 드렸더니 대뜸 스님(광덕) 말씀이 '홍교, 나 좀 도와줘. 나는 송암하고 살고 싶어.' 하시고는 마치 어린아이가 하소연하듯이 나를 빤히 쳐다보시는 거야. 그리고 두 무릎을 가슴에 바짝 당겨 앉아서 손을 덜덜 떨어가며 괴로워하는 모습이 어찌나 안타깝던지 차마 무슨 말로도 위로해 드릴 수가 없었어. 지금도 그때를 생각하면 스님이 너무나 애처롭고 불쌍한 생각이 들어. 천하의 광덕스님이 어떻게 이 지경이 되었나 하는 한탄이 저절로 터져 나왔지. 사실 나는 스님으로부터 그 이야기를 듣는 순간 젊은 시절의 혈기가 확 솟아나서 두 팔을 걷어붙이고 나섰지. 내가 나서서 본격적으로 사태를 풀어갈려고 뛰었더니만 일부에서 '홍교가 불광을 차지하려고 움직인다.'고 모함을 하는 거야. 나는 너무나 어이없고 기분이 나빴어. 오직 의협심으로 스님을 돕기 위한 마음뿐이었는데 오히려 전혀 엉뚱한 소리가 들리지 않겠어, 그것도 손아래 사람들에게 말이야. 그래서 나는 그만 손을 딱 떼 버렸어. 그리고는 지체 없이 부산으로 왔지. 사실 스님(광덕)을 생각하면 미안했지만 일부 사람들에게 오해받은 일을 생각하니 화도 나고 괘씸하기도 하여 손을 뗐던 거야."

홍교 사숙은 밤늦도록 스님과 관계된 젊은 시절의 여러 이야기를 내게 들려주었다. 내가 쓴 책을 손에 들고 자꾸만 이리저리 넘겨보며 대견해 했고 무척 귀하게 생각해 주었다. 마치 홍교 사숙 자신에 관한 일이나 되는 것처럼 말이다.

홍교 사숙은 그날 전북 남원에 있는 용성조사 생가를 절로 만드

는 기공식 행사에 참석하고 내가 절(신흥사)에 도착하기 직전 귀사
하여 막 저녁공양을 끝낸 무렵이었다. 하루종일 먼 길 운전하느라
고 무척 고단했을 텐데 밤늦도록 스님과 살았던 젊은 시절의 수행
이야기를 재미있고 성실하게 들려주었다. 나에게는 고맙고 귀하기
그지없는 돈으로도 구할 수 없는 자료였다.

　스님과 나 사이에 무슨 알 수 없는 업연이 가로 놓여서 서로 원
하면서도 떨어져 살아야 하고, 또한 온갖 고생을 겪어야 하며 안타
까움의 고통으로 눈물을 삼켜야 하는지 아직도 그 까닭을 모를 일
이다. 아무튼 스님은 나를 곁에 두고 싶어했으며 모든 불사를 맡기
고 싶어했다는 것을 여러 곳에서 확인했다. 사실 그 말을 전해 듣
는 것만으로도 기쁨과 보람을 느끼게 된다. 신의를 얻는다는 것은
천하를 다 얻은 것 보다 더 큰 것이기에. (3권 185쪽)

수미대해(須彌大海)

　야사(野史)이긴 해도 중국 마지막 왕조인 청(淸)의 강희제(康熙帝)는 그의 할머니를 기쁘게 해드리기 위해서 여러 신하들과 궁인들이 가득한 자금성 할머니(太皇太后) 위로잔치 무대에서 춤까지 추었다고 한다. 그리고 우리 조상님의 이야기로 육순이 된 나라의 정승이 팔순이 넘은 부모를 기쁘게 하기 위하여 어릴 때 모습으로 돌아가 온갖 재롱을 부려, 잠시나마 노부모를 위안해 드렸다는 이야기도 있다. 나는 그 이야기를 들을 때마다 가슴과 등이 서늘하도록 숙연함을 느꼈다.

　2000년 1월, 인도 성지순례를 갔을 때 이미 내 나이 오십이 다 된 어른이었는데도 체면불고하고 훌쩍훌쩍 소리내어 운 적이 있다. 차 안의 여러 사람들이 보고 있는 것도 아랑곳없이 꺼이꺼이 소리내어 흐느끼며 운 적이 있었다. 도대체 부끄러운 줄도 모르고 눈물을 줄줄 흘리며 흑흑 흐느끼다니, 이 무슨 망녕이람 하는 생각이 잠시 뇌리를 스치고 지나갔지만 그것이 나의 서러움을 달래기는 어림없는 일이었다. 나는 하염없이 저 가슴 밑바닥에서 솟아 나오는 소나기 같은 눈물을 도저히 주체하거나 멈출 수가 없었다.

　귀국한 후 다시 그때를 생각한 적이 있다. 부끄럽다는 생각보다는 나는 스님 앞에서면 언제나 어린아이일 뿐이고 응석받이 철부지이고 싶은 생각이 다시금 들었다. 하고 싶은 일이 있으면 무엇이든지 스님께 물어서 하고, 스님이 시키는 일이라면 기쁜 마음으로 즐겁게 하여 스님께 칭찬 받고 싶다. 내 기분이 우울할 때나 내 육신이 고달플 때도 스님이 바라보아 주면 다시 생기가 솟아나고 얼굴에 미소가 떠오를 것이라는 생각도 들었다.

아무튼 나는 다음 생에 스님을 만나 다시 모시게 될 때, 스님 앞에서는 헛된 자존심을 세우지 않고 그 어떤 일에도 내 주장이나 고집을 갖지 않으며 참으로 내가 없는 텅 빈 경지에서 스님을 모시고 섬길 것이다. 원하건대 스님 앞에서는 철저히 아(我)가 없고 싶다. 그리하여 청 황제 강희제처럼 춤도 출 것이고 우리의 정승처럼 재롱도 부릴 것이다.

스님께 올리는 나의 서원은 견고하기가 저 수미산 같고 스님을 모시고 이루는 보리도(菩提道)는 마치 큰 바다와 같아서 생각으로 헤아릴 수 없는 공덕을 쌓고 싶다. 그렇다고 상(相)을 갖자는 것이 아니다. 다만 나의 원이 견고하고 높기가 수미산과 같고, 넓고 크기가 저 바다 같음을 발원하는 다짐인 것이다. 그런 한량없는 마음으로 스님을 모시거나 가까이 있고 싶다.

나는 깨달았다. 아쉬움이 커야 큰 서원도 생기는 법이라는 것을. 이제야 이런 생각을 하는 것은 스님께 저지른 불효의 아쉬움이 너무나 크기 때문임을 나는 나를 되돌아보며 알게 되었다. 그래서 나는 다음 세상에 스님 만나서 모실 방침을 미리 정하고 준비하여 매일매일 다짐하고 잊지 않기를 이렇게 서원한다.

'나는 『금강경』의 가르침에 따라 사상(四相)을 말끔히 소탕하여 내 마음을 깨끗이 한 뒤 지계청엄(持戒淸嚴)하신 스님을 무조건 따를 것이고, 신심(信心) 깊고 바른 안목(正見)을 갖춘 스님을 그대로 따라 배워서 기어이 무상보리를 성취할 것이다.'

아, 이 얼마나 안락한 반야의 배인가! 험한 바다 높은 파도를 단숨에 건너다니.

아, 이 얼마나 튼튼한 행원의 품인가! 어둠 덮인 광야 무서운 공포를 떨치다니.

스님의 고준(孤峻)한 자비를 본받고 스님의 태고절(太孤絶)한 지혜(智慧)를 힘들이지 않고 고스란히 양도받는 것 말이다. 그래서 스님과 나 둘이 있으면 어느 곳이나 그대로 향엄도량(香嚴道場)의 눈부신 보살국토가 되게 할 것이고, 향수해(香水海) 드넓은 부처의 바다가 되게 할 것이다.

이렇게 다짐하며 거듭 나의 간절한 서원과 도솔산 찬가를 스님께 두 손으로 바쳐 올린다.

도솔산 가을은
따뜻한 햇살 단풍에 안기고
나무 그림자 사이 웅크린 새끼 토끼
귀 세워 어미 찾는데
뒷다리 힘 오른 어미 토끼
어디를 그리도 뻔질나게 나다니나.

도솔산 가을은
내 생명 떡잎 위에
부처님 자비의 태양을 받아서
끝없이 너울치고 파도치는
광휘의 파노라마.
아, 오색의 파동
단풍 물결이여!   (3권 254쪽)

스님처럼 공부를 지어간다면

내가 쓴 책(『광덕스님 시봉일기 1』-내일이면 늦으리)이 나와서 서문을 써 주신 여러 어른들께 감사의 인사를 다닐 때, 마지막으로 부산 금정구 장전동의 선주산방(善住山房)으로 석정스님을 찾아뵈었다.

석정스님은 내가 드린 책을 펴보고는 마치 당신의 일인 양, 봉안(鳳眼)의 눈을 빛내면서 기뻐했다. 어린아이같이 흠뻑 좋아하면서 다담을 손수 들고 나오는 융숭한 대접에 오히려 내가 몸둘 바를 모르게 되었다.

그때 석정스님께서는 나에게 무척 과분한 칭찬과 아울러 스님에 대한 새로운 일화를 들려주었는데 어찌나 재미있고 흥미진진한지 시종 시간가는 줄 모르고 경청했다. 석정스님은 이야기 도중 간혹 눈을 지그시 감고 마치 그 당시를 회상해 보듯이, 아니면 호흡을 가다듬느라 여백을 두는지, 그도 아니면 이야기의 뜸을 들여 맛을 내는지 까닭 모를 기묘한 표정을 곧잘 짓곤 했다. 아마 나의 호기심과 궁금증, 집중력을 불러일으키기 위해 그랬을지도 모를 일이다. 과연 그럴까?

아무튼 석정스님은 특유의 표정인 봉안의 실눈을 더 가늘게 뜨고 간간이 유머를 섞어가며 재미있게 이야기 보따리를 하나하나 풀어 나갔다. 아니 내 앞에 그때의 사실을 모두 꺼내 한마당에 펼쳐 놓기라도 하려는 듯 기억을 되살려 차분차분 빠짐없이 들려주셨다.

내 메모장에, 1999년 6월 11일 오후 3시경이라고 적혀 있다.

"광덕스님은 절에 와서 처음부터 선방에 있었어요. 물론 그 당시 범어사 노장님(동산노선사)의 특별 배려였지만 전생부터 닦아온 인연이라는 생각이 들지요. 그렇지 않으면 그 당시 분위기로 보아 속인이 입산(入山)하자마자 곧바로 청풍당 선방에 들어가는 것은 어려운 일이었을 뿐만 아니라 거의 불가능한 일이었지요. 설령 가능하다고 해도 한두 철도 아닌 몇 년씩이나 말이지요. 처사의 신분으로 조실스님의 회상에 모인 기라성 같은 당대의 선객들과 자리를 나란히 하기는 어불성설이라고나 할까, 감히 상상도 할 수 없는 일이었는데도 광덕스님은 입산과 더불어 바로 처사선객(處士禪客)이 된 것이지요. 그와 같은 특별 대접에 걸맞게 광덕스님 자신이 수행을 참 잘했어요. 물론 노장님으로부터 화두를 받았고 그 화두를 들고 밤낮으로 목숨걸다시피 열심히 참구했어요. 해가 지는지 달이 뜨는지도 모르고 오직 화두와 씨름하면서 살았어요. 나는 그 당시부터 광덕스님, 아니 고 처사를 알고 있었는데 고 처사는 참선만 열심히 하는 것이 아니라 다른 일에도 무척 열심이었지요. 임무를 맡은 소임살이뿐만 아니라 누가 시키지 않는 일에도 솔선하여 열심이었고 자기공부나 대중시봉, 그리고 노장님 심부름까지 모두 열심이었어요. 그중에서도 특히 화두 챙기는 일에는 악바리처럼 불철주야로 정진했지요. 지금 돌아보아도 정말 열심이었다는 것을 다시 느껴요. 혹시 사람을 만나거나 서로 또래들과 만나 흉허물없이 얘기하는 중에도 화두를 놓는 법이 없었어요. 여러 도반들과 모여서 재미있는 이야기와 흥겨운 농담을 주고받을 때도 어느덧 잠잠해진 느낌이 들어 건너다보면 화두 참구에 빠져 있곤 했어요. 그 모습이 그렇게 진지하고 선명할 수가 없었어요. 선객으로서 규칙적인 입선시간만 지키며 지어 가는 화두공부와는 사뭇 딴 경지로 보였어요. 그리고 그러한 공부의 모습이 잠시 잠깐이 아니었고 비가 오나 눈이 오나 언제 보아도 참구에 몰입해 있는 기운이 얼굴에 그대로 나타났어요. 만날 때마다 공부기운이 고 처사의 온몸을 빙 둘러싸고 있다는 것을 줄곧 느끼곤 했지요. 사실 그 이전에나 그 후로나 그때의 광덕스님처럼 열심히 공부하는 사람을 내 눈으로 직접 보지 못했어요. 얼마나 끈질기고 꿋꿋하게 공부를 지어 가는지 곁에서 바라보고 있던 나도 새로운 다짐과 발심이 일었어요. 아무튼 불교공부는 광덕스님처럼 해야 하고 특히 화두 드는 참선 공부는 목숨을 버릴 각오를 갖지 않으면 안 돼요. 예나 지금이나 우리 한국의 선객들이 광덕스님처럼 공부를 지어 간다면 우리나라에 엄청나게 많은 도인이 쏟아지고 불교에 큰 변화가 오겠지요."

나는 어른이 손수 차려주신 다담에 손댈 사이도 없이 마냥 이야기에 푹 빠져서 듣고 쓰며, 쓰고 듣기를 계속 반복했다. 그리고 미진한 부분을 다시 질문하느라 미처 다담에 손댈 겨를이 없었다. 석정스님을 통해 듣게 된 불광(스님)의 참 면모는 스님의 불석신명(不惜身命), 그 뜨거운 구도정진에 있음을 나는 새롭게 깨닫게 되었고 옷깃을 다시 여미어야 했다. (3권 326쪽)

연기 가득한 방에 사는 스님

처음 나온 『광덕스님 시봉일기』(1권, 내일이면 늦으리)를 들고 스님과 가까웠던 여러 어른들께 올리기 위해 여기저기 부지런히 다녔다. 거의 그 일이 끝나갈 무렵 잠시 절에서 쉬고 있을 때였다.

정확히 말하면 2543(1999)년 6월 19일(토), 아침공양이 막 끝나갈 무렵이었다. 저 멀리 경북 청도 운문사에서 전화가 왔다고 밖에서 공양을 하고 있던 법해거사가 뛰어왔다. 나는 밥숟가락을 손에 든 채 달려갔다. 시외전화에 대한 부담감 때문에 얼른 뛰어가서 수화기를 들었더니 평소 귀에 익은 목소리, 주지 명성스님이다. 내가 쓴 책을 감명 깊게 잘 읽었고 어쩌면 그렇게 효심이 깊고, 스님의 일상을 기록으로 남길 생각을 했느냐고 놀라워하면서 치하와 격려를 아낌없이 주었다. 그리고 일화 한토막을 선물로 덧붙여 주었다. 명성스님의 전화 육성을 그대로 옮긴다.

"1972년에 비구니 종회의원은 나(명성스님) 혼자였는데, 그때 스님(광덕스님)은 총무원의 총무부장 소임을 맡고 계셨어요. 무슨 일인가 정확한 기억은 나지 않지만 그 당시에 종단적으로 뭔가 큰일 하나를 해결하고 난 뒤 스님은 총무부장 소임을 내놓았어요. 마침 내가 그때 종회가 개회 중이어서 서울 총무원에 있다가 스님이 사임을 하고 청사를 떠나는 것을 보고 가까이 가서 그동안의 노고를 위로해 드리고 찬사도 드렸지요. 그리고 나서 어디로 가시느냐고 물으니까 경기도로 가신다고 하기에, 그렇다면 우선 동대문 밖 청용사로 가시자고 제안했어요. 내가 서울 가면 머물던 절이기도 했지만 주지 윤호스님이 광덕스님께 극진한 존경을 가지고 대했어요. 그런 사실을 아는 까닭에 내가 청용사로 모신 것입니다. 청용사에서 윤호스님이 정성껏 준비한 공양을 하고 태릉 육사 뒤편에 있던 구리읍 갈매리 보현사로 가게 되었는데 허전해하실 것 같아서 나와 명우스님이 함께 모시고 가게 되었어요.

황혼 무렵이 되어 막상 보현사에 도착해 보니까 대웅전도 초라한 건물이긴 했지만 스님이 거처할 요사채는 금방이라도 무너질 것처럼 위태위태한 느낌을 받았어요. 아마 스님 가신다는 연락을 미리 받았는지 아궁이에 군불을 지핀 불길이 방안에서도 비칠 지경이었어요. 그러니까 방 안은 온통 연기가 자욱했지요. 우리는 방에 들어가지 못한 채 문을 열어 놓고 밖에서 한참이나 서 있었어요. 스님이 총무부장 소임을 보느라 무척 힘들고 고단하였기에 위로차 따라 나섰다가 스님이 계실 거처를 보고는 오히려 마음만 더 무겁고 말았지요. 저런 낡고 초라한 방에서 생활하실 것을 생각하니 차라리 보지 않았으면 마음이 편했을 것이라는 후회마저 들었어요.

스님의 검소한 성품이야 이미 다 아는 일이라 해도 생활의 불편은 피할 수 없는 현실이라 염려와 안타까운 생각이 자꾸 들었어요. 나와 명우스님은 스님을 모셔다 드리고 돌아서는 발걸음이 무척 무거웠어요. 그 뒤로 간혹 인편에 스님의 근황을 들을라치면 그때 보현사 낡은 환경에서 생활하느라 건강이 더 악화되지는 않았는지 지레 염려와 걱정이 앞서곤 했어요. 그 후로 전화라도 하여 근황을 묻고 안부를 드린다 하면서도 주지하랴, 선생 노릇하랴, 일인 몇 역(役)의 삶에 분주하여 차일피일 미루다보니 그만 어느 날 영별(永別)의 소식을 맞이하게 되었어요. 스님이 떠나가신 뒤에 두고두고 안타까운 생각이 떠나지 않던 차에 송암스님의 글을 대하고 보니 바로 눈앞에 스님을 뵙는 것처럼 반갑고 새로웠어요.”

　차분차분 옛일을 회상하면서 스님의 면모를 일러주는 고마움에 깊이 감사했다. 새로운 사실을 전해들은 나는 흔감하기 그지없어서 귀와 어깨 사이에 수화기를 끼워 놓고 메모지에다 전화기로 울려오는 명성스님의 목소리를 열심히 속기하여 이 내용을 얻었다. 한 구도자의 삶, 그 속에서 느끼고 깨닫는 바가 이렇게도 절절하고 심금을 울릴까. (3권 441쪽)

제4권

위법망구

이 책은 전 2장으로 구성되어 있다.
제1장에서는 세 분의 스님들이 광덕큰스님에 대해 증언을 하고
있으며, 또한 네 분의 재가불자님들이 큰스님과의 인연을 이야기하고
있다. 스님들의 증언은 큰스님의 초창기 수행을 잘 전해주고 있다.
그 당시에 분위기를 읽을 수도 있고 시대상황을 인식할 수 있는
값진 증언 자료이다. 재가불자님들 또한 불교발전에
크게 이바지한 종도들이다. 여러 관점에서 바라본 큰스님의 삶이
입체적으로 펼쳐져 있다. 비로소 상좌 한 사람의 이야기가 아닌
이 시대의 증언록으로서 면모를 보인다.
제2장에는 33가지의 교훈어린 일화가 차분하게 펼쳐지고 있다.
물론 상좌가 바라본 큰스님의 모습이다.

스님의 고구마론

스님은 무척 겸손했다. 겸손은 스님의 젊은 시절부터, 아니 소년 시절부터 몸에 푹 젖은 하나의 특성이다. 가급적이면 남 앞에 나서지 않으려 했고, 부득이 이름이 나고 말을 해도 조심하여 남들에게 거슬리지 않도록 조신하여 처신했다.

그런 스님의 겸허한 성품은 종단 일을 할 때나 동국학원 일을 할 때나, 불광을 이끌고 성장시킬 때나 변함없이 여여하게 그대로 나타났다. 아무리 명분 있는 일을 해도 행여 남에게 피해가 가지 않나 살피고 또 살피며 상 없이 조용히 하는 것을 좋아했고, 또 겉치레보다 내실을 중시했다. 괜한 이름을 앞세우는 허장성세를 몹시 싫어했다. 그랬으니 스님 자신의 명예나 이름 내세우는 일을 달가워했을 까닭이 없다.

20세기 끝자락, 우리 불교계에도 그전과 달리 방송국도 생겼고 신문사도 여럿 등장했다. 1960년, 처음 통합종단이 출발할 때는 ‘대한불교신문’이라는 종단 기관지 단 하나뿐이었고, 그마저도 경영난으로 여러 번 폐간 위기를 맞았다. 그때마다 뜻을 가진 분들의 헌신적인 보살행으로 간신히 되살아나곤 했다. 그러나 지금은 불교계의 신문만 하더라도 크고 작은 규모를 합하여 10여 곳이나 되니 놀라울 정도의 발전이라고 할 수 있다.

그런 여러 매체에서는 늘 불광의 행사를 주목했다. 말하자면 선구적인 한국불교 전법의 개척자인 스님의 근황이나 포교의 방편, 특별한 문화행사를 취재하고 싶어했다. 그런데 그러한 사실을 스님께 바로 청하지 않고, 심부름하고 있는 나에게 문의해 왔다. 나는 그때마다 매체 편에 섰다. 현실적인 내 생각으로는 아무래도 스님에 대한 기사나 불광에 대한 기사가 불교계에 자주 퍼져 나가면 많은 사람들이 놀라워하고 달리 볼 것 같아서였다. 매체를 접한 사람들이 불광을 대단하게 보면 으스대고 싶은 얄팍한 계산에서였다. 요즘의 언어로 포장해서 말하면 나는 매체가 가지고 있는 힘을 간파하고 있었고, 그것을 적극 활용하자는 약삭빠른 생각에서였다. 그때마다 스님은 정중하게 사양했고 나는 감히 스님을 설득하려고 잔머리를 굴렸다.

"스님께서는 평소에 우리 불광을 한국불교 새 물줄기라고 자부하십니다. 그런 '불광운동'을 펼침에 우선 사부대중에게 널리 알려야 하지 않겠습니까? 그렇다면 오히려 우리가 신문사나 방송국에 요청할 입장인데, 그쪽에서 먼저 취재를 원하고 있으니 참으로 좋은 기회가 아니겠습니까? 스님께서 다소 번거로우시더라도 응해주시면 좋겠습니다. 스님께서 허락만 해주신다면 기자들이 바로 여기로 오겠다고 합니다."

스님은 평소대로 두 무릎을 가슴에 바짝 붙이고 등을 동그랗게 구부리고 앉은 채, 무척 안타까운 표정으로 나를 한동안 바라보았다. 나는 스님의 말씀을 기다리다가 그만 머쓱해져서 고개를 떨구고 말았다. 스님은 오른손을 아래턱에 살짝 댄 채 뭔가 말씀을 할 듯하다가 다시 한동안 잠잠했다. 스님의 표정이나 습관에 익숙한 나는 스님의 그런 침묵이 무엇을 뜻하는지를 단번에 알았다. 그 자리에서 더 이상 조르거나 부연 설명을 할 수가 없어서 가만히 앉아 있었다.

어쩌면 스님도 난감했을 것이다. 불교계를 위해 일하는 젊은이들이 잠실까지 오겠다는 것을 어른의 입장에서 매몰차게 끊을 수도 없고, 또 그들의 요구에 다 응하자니 스님에게 익숙하지 않는 일로 내키지 않았을 것이니 말이다. 스님과 나는 아무런 말없이 한동안 착 가라앉은 분위기 속에 앉아 있기만 했다.

얼마가 지난 뒤, 스님은 나를 바라보셨다. 당신의 생각을 보이기 전에 나의 사기를 꺾지 않으려고 내 표정을 살피는 것 같았다. 그리고는 이렇게 입을 떼셨다.

"송암, 세상을 살다 보면 속은 텅 비어 있는데 겉껍데기는 대단히 화려한 것이 있지. 그런가 하면 속은 알차도 겉은 초라한 것도 있고 말이야. 우리가 무슨 일을 하든 우선 생각해야 될 일은 출가자의 근본이야. 그것은 송암이나 나는 이름을 내려고 하거나 이익을 얻으려고 하는 사람들이 아니라는 사실이지. 우리가 스스로 하는 일에 대해 굳이 따로 상(相)을 내지 않아도 부처님 가르침에 충실하기만 하면 되는 거야. 가르침을 따라 하루하루를 진실하게만 산다면 스스로 선전하지 않아도 세상 사람들이 저절로 다 안다고 생각해.

거듭 말하자면 세상 사람들은 무척 지혜로워서 말을 않는다고 모르거나 보지 않았다고 이해 못하는 것이 아니야. 보기에는 무던해도 그들은 결코 모르거나 어리석거나 누구의 술수에 속지 않아. 선전 잘한다고 더 잘 알고 선전하지 않는다고 모를 것이라고 생각하는 것은 일부의 생각에 지나지 않아. 또 우리들의 이 일은 어느 한순간에 끝내야 될 일도 아니야. 이 일은 우리들 일생의 과업이고 세세생생(世世生生) 닦아가야 하는 무한생명의 임무(菩薩道)지. 그런 까닭에 나나 송암은 항상 자기를 살펴보며 과연 최선을 다하고 있나를 매일, 또는 매순간 점검해야 해. 마치 고구마가 땅속에서 소리 없이, 표시 없이 커가듯 우리들 자신과 불광을 소리 없이 조용히 키워가야 하는 것, 이 사실을 절대로 잊어서는 안 돼. 알겠지, 절대로 잊지 마. 사람은 소리를 내기 시작하면 자신도 모르는 사이 잘난 생각이 찾아들게 됨을 잊어서는 안 돼. 그것이 바로 불사의 커다란 장애고 마구니야.”

수행자 자신이나 그가 하고 있는 일에 대해서, 조금이나마 과장하거나 속여서는 안 된다는 스님의 올곧은 수행자 본연의 자세, 자칫 일탈하기 쉬운 오늘의 염량세태에서 수행자는 어떠한 경우에도 정도를 벗어나서는 안 된다는 지극한 당부였다. 또한 이는 스님 일생 동안 몸에 익히고 또 익힌 주의력과 조심성이기도 했다. 어떻게 보면 아주 평범한 말씀이지만 인생을 좀 살아본 깊은 눈으로 보면 놀라운 혜안(慧眼)이라는 사실을 깨닫는다.

그 이후부터 나는 태도를 돌변하여 스님의 편에 섰다. 어쩌다가 매체 담당자들로부터 그러한 청이 있으면 내가 앞장서서 사양했다. 스님의 가르침이 옳다고 믿었기 때문이다. 스님께서는 그 후에도 가끔 ‘고구마론’을 펼쳤다. 허장성세나 겉치레에 치우치기 쉬운 삶을 진실하게 하려는 뜨거운 교훈……. 그것이 저 유명한 광덕스님의 ‘고구마론’임을 나는 증언한다.

명리를 구하거나 부를 탐하는 거친 파도가 수행자 개인이나 우리 불교계를 엄습할 것에 대해 미리 경계한 훈도였고 수행자가 몸에 익혀야 할 교과서였다. (4권 229쪽)

한마음 헌장(憲章)

　　스님 재세시의 불광사는 활기찬 절이었다. 일이 많아서 활기찼다는 것이 아니라 절에 있는 출가자들이나 법회 때 모이는 신도들이나 모두가 부처님에 대한 신심과 법에 대한 환희심으로 충만해 있었기에 어디서나 생동감이 넘쳤다는 말이다. 법당에서 기도하는 신도들의 목소리에서, 기도를 마치고 나서는 신도들의 표정에서 한결같이 느낄 수 있는 모습은 활기 넘치는 밝은 모습이었다.

　　그 당시 어느 날, 조용히 스님 방을 노크하자 스님 역시 윤기 어린 승낙의 목소리로 대답했고, 내 귀에는 스님의 음성이 마치 음악처럼 들렸다. 어느 때나 마찬가지로 절하고 자리에 앉은 나를 가만히 바라보시고는 아무런 예고도 없이 이런 말씀을 대뜸 했다.

　　"내가 대각사에 머물 때였지. 지금 미국에 가 있는 창훈이네 집에서 '한마음'이라는 이름의 불교 모임을 시작하였는데, 그때 그 모임의 취지를 글로 써 달라는 요청을 받았어. 나는 처음에 간단하게 몇 자 적으면 되겠지 하는 손쉬운 마음으로 방바닥에 엎드린 채 그냥 쓰기 시작했어. 방 한쪽에 모아 두었던 광고지 뒷면을 이용하여 필 가는 대로 죽죽 써내려 갔지.

　　미리 글을 머리로 구성하거나 다시 떠올리거나 할 사이도 없이 그냥 술술 나오는 거야. 마치 수도꼭지에서 물 쏟아지듯이 끊임없이 자꾸만 나오는 거야. 멈출 수가 없어서 한참 쓰다 보니 생각지도 않았던 긴 글이 되고 말았어. 아무튼 지금 다시 생각해도 그때 처음 '한마음 헌장'을 쓸 때 술술 나온 글은 무척 의외였지. 아주 짧은 시간 안에 다 끝냈지.”

　어리석은 사람은 겪고서야 알거나, 또는 겪고서도 모르는 경우가 대부분이다. 그러나 지혜로운 사람은 굳이 몸으로 겪지 않고 말 듣는 것만으로도, 아니면 예측과 판단으로 미리 안다고 했듯이 내가 조금만 명석했더라면 불광에 있어서 가히 역사적이라고 할 만큼 중요한 ‘한마음의 헌장’의 출현에 대해서 더 자세하게 모든 사항을 스님께 직접 여쭈어서 기록할 수 있었을 터인데 하는 아쉬움이 가득하다. (4권 263쪽)

스님의 날

우선 독자들이 '스님의 날'이라고 하면 매우 생소한 말로 들릴 것이다. 그것은 지금까지 한국불교 어디에서도 거의 들어보지 못한 말을 처음 듣기 때문일 것이다. 이 말을 만들고 이 날을 제정한 원조는 바로 스님이다.

평소 스님은 불교 발전에 있어서 출가자의 역할이 매우 중요하다고 생각했다. 사실 그런 생각이 어디 스님뿐이었겠는가마는 스님은 구체적으로 '스님 상'을 정립했다는 점에 있어서 생각만 하고 있는 여타의 경우와는 다르다는 말이다. '스님 상'의 구체적인 표현이 바로 제정한 이래 매년 빠짐없이 경건하게 행사를 한 불광의 '스님의 날'이다. 이 '스님의 날'은 출가자가 자신의 길을 깨닫고 자신에게 주어진 사명을 자각하는 날이다. 재가자가 출가자에 대해서 경배하고 찬탄하는 것은 다른 의미에서는 출가에 대한 각성을 촉구하는 것과 같은 뜻을 지닌다.

여타의 경우 사람에게 기대가 있으면 나무라기도 하고 비난도 하고 애정 어린 충고도 하고 더 간절하게는 채찍도 휘두를 수도 있다. 재가의 많은 불자들도 출가한 수행자들에게 그런 방식을 쓰는 경우도 있다고 본다. 그렇지만 스님은 그런 방식을 쓰지 않고 매우 독특한 방식을 사용했다. 즉 찬탄으로 격려하고 섬김으로 촉구하는 마치 지상(地上)의 방법이 아닌 천상(天上)의 고준한 방법으로 출가의 길을 깨우치고 사명을 북돋웠다는 생각마저 든다.

그러므로 '스님의 날'이라는 의식 속에는 모든 불자들이 갖고 있는 하나의 뜨거운 염원이 녹아 있다고 봐야 한다. 단지 앞에서 말한 대로 표현방식이 전적으로 스님다운 것만 다를 뿐이다. 그런 스님은 출가의 길은 오직 출가자 스스로의 준엄한 자긍과 면밀한 자각을 통해서 자신의 삶을 엄격하게 갖춰가야 된다고 생각했다. 조금이라도 외부에서 가해지는 물리력에 의한 자긍이나 자각을 염두에 두지도 않았고 바라지도 않았다. 그런 것은 우선 스님 자신이 죽기보다 싫었기 때문일 것이다. 스님은 출가에 대한 존엄과 위의를 세우기 위해 십 년 행자를 결행했던 장본인이다. 그러므로 스님에게 목숨보다 소중한 것이 있다면 의당 출가정신이고 출가의 뛰어난 위의다.

태어나서 세상에 살다가 홀연 부모형제와 인연을 끊고 출가 수행자가 되는 것은 결코 쉬운 일도 아니고 또 아무나 할 수 있는 흔한 일도 아니다. 출가하기 위해서는 먼저 자신의 견고한 생각이 있어야 하고, 또 그렇게 발심이 되었다고 하더라도 주변 사람들의 열렬한 반대를 무릅쓰고 성큼 집을 나설 수 있는 용기도 있어야 한다. 그래서 출가는 어렵다. 또 출가해서도 어렵기는 마찬가지다. 참으로 어려운 과정이 첩첩으로 많은 것이 출가이기도 하다.

어느 하루 날 잡아 절에 가서 기도하고 돌아오는 것이 아닌, 평생 변함없는 발보리심으로 살아가야 하는 숨막힐 것 같은 것이 출가다. 그래서 사람들은 출가 그 자체를 고행으로 여긴다. 동의하고 싶다. 그러나 만약 절에 와서 그 발심이 삭아 버리면 그야말로 양가(兩家)에 득죄하게 된다. 자신을 다잡고 추스르지 못하면 꾸준히 공부할 수도 없고 수많은 유혹을 물리치지도 못한다. 즉 살아남지 못하는 것이다. 도인이 되고 되지 못하고를 떠나서 일생 동안 출가를 유지한다는 것도 호락호락하지 않다.

적절한 비유의 말이 있다. '물고기가 알을 낳아도 다 고기가 되지 못하듯, 꽃이 무성하게 피어도 다 열매가 되지 못하듯이 처음 보리심을 내어 출가한 수행자가 많아도 끝까지 남아 있는 사람은 매우 드물다.'

사실 그렇다. 끝까지 남는 사람은 드물고 도를 얻는 사람은 더욱 드물다. 이 말과 같이 출가에는 아픔도 있고 한계도 있고 고통도 있다. 그 모든 것을 묵묵히 이겨내고 세월을 잘 견뎌야만 겉모양이라도 시종(始終) 같을 수가 있다. 오죽하면 옹사(翁師, 東山大宗師)께서 출가의 길을 감인대(堪忍待)라고까지 하셨을까 생각하게 된다. 그 말은 견디고, 참고, 기다린다는 세 가지의 뜻이다. 또 있다. 내가 처음 절에 왔을 때 선배스님들이 '잡목(雜木)이 산을 지킨다'는 말을 종종 하곤 했다. 해석하자면 좋은 나무는 사람들의 욕심 때문에 남아 있을 수 없지만, 못생기고 구부러지고 작고 쓸모없는 나무만 남아 마침내 산을 푸르게 지켜낸다는 말이다. 어릴 때는 그 말의 참뜻을 잘 몰랐는데 세월이 조금 지난 뒤에서야 매우 의미심장한 말이라는 것을 알게 되었다.

이제 출가가 어렵다고 말하는 뜻을 이해할 수 있을지 모르겠다. 출가의 역할이 크고 중요한 것은 어제오늘의 일이 아닌 것은 분명하다. 스님도 일찍이 출가자를 '하늘 꽃'에 비유했다. 이 말은 단순한 스님 자신의 긍지에서 비롯된 말도 아니고, 모든 스님들을 무조건 비호하거나 감싸기 위해서 한 말씀도 아니다. 출가의 공덕과 그 뛰어난 역할을 표현한 말이다. 비록 하늘의 꽃이 시들었다 해도 지상의 꽃보다는 월등 뛰어나다고 했으니, 백 마디 구구한 설명보다 이 한마디로 출가를 다 표현했다고 보면 되지 않을까 생각한다.

이미 앞에서 말한 대로 출가자들이 우리 사회에서 존경받아야 불교가 제대로 제 역할을 할 수 있다는 생각을 스님은 늘 염두에 두고 잊지 않았다. 그래서 민가의 우수한 자제들이 다투어 출가해야 부처님의 법이 한층 빛난다는 것을 누구보다 잘 알고 있다. 그래서 스님은 누구나 출가를 원하는 사람이 있으면 비록 자질이 좀 떨어진다 해도 일단 받아들였다. 그다음 교육시키고 자질을 키워서 훌륭한 수행자로 만들고 싶어했던 것이 평생 염원이었다. 동국대학교에 처음으로 승가학과를 설치한 것이나, 범어사 내에 학생반을 따로 둔 것이나, 모두 이러한 염원에서 비롯된 것이고 불광사에서 '스님의 날'을 정하여 기념식을 가졌던 것도 같은 맥락의 일이다.

애써 출가자의 존엄을 세우고자 했던 스님, 누구에게나 하심하고 먼저 고개 숙여 친절을 베풀면서도 출가에 대한 내면의 자부심은 그 누구보다 월등했던 스님. 과연 무엇 때문에 그런 이중적인 태도를 취했을까? 나 또한 같은 출가자로서 스님의 그런 처사를 다시금 곰곰 생각해 보게 된다.

스님 시대의 아픔이 내 시대에도 아픔이란 말인가. 가슴에 와 닿는 이 시대의 아픔이 있다. 그 어느 때 못지 않게 출가자의 권위가 몹시 떨어진 오늘의 한국불교 현실, 심지어는 재가불자들이 삼보에는 귀의하지 않고 이보(二寶)에만 귀의한다는 말을 공공연히 하고 다니는 이 뼈아픈 현실. 이런 말을 어찌 스님인들 듣지 않았으며, 또 몰랐을 까닭이 있었겠는가. 아마도 출가자로서 자긍심 높은 스님의 남모르는 고뇌와 아픔은 훨씬 더 컸을 것이다. 남달리 스님 자신이 출가자라는 자부심이 컸던 만큼 아픔과 고뇌도 더 깊었을 것으로 본다.

그래서 잠실 불광사 완공 후, 처음 대중소임을 짤 때 스님은 출가자의 역할을 진중하게 생각하여 멀리 앞을 내다보는 지혜를 다했다. 또 이러한 스님 내면의 원(願)을 공식적으로 표현한 것이 해마다 다가오는 부처님 출가재일이었다. 그것은 부처님 출가재일을 하나의 신앙의식으로만 받들지 않고, 구체적인 이 시대의 '스님의 날'로 정하여 그 뜻을 우리의 현실 위에 다시 조명하여 내세웠다.

스님은 불광사 부처님 출가재일 법회 때, 스님의 날 행사를 함께하여 신도들이 출가를 찬탄하는 꽃 공양을 하게 하고 출가를 공경하고 받드는 사사공양(四事供養, 의복 음식 탕약 방사)을 하도록 했다. 다만 한꺼번에 사사공양을 다 올리기는 어렵기에 해를 걸러 한 가지씩 교대로 올렸지만 그 뜻은 의식 속에 그대로 간직했다. 그리고 '우리 스님'이라는 노래도 전 대중이 다함께 불렀다. 불광 회상의 전 대중이 모두 모여 일제히 출가를 찬탄하고 경배한 것이다. 재가 대중을 대표하여 회장의 경배사(敬拜辭)도 있었으니, 단연 축하 일색이었고 부러움과 선망의 한 장(場)이었다. 또 봉투에 공양금을 넣어 대중 앞에 선 모든 스님들께 신도 대표들이 일일이 올렸는데 봉투 속에 쓰여진 '헌공사(獻供辭)' 문구를 그대로 여기 옮겨 본다. 스님의 속생각을 읽을 수 있는 중요한 구절이 될 것 같다.

헌공사
대자대비 부처님의 출가를 본받아
저희들에게 부처님 성도(成道)의 영광을 전해 주시고자
대비의 원으로 출가하신 스님들께
이 공양을 올리오니 자비로서 거두소서.
○○년 ○월 ○일
불광사 불광법회 재가대중 일동경배

스님의 이러한 가르침으로 불광사 단월(檀越, 신도)들은 출가를 더욱 존경하고 외호하며 신앙했다. 어느 때, 어느 곳에서나 스님들을 만나면 허리 숙여 경배하고 스스로 불자임을 자랑스럽게 생각했다. 비록 아들의 출가로 인해 부모자식이 이별하는 아픈 일을 당했다 해도 물러서거나 힘들어 하지 않고 더욱 출가를 받들고 공양하기를 지성껏 했다. 그 모두가 스님이 제정한 '스님의 날'에 꽃을 올리고 사사공양을 올린 훌륭한 의식, 그 안에 담긴 원(願) 때문이었다는 생각을 해본다. (4권 297쪽)

제5권

임의 숨결

5권은 2장으로 구성되어 있다.
1장에는 청화큰스님께서 광덕큰스님 입적 꼭 한 달 후,
안성 도피안사에서 하신 추모설법 내용을 전재한 것이다.
생생한 추모 분위기가 글 전체에서 느껴질 수 있는 가히 역사적인
말씀이다. 광덕큰스님의 업적과 생애를 시종 칭송하면서 청화큰스님
자신의 주장을 조심조심 겸허하게 펼쳐나가고 있다.
그리고 금산 태고사 정안스님이 큰스님에 대한 인연을 토로하고 있으며
5명의 재가불자님들의 인연담이 차례로 실려 있다.
2장에는 상좌의 일기 속에서 스승에 대한 부문이 발췌되어 있고
두 번째 수미산 환생기도가 날짜 별로 잘 정리되어 있다.

내가 모신 성자

반야심 권오영 | 자영업

내 나이 20대, 1970년대 후반 어느 해 가을. 경기도 의왕시 백운산 백운사에서 일생의 스승이 될 성자를 만났다네. 그 분은 황금빛 가사를 수하시고 빛나는 이마, 우물처럼 깊고 신비 가득한 눈에서는 천년의 샘물이 일렁거리듯 광명이 솟구쳐 올랐고, 붉은 입술을 가만히 열어 감로수(甘露水)를 토하셨네.

"그대는 반야심(般若心)이로다."

나는 그만 두려움 같은 감동으로 몸을 가누지 못하고 털썩 엎어져 절을 올려버렸네. 그로부터 성자를 가슴에 품고 또 다시 만날 날을 꿈꾸며 살았다네.

(당시 백운사의 주지이던 정화스님께서 큰스님을 모시어 수계법회를 열었다. 첫 번째 만남)

그로부터 3년 후, 어느 겨울 날. 북풍이 매섭게 몰아치던 서울 종로 묘동의 대각사 앞길에서 몇 명의 무리를 이끌고 가시는 은빛 털모자의 성자를 다시 보았네. 반가워 그만 온 몸으로 아우성치던 내게 그 분은 조용히 말씀하셨네.

"어디선지 장소는 기억나지 않는데 분명 만났던 인연이로고. 대각사 불광법회로 오너라."

(그때 나는 대각사 바로 앞 삼화페인트 회사에서 근무하고 있었다. 두 번째 만남)

어느 날 대각사 뜰. 성자를 시중들던 묘법성 이숙희 불자가 나에게 법명이 무엇이냐고 물었다. 그때까지 내 법명인 반야심(般若心)을 제대로 읽을 줄 몰라 나는 "반약심이야!" 하고 큰소리로 대답했다. 배를 잡고 깔깔거리며 소리 높여 웃는 그녀의 웃음소리에 영문도 모른 채 얼굴 붉힌 나.

대각사 뒤꼍의 아주 자그마한 골방이 성자님의 거처였었네.

"큰스님, 얘가 자기의 법명이 반약심이래요" 하고 또 웃음……. 합장한 채 말없이 절을 받으시며, "반갑구먼."

자애로우신 눈빛으로 빙긋이 웃어주시던 모습. 그로부터 뭔가 모를 충만함과 환희심으로 넘치고 넘치던 나의 20대 청춘.

아, 이제는 그리움이어라. 나의 성자시여!

(세 번째 만났을 때의 광경이었다.)

대각사 시절의 불광법회는 씩씩한 활발발로 항상 원기 왕성했고 내 가슴에는 어느 때나 법희(法喜) 넘쳤다. 그때는 통행금지가 있었다. 매주 목요일 저녁법회 후, 다시 법등(法燈)모임 하며 2차 법회를 했는데, 일주일 만에 만난 법등가족들과 반가운 인사 몇 마디 나누다 보면 어느덧 돌아가야 할 시간이 되기도 했고.

젊은 남녀가 많은 탓도 있었지만 어떻게든지 한 사람에게라도 더 전법(傳法)하려고 뿜어대던 열기 속에 살던 때. 틈틈이 기도정진하고 법등일하고 살림하고 직장일하고 공부하는 등, 법우형제들은 모두가 25시간을 살았었다. 오직 크나큰 성자의 힘으로…….

그런 중에서도 우리 법우들의 신심은 가을하늘처럼 푸르게 높아만 갔으니, 관광버스로 순례법회 갈 때면 차 안이 온통 기도 터졌다. 차마다 목탁치는 거사가 기도를 인도했고 우리는 '마하반야바라밀'을 법열(法悅)로 염했다. 마치 마하반야바라밀다 염송 소리에 차가 밀려가는 듯 했으니.

어느 핸가, 나는 오대산 적멸보궁 철야기도를 잊지 못하네. 깜깜한 밤하늘 쏟아져 내리는 별, 별들. 그러나 너무나 거룩한 지상의 별, 우리 성자님. 아니 나의 성자님. 풀밭 가득 무릎 꿇은 법우들, 터져 나오는 함성, 나무마하반야바라밀다. 부처님, 하늘, 땅, 소리, 성자, 우리들, 그 모두가 오로지 하나였다. 태초의 모습이었을까.

이제 돌아보면 그때의 그 법열이, 오랜 세월 성자님과 법회를 멀리한 어리석은 나를 지켜주고 감싸주었다. 아, 그 밤의 모든 광경은 내 마음속 평생의 밝은 등대이어라. 낙산사 홍련암. 홍련암의 그 바닷가 큰 바위 위에 앉아 광명행 최계순 보살과 목청껏 부르던 '관세음보살…….' 하늘과 바다와 소리가 온통 한 몸이었네.

그 날의 잊지 못할 관세음보살님의 또 다른 모습, 그 푸르른 동해바다 한없이 우러렀어라. 우리 성자님 유난히 즐겨 비유하시던 그 푸른 바다. 거기 있었네. 넘실대는 파도, 용약하는 힘, 오 바다여! 성자이시여! 모두 함께 있었네.

바라밀다 합창단 시절. 재정이 풍족치 못해 나이 드신 불자님들이 늘 간식을 챙겨주었네. 작곡가임에도 무척 가난했던 서창업 선생은 그 흔한 피아노 한 대가 없었고. 아니, 있긴 있었는데 부인이 병고에 있을 때 치료비로 팔아 썼다고 했다지.

곡차를 무척 좋아하셨던 선생은 합창연습이 끝난 뒤 한 잔 자리를 마련하면 아이처럼 좋아했다. 어깨 축 쳐진 홀아비, 서 선생이 가여웠네. 하도 가여워서 '반약심'이라고 나를 놀린 도반 묘법성과

모의하여 피아노 한 대를 권선했네. 성자님께서도 얼마를 보태주시며 "반야심이 큰 뜻을 내었구나"와, 흐뭇한 눈빛으로 바라보아 주셨네.

또 언젠가 성자님께서 "회사에서 무슨 일 하느냐?"고 내게 물으셨다. 나는 그 분 앞에서는 항상 부끄럽고 까닭 모를 죄스러움에 그만 주눅이 들어 더욱 쪼그라지고 작아졌는데, 그날은 말까지 더듬어 가며 대답한 즉, "사람 다루는 일을 하고 있어요."

그 분께서 웃으시며 하신 말씀, "저 말하는 것 좀 보게나……. 모두가 귀한 사람들인데 '다룬다'는 표현을 쓰면 어쩌나" 하셨네. 아, 너무나 부끄러웠네.

평소에 매우 자애로우신 성자님, 한번은 단호하고 차갑게 일성을 질렀다. 당시 젊은 작곡가인 환산거사가 합창단을 지휘할 때인데 법당 안이 대중들의 열기로 꽤나 더웠다. 지휘하던 환산이 마침내 한 곡 끝낸 뒤 윗옷을 벗었다. 그때 내쳐 "옷 입어!" 하는 매서운 소리가 법당을 쩌렁 울렸다. 부끄러움과 민망함으로 얼굴을 붉힌 환산은 다시 옷을 입었고, 우리 합창단원들은 등골이 오싹했네. 그러나 성자님의 연용(蓮蓉)의 존안(尊顏)은 여여하기만 했고. 미소 머금은 평소의 모습대로……

부처님 앞에서는 한없이 작아지시고, 법 앞에서는 더 없는 간절함으로, 계(戒) 앞에서는 너무나 치열하였고, 사람들 앞에서는 겸손하기만 하시던 우리 성자님, 나의 성자님 광덕큰스님!

일상생활에서는 신도들에게 자주 칭찬도 하셨고. 그러나 작은 잘못이라도 수행에 방해되는 일이라면 그 자리에서 바르게 이끌어 주신 참으로 능숙한 스승이셨던 성자님. 언제나 그러하셨네. 그렇게 여여하셨네.

또 어느 해, 초파일 봉축제등행렬의 집합장. 여의도에서 우리 성자님은 연단 아래 아스팔트 맨바닥에 앉아서 출발시간을 기다렸네. 처음부터 끝까지 우리와 함께, 조금도 예외의 특권을 갖지 않았던 분. 목적지 조계사까지 불광 행진의 선봉에서 구세보살단을 이끌었네. 장삼자락 출렁이며 만리동 고개를 넘으시던 스승, 너무나 성스러우셨던 나의 성자님, 그 분은 그렇게 우리들의 성자이셨네. 그 모습 진지하고 바람결처럼 표표하셨네. 지상에서 신비와 황홀을 느끼게 했던 유일한 인간이셨네.

그 분의 뒤를 초록 저고리 받쳐 입고 하얀 치맛자락 휘날리며 가슴이 터질 듯한 환희심에 등불 밝혀들고 구름 위를 걸었네. 허공이 찢어지나 내 목청이 찢어지나, 오직 '마하반야바라밀'만 가득했네. 우리는 울고 말았네. 나는 웃으면서 우는 비밀을 그때 알았지.

아, 이 글을 쓰고 있는 지금까지도 내 심장의 박동은 그때의 것이었고 내 거친 호흡은 성자님을 종로까지 밀었던 그 힘일세. 오, 그 날이여, 학 같으신 모습이여, 우리들의 진정한 성자이시어. 내가 마지막 순간까지 부르다가 죽을 이름, 나의 성자 광덕큰스님이시어.

대각사 뒤꼍의 조그만 골방에서 초라한 소반에 밥과 국과 두어 가지 찬으로 조금씩 아주 조금씩 학처럼 공양하시던 그 모습. 난 그 모습을 몇 번이나 뵈었는데 그때마다 안타까워 내 가느다란 목젖이 따끔거렸네. 그리고 가끔 까닭 없이 눈물도 나왔네. 이런 기분을 김재영님은 모체회귀의 떨림, 서로 부딪치며 한 덩어리가 되는 순수한 영혼들의 떨림이라 했겠다.

그때 20대인 내가, 50대인 성자님을 너무나 눈부심에 바로 쳐다보지도 못하고 우아한 성스러움에 범접 못할 신령함만 더해 갔네. 때로는 성자님 스스로 주체할 수 없이 솟아나는 법열의 환희심에 웃음과 말씀이 뒤섞여 이루어진 모습은 참으로 천진이었고 무구였었네. 다행인지 불행인지 성자님이 사바를 떠나시던 무렵, 또 그 이전으로 아주 오랫동안 나는 성자님을 뵙지 못했네. 하여 작아질 대로 작아지셨을 성자님은 나에게 아니 계시네. 이 좁고 어두운 나의 이기심이여.

나는 며칠 전, 회갑 때의 성자님 모습을 나의 작은 거실에 모셨네. 어느 때나 나의 생각과 언행을 감독 받기 위해서고 아침저녁 출입 때마다 꼬박꼬박 문안드리기 위해서라네.
아침마다 나는 아주 작은 목소리로, 그러나 결의 찬 목소리로 이렇게 아뢰네.
"나의 스승이신 성자님, 다녀오겠습니다. 오늘 하루도 반야심으로 살겠습니다. 그리고 오늘은 더 잘 살아보겠습니다. 감사합니다. 나무 마하반야바라밀다." (5권 90쪽)

일기 1__2522(1978)년 12월 5일(화)

송암지원

지난달 11월 30일부터 시작된 전통 깊은 이곳 부산 동래포교당 [法輪寺] 화엄산림은 꼬박 한 달간 계속된다. 올해로 마흔일곱 번째인 화엄산림은 일제강점기부터 시작된 부산 유일의 연중 큰 포교 행사다. 화엄산림대법회는 화엄경에 밝은 여러 큰스님들을 초청하여 경의 주요한 내용을 간추려 설법하는 형식인데 전반기 법문을 이틀간 담당하신 스님께서 어제 저녁 무렵 서울에서 내려오셨다.

오늘은 스님 법문의 첫날로 성황리에 낮 법문이 이루어졌다. 신도들 사이에서는 벌써 며칠 전부터 서울서 광덕스님이 오신다는 말이 쫙 퍼지면서 기대에 차 있었던 터라 법당 밖에서도 깨금발로 법문을 들었다. 그런데 오늘 설법장에 모인 신도들 대부분은 내가 모르던 분들이다. 그렇지만 그들의 얼굴은 모두 싱글벙글하였고 그 사이를 별 할 일 없이 왔다갔다 한 나도 덩달아 어깨가 으쓱해졌다.

스님의 설법은 내가 잘 이해할 수 없는 어려운 내용이었지만 신도들은 너무나 좋아하였다. 속으로 내가 신도들보다 한참 못하구나 하는 부끄러운 생각이 들었다. 그러나 설법하는 스님의 마음은 느껴졌다. 법상에 앉아 설법하시는 스님의 열렬함과 간절함이 이심전심으로 다가왔고 대웅전이 좁아 봉당이나 마당까지 가득 찬 신도들을 한 사람도 빠뜨리지 않고 마치 법상에서 출석을 부르듯 자안(慈眼)으로 일일이 살피셨다.

꽤 긴 설법이 끝나고 시식까지 올린 뒤 점심공양을 했다. 무척 시장할 시간이었는데도 분위기는 잔칫집을 방불했다. 신도들의 표정에는 광덕스님을 뵈었다는 기쁨과 설법에서 얻은 감동으로 모두가 들떠 있었다. 거기다 부산 사람들 특유의 사투리와 억센 억양으로 둥그렇게 솟아오른 이곳 학소대(鶴巢臺)가 공중에 붕 뜰 것 같은 느낌마저 들었다.

부산 사람들의 신심은 억척스럽다고 해야 할 정도로 적극적이다. 그들의 평소 사는 모습만이 아니라 절에 와서 기도하고 절하며, 설법 듣는 것도 매우 적극적이어서 대개의 신도들은 좁지만 따뜻한 방에 끼리끼리 모여 앉아서 낮에 했던 똑같은 법문인데도 기다렸다가 저녁법문까지 다 듣고서야 집으로 갔다. 심지어는 집이 지척인데도 아예 가지 않고 절에서 한 달 동안 살아버리는 열성파도 많다.

화엄산림은 하루에 두 번씩, 때로는 세 번씩 법문할 때도 있다. 사시에 한 번 설법하고, 오후 두 시 무렵에 또 한 번 하고, 저녁공양 후에 또 한 번 하면 세 번이 된다. 사시와 오후 설법에는 거의 여성인 보살들인데 저녁 설법시간에는 남성인 거사들이 많다. 이곳 동래포교당은 일제강점기 때 범어사에서 지은 부산지역 포교 일번지였기에 일찍이 학생회가 생겼다. 이곳 법륜사[동래포교당의 본 이름] 학생회는 부산에서는 가장 오래되었기 때문에 자부심도 컸고 선배들의 후배사랑도 보통이 아니다. 후배들 또한 깍듯이 선배들을 예우한다. 심지어 스님인 나의 말은 안 들어도 졸업한 지 1년 된 선배 말에는 설설 길 정도여서 못마땅한 생각이 들 때도 많다. 그런 그들이었기에 사회에 나가서도 *끈끈한* 선후배 간의 정리는 *끊이지* 않아 후배들을 잘 챙긴다고 한다.

이미 부산지역의 어엿한 중견이 된 많은 학생회 선배들이 저녁 법문시간이 가까워오자 꾸역꾸역 모여들었다. 특히 서울에서 스님이 내려오신다는 말을 듣고 평소보다 훨씬 더 많이 온 것 같았다.

양복을 차려입은 굵직굵직한 남자들이 법당을 가득 메웠다.

스님께서도 낮에 법문하실 때보다 더 열성적으로 하시는 것 같았다. 아마도 젊은 청중들의 진지함 때문인 것 같았다. 대개 저녁 법회가 시작되면 거의 두어 시간 가량 걸린다. 하루 종일 직장에서 일하다가 저녁에 모이면 졸릴 법도 한데 조는 사람 한 사람 찾아볼 수 없을 정도로 다들 꼿꼿이 앉아 스님의 설법을 경청했다. 그들은 저녁밥도 거른 채 거의 밤 10시 정도 되어서 법회가 끝났어도 쉬이 집으로 돌아가지 않고 절 마당에 선후배들이 둘러서서 이런저런 이야기가 끝이 없었다. 참 신기할 정도다. 두런거리는 그들의 이야기 소리가 학소대의 솔바람 소리와 함께 계속 들리지만 나는 이제 자야 한다. 스님이 이곳에서 주무시기 때문에 내일 새벽에는 평소보다 훨씬 일찍 일어나야 하기 때문이다. (5권 110쪽)

수미산 순례기__7월 19일(화)

송암지원

    수미산님이 나를 위해 밤새 들려주신 음악소리에 취해 신선같이 상쾌한 잠을 잤다. 삼매 속을 노니는 것 같은 청량한 휴식이 나를 몹시 편안하게 해주었다. 그 맑은 평화 속에서 한 점 의혹이나 군더더기도 없는 명쾌한 꿈을 꾸게 되었다. 꿈속에서 스님을 만나 뵈었던 것이다. 스님은 생전의 모습처럼 가사장삼을 차려 입고 환하게 웃으면서 나를 반겨주시며,

    “네가 돌아가 불광의 소임을 맡게 되면, 그때는 옛것(스님이 생전에 만들어 놓은 모든 것을 의미)을 바꾸지 말고, 이미 바꾼 것은 다시 원래대로 돌려 불광정신(스님의 생각)을 회복시켜 놓아라”고

수미산 안 꼬라 때 필자를 도와준 현지 도우미(수미산 가슴께에 있는 부처님 사리탑을 참배하기 위해 일행들이 오르는 모습이 보인다).

당부하셨다.

꿈을 깬 뒤에도 기억은 이곳 수미산 밤하늘에 빛나는 별처럼 초롱초롱했다. 청신하기 그지없었다. 한 점 의혹이나 미심쩍은 것이 없었다. 스님의 표정과 말씀, 옷차림까지도 너무나 선명했다. 나는 침낭에서 몸을 반쯤 빼어 일어나 앉았다. 물소리는 여전했고 밖은 아직 어두웠다. 다시 꿈속의 장면을 되뇌어보며 그것을 현실적으로 가늠해보았다. 머나먼 남의 일로 느껴졌다. 그러나 너무나 생생한 스님의 표정과 태도 때문에 일단 가슴에 간직하기로 했다.

스님 말씀처럼 불광을 맡게 될지, 불광의 정신을 계승할지 어떨지는 어디까지나 나중 일이고 다만 내가 지금 이곳 수미산 중턱에서 금방 꿈에서 깨어나 앉아 그 꿈을 되짚어보고 있는 것은 분명 현실이다. 그리고 나는 딱히 내가 불광을 맡는다고 하기보다는 스님의 사업을 계승할 때 그렇게 하라는 당부의 말씀으로 듣고 싶은 것이 솔직한 심정이다.

아무튼 지난번에 왔을 때도, 지금 이 순간에도 나에게 가장 중요한 사실은 저 수특(秀特)한 수미산이 바로 스님이라는 점이다. 이 신념으로 다시 수미산을 왔고 그래서 어제 낮 안 꼬라의 베이스 캠프에 도착해서 수미산 기도를 올렸던 것이다. 스님의 환생[速還娑婆]과 불교천문대 건립을 간절히 발원하는 기도였다. 환생은 스님께서 반드시 다시 오셔서 구국구세의 불사를 성만(盛滿)하셔야 하기 때문이고 불교천문대 건립은 스님이 오셔서 이루실 불사[救國救世]를 내가 힘닿는 대로 미리 준비해 놓는 것이다. 속환사바는 스님 자신이 생전에 누차 다짐하시고 주변에 약속하셨던 일이다. 어제 수미산님이 내가 환생과 불사발원의 기도를 할 때 그 미묘하고 빼어나신 성태(聖態)를 드러내주시는 것으로 이미 기도에 응답을 하셨고, 나는 그것을 알고 있다.

아침공양 후 다시 차분하게 오늘 있을 수미산 가슴께에 있는 부처님 사리탑 참배를 준비했다. 순례자들이 다 모이자 여러 가지 주의사항을 다짐하고 도우미 한 사람씩을 정해주었다. 항상 현지인 도우미와 한 조가 되어서 움직이라는 것이다. 세심한 배려였다. 우리는 곧 안 꼬라에 들어갔다. 안 꼬라는 바로 수미산 가슴께에 모셔진 부처님 사리탑까지 도달하는 길이다.

이곳에 와서 느낀 점 가운데 하나는 공기밀도가 희박한 곳에서는 눈에 보이는 거리가 실제 거리와는 다르게 보인다는 것이다. 바로 눈앞에 보이는 봉우리도 막상 걸어보면 매우 먼 거리다. 안 꼬라의 수미산 가슴에 모셔진 부처님 사리탑까지는 산등성이가 겹겹이 둘러싸고 있어서 연속 돌고 돌아야 했다. 숙영지에서 바라봤던 수미산은 너무나 가까워 앞에 있는 봉우리만 돌아서면 바로 닿을 줄 알았는데 실제로는 예상을 훨씬 넘는 길이다. 아무튼 나는 서울에서 출발할 때부터 각오를 단단히 했던 일이었기에 애써 침착하게 마음을 다잡았다. 남들은 가끔 쉬었어도 나는 도우미를 재촉하여 오전 내내 쉬지 않고 걸었지만 그렇다고 서두르지도 않았다. 수미산의 아랫배에 해당되는 넓은 광장에 도달해서야 조금 이른 점심을 간략하게 먹었다. 수미산 바로 아래 도달했다는 희열과 한순간이라도 더 수미산을 마주 대하고 싶어서 수미산의 온갖 조화(눈사태와 구름과 바람 등 일기변동)에 잠시도 눈길을 떼지 못했다. 밥 먹는 것도 수미산을 우러러보는 일에 방해가 될 것 같고, 또 배가 부르면 사리탑까지 가는 데 부담이 될 것 같아서 일행 모두가 사전에 약속이라도 한 듯 조금씩만 먹었다.

우리는 다시 복장을 가다듬고 신발을 단단히 묶은 뒤 수미산 가슴께에 있는 부처님 사리탑과 티베트 고승들의 부도를 참배하기 위해 출발했다. 무척 가파른 오르막길에다 잔돌들이 산비탈에 잔뜩 쌓여 있어서 걷기가 몹시 힘들었다. 행여 앞사람이 발을 잘못 내디디면 산자갈들이 주르르 쏟아져 내렸다. 사방을 면밀하게 살피면서 조심조심 한 발 한 발 앞으로 나아가기란 정말 고된 일이었다. 숨 가쁘고 신경 써야 하고 대중의 안전을 살펴야 하기에, 잠시도 방심할 수 없고 도무지 딴 생각을 할 수 없게 만드는 일념의 시간, 마지막 코스는 진중하기 짝이 없는 기도의 시간이었다. 나는 올라가는 그 자체가 대단한 용맹정진이라는 것을 깨닫고 지그시 어금니를 내려 물었다.

한동안 내 일에 몰두하다 문득 눈을 들어보니 이미 앞선 사람들이 탑 앞에서 어른거리는 모습이 멀리 바라보였다. 마음은 급했지만 한 발 떼어놓기가 여간 힘들지 않았다. 그저께 넘은 될마라 고개 못지않은 난코스였다. 다만 될마라 고개보다는 거리가 좀 짧다는 것뿐이었다. 경사가 몹시 가파른데다 산자갈이 깔렸고 그 위에 다시 눈이 쌓였으니 아무리 장사라도 두 발로는 어림도 없는 죽기살기의 난코스였다. 몸을 바닥에 바짝 붙여 네 발로 엉금엉금 기었어도 바위를 오를 때는 현지인들이 내려준 밧줄과 그들의 손을 잡을 수밖에 없었다. 때로는 천애의 절벽을 감아 휘몰아치는 수미산의 눈보라로 눈을 뜰 수조차 없었다. 앞길을 분간하기조차 어려워 더듬거리는데 머리와 얼굴에 쌓인 눈이 녹아서 콧물과 범벅이 되어 뺨을 타고 줄줄 흘러내렸다. 네 발로 기는 것 외에는 도저히 다른 방법이 없었다. 체면을 따질 계제가 아니었다.

거의 다 올라왔을 것이라는 생각으로 고개를 들어보니 아직 탑까지는 50여 미터 남았는데 마지막 험로(險路)가 장벽처럼 버티고

멀리 깃발이 한 줄로 설치된 곳에 부처님 사리탑과 티베트 고승들의 부도가 모셔져 있다.

있었다. 아찔하여 두려웠지만 이미 앞선 사람들이 올라가 있었고, 그들이 연신 충고와 격려를 보냈다. 그중에는 보살이나 비구니도 있었기에 그들을 보면서 다시 용기를 냈다. 마음이 한결 가벼워졌다. 동료들의 응원이 약이 됐던 것이다.

나는 심호흡을 한 뒤 정신을 집중했다. 나중에 생각한 것이지만 산 타는 사람들은 산을 탈 때마다 기도가 될 것이라고 느꼈고, 또 무슨 일이든지 목숨을 걸고 하는 일은 집중의 힘이 없으면 불가능하다는 것도 알게 되었다. 발 한 번 잘못 내디디면 그대로 천길 만길 벼랑으로 내몰릴 아슬아슬한 판국이니 어찌 허튼 정신으로 산을 대할 수 있겠는가. 생과 사가 목전에 있을 때 살 생각을 해야 하는가, 죽을 생각을 해야 하는가.

마지막 코스에서는 계속 현지인들의 도움을 받으면서도 네 발로 걷지 않으면 한 발짝도 올라갈 수 없었다. 사람 키로 세 길 정도

되는 마지막 바위를 오르는 데는 티베트 가이드가 임시로 설치한 로프를 잡았다. 위에서는 끌어올리고 나는 줄에 대롱대롱 매달리다시피 버티며 발을 암벽에 교차로 찍으면서 올랐다. 체력이 많이 소모된 상황이라서 시간이 지날수록 점점 더 힘이 들었지만 그야말로 젖 먹던 힘까지 다했다. 결국은 제법 넓은 공간에 올라섰다. 어떻게 이런 곳이 있나 할 정도로 신기한 느낌이 들었고, 동시에 마침내 탑까지 올랐구나 하는 안도의 생각이 들었다.

비록 짧은 시간, 짧은 거리의 난행고행(難行苦行)이었지만 몸과 마음을 다 바쳐 오른 순례 목적지였고 하이라이트의 코스였다. 먼저 오른 사람들은 숨을 고르고 있거나 탑 앞에서 예배를 하고 있었다. 나도 몸을 바로 세워 먼저 앞을 바라보았다. 멀리 히말라야 연봉(連峰)이 굽이쳐 오가고 있었다. 그 태도와 기세가 이곳 수미산을 받쳐주고 있었다. 내가 서 있는 이곳 수미산은 바로 연실(蓮實)이고 저 히말라야 봉우리는 연잎 같았다. 평소 내가 하고 있던 생각을 오늘 여기 와서 확인한 셈이다. 나는 몹시 경건해졌다. 다시 스님을 생각했기 때문이다. 내가 모험심이 많아서 이곳에 온 것이라든지 단순하게 티베트가 좋고 수미산이 좋아서 왔다기보다는 오로지 스님의 환생을 기도하기 위해 신앙심 충만하여 영험 많은 이곳 수미산으로 순례를 떠나왔던 것이다. 아아, 이제부터는 스님의 환생이 돌이킬 수 없는 기정사실이 되었는가!

내가 스님의 환생을 발원하여 티베트를 오고간 것을 합치면 이번이 세 번째다. 처음이나 지금이나 한국에서나 티베트서나, 어느 때 어디서나 스님 생각을 떠올리기만 하면 그리웠다. 내 목젖은 가라앉았고 가슴은 찡했고 눈시울은 뜨거워졌다. 스님은 나에게 그러한 분이다. 스님은 나의 그리움이기 때문이다. 나는 자리를 옮겨

수미산 가슴께에 모셔진 부처님 사리탑을 향해 기도하는 필자(앞쪽 낭떠러지에 사리탑이 보이고 그 앞에 간신히 몸을 붙일 수 있다).

수미산 가슴께에 자리한 부처님 사리탑 앞으로 조금 더 다가가서 예배하고 발원하며 환생을 기도했다. 높은 산의 청량하기 그지없는 냉기와 오후의 서늘한 기운이 내 몸을 에워쌌지만 이곳은 자주 오기 어려운 매우 특별한 곳이다. 수미산으로부터 허락을 받은 선택된 사람만이 올 수 있는 곳이다. 수미산의 허락을 받아 선택된 사람만이 올 수 있다는 이 사실은 매우 중요한 현실이다. 그렇지 않으면 설령 수미산 아래 다르첸까지 왔어도 돌아가거나 안 꼬라 전진 캠프까지 왔다고 해도 여기까지 올라오지 못하고 저 아래서 바라보기만 하다가 돌아가야 하는데, 오늘 나에게는 임의 가슴에 안기도록 허락하셨고 품어주셨다. 그것은 내가 올리는 스님의 환생기도를 수미산이 허락하고 증명해주신 것이라고 믿는다.

눈보라 휘날리는 가파른 벼랑 위 사리탑 앞에 서서 나는 스님을 생각했다. 마나사로바 호수에서 스님을 그리워하며 환생을 기도했던 것처럼 스님을 생각했다. 언제나 스님은 나에게 그리움이다. 이미 사라지고 없을 것이라고 생각했던 6년 전의 그 그리움이 그대로 살아났다. 스님이 그리울수록 환생에 대한 간구는 더욱 절절했다. 나는 조금 더 앞으로 이동하여 사리탑 가까운 곳으로 자리를 옮겼다. 안으로 더 들어가서 부처님 사리탑에서 들리는 숨결을 듣기라도 할 것처럼 몸을 잔뜩 구부려 좁은 통로를 따라 한 발 한 발 들어갔다. 그런데 부처님 사리탑은 사람이 쉽게 다가갈 수 없는 곳에 단아하게 모셔져 있었다. 조금 떨어진 고승들 부도에서부터 더 들어가지 못하게 줄을 쳐놓았다. 위험하다고 표시를 해놓은 것이다. 나는 더 들어갈 수 없는 그곳에서 부처님 사리탑을 향해 무릎을 꿇고 수미산과 스님에게 기도를 올렸다. 기도문은 내 마음속에서 흘러나오는 대로 읊조렸다. 마치 무당이 신을 부르듯 앞뒤 두서도 없는 말을 쏟아놓았다. 잘도 흘러나왔다. 몸과 마음이 하나로 되었는지 기도가 간절할수록 스님에 대한 정회가 더욱 깊어졌고 뜨거워졌다. 너무나 애절하여 내 간과 허파가 몸 밖으로 튀어나올 것 같았다. 그렇게 나도 모르는 사이 점점 감당할 수 없는 격정 속으로 빠져들었다. 내 마음속 밑바닥에 간직되었던 그리움과 슬픔이 화산처럼 일시에 솟구쳐 올랐다. 내 가슴은 쿵쾅거리며 소용돌이치기 시작했고 나도 모를 주문 같은 말들은 폭포수처럼 쏟아져 나왔다. 눈물이 줄줄 흘러내렸다. 걷잡을 수 없는 눈물이 수도꼭지를 틀어놓은 것처럼 쏟아져 내렸다. 마치 수미산의 눈사태와 같았다. 도저히 주체할 수가 없어서 그만 엉엉 소리 내어 목 놓아 울었다.

　스님이 내 곁을 떠나신 뒤, 여섯 달을 중국을 떠돌다가 귀국하여 천일기도를 앞두고 인도불교 성지순례를 떠났다. 그때 나는 인도를

176

순례하면서 기원정사 가는 버스 안에서 그만 엉엉 소리 내어 울었었다. 그때는 차 안에서 '보현행원송'을 들으며 그리움의 감정이 북받쳐 올랐었다. 그러나 오늘 여기서는 환생기도의 간절함과 환생의 확신이 마침내 대성통곡이 되었다. 연신 입으로는 스님을 불러대는데 눈물 콧물은 주체할 수 없이 흘러내렸다. 곁에 있던 사람들도 울었다. 묘길상 불자도 울었고 지혜심 불자와 혜윤스님도 울었다. 너나 할 것 없이 모두 울었다. 눈을 쏟고 있던 하늘도 펑펑 울어주었고 수미산도 묵묵히 울어주었다. 사리탑도 속눈물로 울어주었다. 온 세상이 스님을 그리워하여 울었고 환생을 기다리느라 울었다.

그렇게 원도 한도 없이 넋을 놓고 울고 있는데 누군가가 나의 어깨에 손을 올리며 바라보았다. 그만 진정하라는 뜻으로 느껴졌다. 그리고 그는 보온병에 남은 미지근한 물 한 모금을 건네주었다. 차츰 진정이 되었다. 다시 정신을 가다듬고 멀리 앞을 내다보니 히말라야 연봉들이 억겁을 자리한 채 숙연하게 나를 바라보고 있었다. 나는 순간 행복했다. 가슴을 활짝 펴고 호흡을 깊이 했다. 연신 히말라야 연봉을 향해 합장하고 절을 올렸다. 말로 할 수 없는 감사와 행복의 절이었다.

수미산과 스님께 올렸던 나의 기도는, '세계평화 · 인류행복 · 남북평화통일'의 구국구세에 대한 인도하심과 가호하심과 원만하심이었다. 부디 스님께서 하루 바삐 속환사바(速還娑婆)하시어 재명대사(再明大事)하시길 빌고 또 빌었다. 나는 이번 기도를 통해 다시 한 번 스님의 환생을 확신 감응했다.

어제 저녁 꾼 꿈과 오늘의 일이 문득 겹쳐졌다. 인간이나 성자들의 무한한 정신작용을 우리들 현재의식으로만 가늠하고 헤아리기

수미산 가슴께에 모셔진 부처님 사리탑 앞에서 기도를 마치고 돌아나오는 필자.

는 어렵다. 그러므로 현실적으로 이해되지 않거나 못하는 것은 기적이라고 한다. 그러나 기적은 없다. 다만 자신이 감당하지 못할 뿐이다.

정신을 가다듬고 입구로 나오니 하산해야 한다는 전갈이었다. 하늘에서는 우박이 쏟아져 내리고 있었다. 다시 내려갈 길을 바라보니 두려웠다. 울며 기도할 때는 내려갈 일을 까맣게 잊고 있었는데 내려가야 한다는 사실에 문득 현실로 돌아온 것이다. 가만히 바라보니 올라올 때보다 더 위험하다는 느낌이 들었다. 그러나 아무리 무서워도 결국은 내려가야 하는 길이다. 피할 수 없는 길이고 대신할 수 없는 길이다. 마음을 다잡은 뒤 조심스럽게 한 발 한 발 내디뎠다. 원래는 영탑 입구의 고개를 돌아 반대편에 있는 길로 내려가야 하는데 계속 눈보라가 사정없이 휘몰아쳤고 잠깐 반짝하는 햇빛에 녹은 눈이 그대로 얼어붙어서 빙판이 되었다고 한다. 올라

178

왔던 길을 다시 내려가는 것이 빙판길보다 쉬워서가 아니었다. 단지 안다는 사실 때문이었다. 길이라고 말을 하긴 해도 다니기 좋게 다듬어진 상태여서가 아니다. 그냥 돌 위를 적당히 밟고 알아서 가야 한다. 한순간이라도 방심하여 발을 잘못 디디게 되면 넘어지거나 엉뚱한 곳으로 접어들어 길을 잃게 된다. 그러므로 앞서 가는 사람이라도 있어야 안심이 된다. 어쩌다가 뒤처지게 되면 초긴장을 해야 할 처지다. 그런 중에도 다행스러운 것은 현지인 도우미가 곁에 있다는 것이다. 나는 지쳐서 힘들고 다리 아플 때마다 수미산을 돌아보며 그 위용에 다시 감동하고 경외를 느껴 절하곤 했다.

성산, 수미산 순례에서 나는 두 가지의 기도 성취를 얻었다. 처음에는 수미산과 마나사로바 호수가 바라보이는 언덕에서 스님께 올린 기도와 응답, 그리고 조금 전에 올린 기도와 오늘 새벽의 계시, 나는 결국 이것을 위해 집을 나섰고 대중들은 나의 발원에 동참하여 이곳까지 오게 되었다. 참으로 고마운 분들이다. 속상하게 했던 분들도 나에게는 선생님 같은 존재다. 이 모두는 구국구세다. 나는 1차 구국구세 대법회를 마무리하고 바로 나왔다. 일행은 수미산 간다는 말에 따라 나섰지만 내용인즉 나의 발원인 구국구세의 큰 물결에 합류한 것이다.

나의 기분은 무척 맑아졌다. 아주 투명하여 무엇이든지 다 비춰지고 느껴졌다. 주변 산세나 날씨의 변화 등 어느 것 하나 놓치지 않고 살폈다. 몹시 외람된 일이지만 수미산의 풍수지리마저도 가늠해 보았다. 가만히 바라보니 수미산을 보호하기 위해 얼마나 여러 겹으로 산들(히말라야)이 둘러싸고 있는지, 가까이서 멀리서 중중첩첩으로 에워싸고 있었다. 저 멀리 히말라야 연봉들과 가까이는 다르첸의 뒷산까지 모두 수미산을 옹호하고 있었고 수미산에서 줄기가 뻗어나가고 있었다. 장대하기 그지없는 히말라야의 핵심은 수미산이었다. 말하자면 히말라야는 수미산을 감싸기 위해 생긴 보호맥들이었다. 히말라야 봉우리 하나하나가 연잎과 같다면 줄기는 인디아 데칸고원까지일 것이고 뿌리는 데칸고원의 아래 지역일 것이다. 이렇게 보았을 때 수미산은 당연히 연실에 해당된다고 봐야 한다. 비록 멀리 내다보지 않고 수미산 인근의 산세만 봐도 그 장엄함이 필설로 형언하기 어렵다. 바깥 꼬라를 통해서 수미산이 얼마나 잘 갈무리되었는지 살펴보았고 또 책을 통해서도 조감도를 보았었다. 안 꼬라를 통해 속까지 낱낱이 다 보았으니 부동의 모습으로 수미산은 내 마음에 간직되었다. 잘 갖춘 풍수의 이치와 함께.

아무튼 오늘 저녁도 수미산 가슴에 파묻혀 하룻밤을 보낼 것을 생각하니 내 인생에서 무엇과도 비교할 수 없는 복이구나 하는 감회가 피어올랐다. 이곳 수미산에는 밤 10시가 되어서야 어둠이 깔리기 시작한다. 물론 중국 북경을 중심으로 정한 시간 때문이다. 텐트의 순례 동료들과 이런저런 이야기를 주고받다가 맑은 기쁨 속에 푹 안겼다. (5권 267쪽)

제6권

새물줄기

이 책은 전 3장으로 구성되어 있으며
제1장에는 이 시대를 대표하는 불교학과 불교사를 아우른
대학자로 칭송되는 대천거사 김영태 박사님의 탁월한 논문 한 편이 가장
앞에 실려 있다. 이 논문은 좀 더 다른 각도에서 광덕큰스님을 바라보고
있으며 전혀 새로운 입장에서 큰스님을 설명하고 있다.
학문적인 논문이면서도 다분히 신앙적인 입장을 왕성하게 펼쳐나가고
있어서 읽는 이로 하여금 사뭇 신심이 커가는 느낌을 받게 한다. 특히
이 점에서 대학자로서의 평소 신앙생활의 면모가 보인다고 할 것이다.
지허거사 김광식 박사님의 논문과 법우거사 김호성 박사님의 논문도
각기 특색을 지니고 있으며 또한 광덕큰스님 연구에 대한
새로운 지평을 열어주고 있다. 제2장에는 큰스님의 상좌인 저자가
9꼭지의 글을 싣고 있는데 이색적인 원고가 많다.
마지막 제3장에는 불교인권운동가이며 시인인 진관스님의
담시가 들어 있다.

한 번 도반은 영원한 도반이다

부산 선주산방에 주석하며 불화(佛畵) 그리기에 일로정진(一路精進)하시는 석정스님으로부터 들은 이야기다. 석정스님의 말씀에 의하면 스님은 타고난 천성의 자비와 어머니를 통한 각별한 가정교육, 청소년 시절부터 부단한 지성의 연마를 거쳐 세속에서도 이미 촉망받는 인물이었다고 했다. 그후, 절에 와서도 어디서나 누구에게나 친절하고 언행이 반듯하여 줄곧 타의 모범이 되었고, 비록 계를 받지 않은 처사의 신분이었지만 머리 깎고 먹물 옷 입었기에 여법한 일상수행과 용분정진의 참선으로 모르는 사람이 없을 정도였다고 한다.

스님의 그러한 오분향(五分香)이 사람을 대했을 때는 신뢰감과 친밀감으로 나타났으니 신도들에게나 도반들에게는 그지없는 의지처 역할을 했다. 그러므로 자연 스님의 교유 범위는 연령이나 지위고하를 막론하고, 또는 교육의 유무, 성품의 완급이나 취미의 이동(異同)을 초월하여 광범위하게 이루어졌다.

스님의 청장년 시절, 당대 기라성 같은 젊은 공부꾼들의 모임인 청맥회 회원들과도 친소의 구분이나 아무런 차별 없이 잘 지냈으며, 또 어느 절에 살든 사내의 대중들과도 그야말로 격의 없이 잘 지냈다는 이야기를 듣고 보면, 마치 물과 물이 합한 듯이 어느 곳에서나 누구와도 잘 어울리는 인간성의 소유자였다는 생각이 든다. 그런 스님의 여러 지인(知人)과 우인(友人), 아니 도반들 중에서 특히 호산, 덕윤, 혜원, 보봉 등의 스님들과는 더더욱 두터운 친분을 나누었다.

　석정스님이 생각하기에 그 스님들은 성정이 질박하고 생김생김이 우락부락하여 겉모양은 다소 거칠게도 보였고, 투박하게 느낄 정도로 소탈하여 잘 다듬어진 세련된 인물들은 아니었는데도 이상스러울 정도로 스님과 친한 것을 보고 넌지시 물어보았다고 했다. 스님은 수줍어하는 듯한 그 특유의 미소를 지어 보이면서 한동안 입을 다물고 대답을 안 할 것처럼 가만히 있더니,

　"이 세상이 나를 버리더라도 그분들은 나를 버리지 않을 사람들이요"라고, 아주 간단하게 말하더라는 것이다. 이 짧은 말에서 석정스님은 '광덕스님은 사람을 사귀는 데 인간의 여러 덕목 중에서 신의를 가장 우선하는구나' 생각하고, 스님을 다시 보게 되었다고 했다. 사실 내가 알기에도 스님은 신의를 지키고 가꾸기 위해서 무척 노력했고 때로는 그것 때문에 비난이나 욕을 듣는 것도 감수하곤 했다.

　내가 스님 회하에 있을 때도 그분들의 일 때문에 여러 번 곤란한 처지에 빠진 것을 알고 있다. 스님이 그러했기에 도반들도 스님의 일이라고 하면 물불을 가리지 않았고, 또 무서워하거나 망설이거나 이유와 핑계를 만들어서 자기 계산을 하지 않았다. 거의 절대적이라고 말할 정도로 깊은 신뢰와 우정을 주고받았다. 그런 점은 내가 그분들을 직접 만나 뵐 수 있었고 스님과의 우정을 고백하는 것을 들었기에 따로 확인할 필요도 없는 사항이다. 그분들의 성품이 본래로 순직하고 꾸밈없이 자연스러웠다고 해도 사람의 교류는 감동이 있어야 시작도 있고 오랫동안 유지되기도 하는 것이라고 본다면 스님의 마음가짐이 어떠했나는 것은 더 설명이 필요없을 것 같다.

이러한 점을 생각해 본다면 스님 자신이 신의를 중요하게 내세웠고, 그것을 지키려고 부단히 노력했기에 불이법문(不二法門)을 현실세계에 그대로 구현할 수 있었다고 본다. 사실 이 모두가 스님에게는 반야바라밀이다. 진리의 모습, 반야바라밀의 구현이 스님의 인생에서 남김없이 드러나고 세상에 표현된 것이다.

말하자면 밥을 먹을 때나 친구를 사귈 때나 무슨 일을 하더라도 거기서 한 걸음도 벗어나지 않았고, 어긋나지도 않았다. 그래서 스님의 삶을 되짚어 보면 모두가 공부였던 것은 바로 반야바라밀 생명으로 살았기 때문이 아닐까 한다. 그래서 나는 공부를 따로 두지 않고 무슨 새로운 일이 있을 때마다 스님이라면 이런 경우 어떻게 하셨을까 생각해 본다. 그러면 십중팔구 답이 떠오르고 지혜가 생긴다. 부처님 제자들이 밤낮으로 부처님 말씀을 외우고 체험하여 부처님을 닮아갔듯이 나도 스님의 일상 가르침을 잘 간직하면 어느 때나 지혜가 샘솟고 용기가 솟아 나온다는 것을 믿고 산다. 시봉일기 작업은 바로 이런 나의 입장 때문에 시작된 나만의 수행정진이다. 스님의 모든 것을 글로 기록하여 잘 보존하는 것, 그것은 또 하나의 지혜의 창고를 짓는 일이며 불광 만세를 도모하는 길이라고 생각한다. (6권 197쪽)

제7권

사부대중의 구세송

이 시대 불교계를 대표하는 사부대중이
광덕큰스님과의 인연을 말하고 있으며 또한 광덕큰스님의 생애를
찬미하고 칭송한다. 비구 26명, 비구니 3명, 우바새 26명, 우바이 17명 등
모두 72명의 글이 실렸다. 상좌 한 사람만의 글로서가 아닌
대중의 말과 글로서 광덕큰스님을 생각해 볼 수 있다.

스님은 말세 보살이셨지

海峰石鼎 | 불모(佛母)

금하 광덕(金河光德) 외우(畏友)가 입적한 지 두 달이 좀 지났을 때, 광덕스님의 상좌 송암 상인(上人)이 『광덕스님 시봉일기』를 스님 입적 백일을 기해서 출판한다고 나에게 서문을 청해 왔다.

석주스님 등 여러 스님이 서문을 쓰신다고 했다. 반가운 마음에서 선뜻 대답을 해놓고 보니 큰 걱정이 생겼다. 내 글솜씨가 다른 스님들을 따를 수 없을 뿐만 아니라 중첩되는 허물을 범하게 되지 않을까 하는 생각에서였다. 한참 고심한 끝에 내가 직접 보고 본인에게서 듣고 느낀 바를 엮기로 했다. 물론 글이 산만해지긴 하겠지만 중첩도 피하고 내가 알고 있는 일을 알리는 기회가 되기 때문이다.

나는 광덕스님과 함께 살지는 않았지만 고처사(高處土)라 부르던 시절부터 알고 있었다. 종단 정화가 시작될 무렵, 부산 범일동 김봉호(金奉鎬) 거사 댁에서 여는 주중법회를 고 처사가 주관한 적이 있었다. 소천(韶天)스님이 주로 법문과 강의를 하셨지만 고 처사는 사이사이에 많은 큰스님들을 청해서 이 법회를 운영해 나갔다. 그때 고 처사는 중병을 앓고 있으면서도 소천스님 모시는 일, 법사 청하는 일, 원고 정리, 법회 진행하는 일을 차질 없이 밀고 나갔다.

이 고처사가 한때는 기장 앞바다 죽도 토굴(土窟)에서 산 적이 있다. 그런데 어느 날, 사람들이 한 떼거리 몰려와서 점심을 해먹고 놀다간 뒤에 솥을 열어보니 바다고기를 끓여 먹고 반이나 남겨놓고 갔다. 계행이 하도 철저해서 '율처사(律處土)'는 별칭까지 얻은 고처사는 생각하기를, 기왕 살생은 해놓은 것이고 사람이 먹는 음식을 그냥 버릴 수 없다는 생각에서 그걸 다 먹어치웠다고 했다.

그 후 동산 대종사를 은사로 출가하여 광덕스님이라 부를 때의 일이다. 내가 주지로 있던 진주 의곡사(義谷寺)에 초파일 전날 광덕스님이 들렀다. 나는 광덕스님이 다른 절에 맡은 소임이 없으니 내일 법문을 좀 해달라고 간청했다. 그랬더니 한다, 안 한다 답이 없던 광덕스님은 새벽예불 후 날이 밝아오자 살짝 도망가다 나한테 그만 들켰다.

"스님, 왜 법문 안하고 그냥 가시려오?"

이렇게 내가 물었다.

"법문은 주지스님이 할 것이고, 의식도 잘할 줄 모르는 내가 있어 봐야 밥만 축내지 쓸모가 없을 것 같아서 떠나기로 했습니다."

"그렇지만 기왕 오셨는데 초파일 아침에 절을 떠나는 게 말이 되겠소?"

그러자 광덕스님은 한참 있다가 대답했다.

"내가 할 일을 발견했으니 다른 청은 하지 말고 이 일만 맡겨 주면 자고 내일 떠나겠습니다."

"무슨 일이오?"

내가 물었다.

"밤새 등불을 지키는 일입니다."

광덕스님은 행장을 풀어놓고 그날 밤새도록 등불이 꺼지면 새로 불을 붙이고, 바람이 불면 등과 등 사이를 떼어 놓았다. 그러다가 날이 밝자 등을 깨끗이 정리해 놓고 아침 공양 후에 떠났다.

얼마 후, 내가 표충사 뒤에 토굴을 지어 공부할 생각으로 집 지을 돈을 마련하기 위해서 중단했던 화원(畵員) 노릇을 다시 시작했다. 그래서 수안(殊眼) 수좌와 함께 탱화 개금(改金)·개채(改彩) 등의 일을 했다.

그 무렵 광덕스님은 봉은사 주지로 있었는데, 내게 경제력이 넉넉지 못하니 대웅전 삼존불을 얼굴만 조금 개금해 달라고 했다.

그래서 나는 동안거 결제가 임박해서 밤을 새워가며 개금불사를 끝냈다. 그런데 광덕스님이 보수를 어찌나 많이 주는지 부처님 몸까지 개금을 해도 넉넉한 금액이었다. 스님은 내가 토굴을 지어 공부하는 데 경제적인 도움을 주기 위해서 일부러 그런 것이었다.

스님은 보현행자로서, 말세 보살로서, 진실한 수행인으로서 요즈음 드물게 보는 선지식이시다. 평생 자신을 돌보지 않고 이타행으로 일관하셨으니 종단을 위해서, 본사인 범어사를 위해서, 유연중생(有緣衆生)을 위해서 잠시도 쉬는 일이 없었다.

내가 의곡사에 있을 때 광덕스님이 『보현행원품』, 『백팔참회문』, 『선관책진』을 번역해서 법공양용으로 출판한 적이 있는데, 그때는 광덕스님이 글 쓰는 것을 남들이 잘 알지 못할 때였다. 내가 광덕스님의 번역본을 굳이 택한 것은 아무리 글이 능해도 실천이 없는 글은 읽고 듣는 이를 감화시킬 수 없다는 고집에서였다. 그 후 『보현행원품』, 『백팔참회문』 번역을 성철스님께서 보시고 출판 유통케 허락하셨으니 지금 누구나 접할 수 있게 되었다.

내 서투른 글솜씨로 서문을 쓰게 해준 송암스님께 거듭 감사드리고, 『광덕스님 시봉일기』를 펴낸 문인(門人)과 유연 불자 여러분의 화중연화(火中蓮花)와 같은 공덕을 찬탄하는 바이다. (7권 37쪽)

광덕 큰스님을 뵈올 때

貞和 | 수원 정혜사 주지

내가 광덕 큰스님을 처음 알게 된 것은 소천노사(昭天老師)께서 서울에서 포교활동을 왕성하게 하실 때였다. 그 당시 큰스님은 아직 고처사(高處士)의 신분으로 계실 때였지만 환하신 얼굴과 빛나는 눈빛은 이미 어느 스님 못잖은 수행의 깊이를 말해주고 있었다. 그리고 말쑥한 승복 차림의 위의는 사뭇 돋보였다. 나는 그분에게서 불교에 갓 발을 들여놓은 어눌한 신도로서 초발심자경문 을 배웠다. 큰스님의 용자(蓉姿)는 어느 때나 수특하셨지만 젊은 날의 모습은 더욱이 단아청결(端雅淸潔)하셨다. 잡다한 풍진(風塵) 세상을 껑충 뛰어넘으신 듯, 고귀한 모습은 마치 학을 연상시켰다.

큰스님의 성정(性情)은 때로는 온화한 봄볕 같은 따스함과 자상함을 보여주셨고, 어느 때는 찬 서리가 내리듯 냉엄하고 칼날 같은 예리함을 보여주시기도 했다. 그런 큰스님에 대해서 불교를 배우는 초심자인 나는 항상 어렵고 조심스러워 먼발치에서 서성거리며 바라보기만 했다.

어느 때, 나는 불교교리 공부에 의심이 일어 부득불 용기를 내어 큰스님께 몇 가지 질문을 한 일이 있었다.

"소천노사께서 물과 불이 둘이 아니라고 하셨는데 이는 무슨 뜻입니까?" 하고 숨을 죽이고 조심스레 여쭈었다. 큰스님께서 깜짝 놀라 나를 바라보시면서,

"보살님은 참 지혜가 뛰어나십니다. 앞으로 부처님 공부 열심히 하면 큰 성취가 있을 것입니다."라고 칭찬해 주셨다. 아마 그러한

큰스님의 격려에 힘입어 나의 입산 인연이 쉬웠는지도 모르겠다.

나는 소천노사님께 의지하여 불법을 공부하다가 출가했고, 큰스님 역시 소천노사님으로부터 많은 공부를 했을 뿐만 아니라 노사 생전에 법을 이은 분이라고 알고 있다. 그런 지중한 법 인연(法因緣)으로 인해서 비교적 나는 큰스님과 가까이 지낸 셈이다.

훨씬 뒷날, 큰스님께서 총무원 일을 하다가 위 절개수술을 하고 거의 회복되어 갈 무렵 맑은 공기 마시려고 오셨다면서 당시 내가 머물고 있던 경기도 의왕시 백운사에 잠깐 오신 적이 있다. 큰스님을 뵙는 순간 무척 기력이 쇠잔하고 창백해 보였다. 나는 걱정이 앞섰다. 너무 염려가 되어 건강을 회복할 수 있는 약(食補)을 준비할까 생각하여 조심스럽게 운을 떼었는데, 그만 무색할 정도로 거절당하고 말았다. 어찌나 부끄럽던지 지금 생각만 해도 다시 얼굴이 붉어짐을 느낀다.

어느 날, 큰스님께 여쭙고 의논할 일이 있어서 나의 도반스님과 함께 큰스님 방에 조심조심 들어갔다. 이야기 끝에 둘이 함께인지라 나는 용기를 내어 개인적인 질문을 하게 되었다.

"스님께서는 남달리 풍부하고 섬세한 예술적인 감성을 지니신 분인데, 그 감성을 어떻게 다스리고 잠재우고 계십니까?" 하였더니 웃으면서 벽에 걸려 있는 긴 염주를 가리키면서,

"저것이 내 악기이지요."라고 하셨다. 그리고는 곧 허리를 세워 자세를 바로 하여 보이셨다. 순간 방안에는 엄숙한 분위기가 감돌았고 한동안 침묵이 흘러갔다……

또 큰스님께서 부산 동래 온천장에 있는 금정사에 계실 때, 예전부터 큰스님을 잘 아는 나의 사형스님과 함께 찾아뵌 일이 있었다. 때마침 오월의 산은 온통 푸르름으로 무성했고 온갖 산새들의 노

래가 끊이지 않고 태양은 싱그럽게 빛나는 날이었다. 방안에 앉아 이야기를 나누기에는 너무나 날씨가 좋았고 호시절이었던지라 자연스레 밖으로 나와 큰스님과 함께 뒷산을 잠깐 거닐었다.

오월의 녹향(綠香)에 젖어 있던 큰스님께서는 간간 옛 시조를 읊조리기도 하고 조사어록의 법문을 일러 주시기도 했다. 기분 좋으신 것을 눈치 챈 우리가 슬쩍 노래 한 곡을 청했더니 무척 쑥스러워하면서도 청년시절에 잘 불렀던 노래를 나지막하게 부르셨다. 아마 우리를 무안하게 하지 않으려고 불렀는지도 모르지만 우리는 큰스님의 노래 솜씨에 몹시 놀랐다. 평소 큰스님의 성향은 밝고 리듬이 있었는데, 역시 밝은 노래 부르기를 무척 즐겨하시는 것 같은 생각이 들었다. 나중에 불광법회에서 노래로 많은 수행을 성취하신 것을 보고 내 짐작이 맞는 것 같아 혼자서 머리를 끄덕여 보기도 했다. 단정하게 회색 두루마기를 차려 입으시고 바람에 옷자락을 날리며 조용히 숲속을 거닐며 법문하고 노래하시는 큰스님의 그 모습, 우리는 조금 떨어져서 바라보고 있었다. 이제 그때의 광경을 다시 떠올려보면 마치 한 폭의 신선도를 보는 것 같은 감회가 인다.

큰스님의 젊은 시절은 유난히도 훤칠했다. 지극히 인간적이면서도 인간을 초월한 모습이었고, 또 지극히 출가 수행자의 위의를 다 갖추었음에도 마냥 메마르기만 한 건조한 모습이 아니었다. 뭐라고 할까, 인간으로서 부족함이 없을 정도로 모든 것을 다 갖추신 분이라고나 해야 할까. 큰스님의 노래는 그런 두 모습을 한순간에 표현한 가장 아름다운 인간상이라는 생각이 든다.

큰스님께서 불러주신 그날의 노래는 무상(無常)을 자각한 한 구도자의 가슴에서 토해내는 숨결이라고 본다. 아니면 이상[菩薩道]의 날개를 펴고 영원을 향하여 비상(飛翔)을 시도하는 몸부림, 부처님께 올리는 뜨거운 공양(信心), 중생구제의 북받치는 열정, 그리고 구도의 길을 가는 위법망구의 서원이 어우러진 합주곡이었을까? 이 글을 쓰면서 다시 그때를 조용히 회상하며 합장해 본다.

또 큰스님께서 금정사 소임을 맡고 계실 때의 일이다. 이것은 내가 큰스님께 직접 들은 이야기인데, 절 밑 동네에 사는 여학생이 죽었는데 절에 49재를 부치고 영단에 위패를 모셨다고 했다. 그때 마침 영단을 수리 중이어서 딴 방에 병풍을 치고 위패를 옮겨 모셨다고 했다. 그러던 중에 구병시식(救病施食)이 들어와 그 병풍을 가져다 쓰고 다시 그 자리에 원래대로 갖다 놓은 일이 있었는데, 아니 어느 날 그 여학생 어머니가 절에 올라와 큰스님께 꿈 이야기를 하는데 죽은 딸이 나타나 "엄마, 스님은 이상해. 내게 있는 병풍을 가지고 간단 말이야. 기분 나빠 죽겠어." 했다는 것이었다. 그 어머니는 큰스님께 "이게 무슨 꿈입니까?" 하고 물었다는 것이다.

큰스님께서는 하나도 틀리지 않는 그 이야기를 다 듣고는 무릎을 치면서 어머니에게 자초지종을 말씀해 주었다.

"그간 절에 사정이 있어서 꿈에서 여학생이 말한 것처럼 정말 내가 그렇게 했어요."라고 하시고는 자리에서 벌떡 일어나 뒷산에 올라가서 들꽃 산꽃을 한아름 꺾어 영단에 올리고, "정녕 네 어린 넋이 여기 와 있구나. 내 시식하는 문구의 뜻을 잘 새겨 줄 터이니 49일 동안 마음을 청정히 하고 정성스럽게 들으라." 했다. 그리고는 매일같이 소녀의 위패를 모신 영단 앞에서 시식문을 새겨가면서 읽어 주셨다고 했다. 드디어 49재를 올리고 며칠이 지난 날, 여학생 어머니가 절에 와서 다시금 큰스님께 정중히 절을 올리면서,

"스님, 감사합니다. 우리 딸이 며칠 전 또 저의 꿈에 나타나 '엄마, 나는 이제 천상세계에 태어날 것이니 절대 슬퍼하지 말고 울지

도 마세요' 하고는 사라졌습니다."고 했다.

어느 해인가 기억이 잘 나지 않는다. 학교를 갓 졸업한 처녀불자 세 명이 내가 있는 백운암에 올라왔다. 알고 보니 큰스님의 법문을 듣고 발심한 서울 아가씨들이었다. 나는 반가워서 얼른 큰스님의 안부를 물었더니, 큰스님께서는 요사이 경기도 남양주 보현사에 들어가셔서 서울에 나오시지 않는다고 했다. 큰스님께서는 사흘간을 법당 부처님 앞에서 꿇어 엎드려 통곡하면서 절규하셨다는 것이었다. 자세히는 모르지만 아마 당시 조계종단이 내부적으로 대립하면서 분규가 심화되어 가는 것을 보고 한국불교의 앞날을 염려하여 큰스님께서는 뼈를 깎는 참회와 서원을 부처님께 올렸던 것 같다. 그렇게 큰스님께서는 사흘 밤을 참회의 울음으로 지새웠고, 그 후로도 수많은 세월 동안 거듭되는 고뇌와 서원의 연속이었다.

큰스님께서는 그 후 일 년쯤 지났을 무렵, 드디어 적수(赤手)로 결연히 일어나 불광법회를 일으켰고, 내지 불광사 지을 땅을 구입하기 시작하여 많은 애로 속에 불광사가 탄생되어 도심 속에 감로법을 적시기 시작하였다. 그야말로 한국불교 대중화를 위하여 큰 물꼬를 트시고 목마른 중생들에게 부처님의 무한한 생명력을 불어 넣으셨던 것이다. 나는 큰스님을 모시고 이 위대한 불사에 동참한 많은 불광 불자님들께 항상 감사드린다. 그 수승한 인연 공덕으로 불광의 수행자들은 반드시 성불할 것을 믿어 의심치 않는다.

한국불교의 현대화에 찬란한 빛을 남기고 가신 큰스님, 지금쯤 어느 별에서 자비의 보현보살로 화현하시어 중생이 다하고 중생의 번뇌가 다할지라도 도무지 그칠 줄 모르는 그 보현대행을 열

어 가실까. 어느 국토에선가 큰스님의 대서원과 큰 신심의 우렁찬
진리행진곡이 힘차게 울려 퍼지고 있을 것이다. 나무마하반야바
라밀 (7권 151쪽)

제8권

인천의 안목

모두 3장으로 구성되었다. 제1장은 4명의 스님들과 4명의
재가불자님들의 기록이다. 제2장에는 큰스님 말년에 지극한 시봉이었던
구품화 보살 석경옥 불자님이 직접 큰스님 곁에서 보고 들은 이야기를
기록했다. 제3장은 스님 2명과 천주교의 신부 2명, 그리고
대학교수와 그의 제자들의 글이다. 사범대학에서 학생을 가르치는
교수가 시봉일기를 읽게 하고 소감문을 쓰게 한 글이다.
교육학적인 의도가 들어 있다.
기타 기자 등 각계각층의 글이다.

열정을 품은 한 마리 학

정법 박광서(正法 朴廣緖) | 서강대 물리학과 교수

1966년 7월, 고등학교 3학년이었던 나는 여름방학을 하자마자 봉은사로 향했다. 방학 한 달을 봉은사에서 지내고 싶어서였다. 대학시험을 준비하는 수험생으로서 웬일인가 의아해 할지도 모른다. 출가? 물론 고1 때 불교를 알고 나서부터 여러 번 심사숙고 해보던 숙제였지만 고3 때는 이미 출가를 일단 보류하고 대학에 진학하기로 맘먹고 있었다. 유학과정을 거쳐 박사과정까지 물리학을 깊이 있게 들여다 본 후에 출가를 다시 생각하기로 한 이상, 고3 여름방학은 시험을 대비한 중요한 시간일 수밖에 없었다.

그런데도 굳이 봉은사를 찾아 나선 것은 내게는 그럴 만한 이유가 있었다. 고등학교 다니면서 불교활동을 했던 룸비니 학생회의 법회에서 여러 번 광덕스님의 법문을 들었는데, 지적이면서도 자비로운 인상과 더불어 젊은 불자들의 사명감과 보살행을 강조하시던 모습이 항상 내 머릿속을 맴돌고 있어서 스님 계신 곳 언저리에서 머물고 싶다는 생각이 무엇보다 강했던 것 같다.

그때만 해도 봉은사는 뚝섬에서 나룻배를 타고 강을 건너 배밭을 끼고 황톳길을 한참 걸어야 갈 수 있는 절이었으니 지금의 강남 지형으로는 감을 잡기조차 어렵다. 지금도 그렇지만 봉은사는 도심에 있는 다른 절과는 달리 주위의 넓은 경관과 시원스럽게 뻗은 나무들 때문에 탁 트인 느낌을 주었다. 다래헌(茶來軒)은 1970년대 초반 법정스님께서 머무시던 집으로 별 볼품은 없었지만 내가 대학생 시절에 즐겨 찾아갔던 정겨운 곳이었는데, 지금은 봉은선원(奉恩禪院)이 들어서서 옛 모습을 찾을 수 없어 무척 아쉽다.

절 바로 아래 동네, 사하촌(寺下村)에는 개가 문턱에서 졸고 있는 한가한 구멍가게도 있었고, 술을 파는 곳도 있었던 것으로 기억나는데, 이것 역시 수 년 전 아셈 때문에 사라졌다. 일주문을 나서서 논밭과 소나무 숲 사이를 20여 분 걷다 보면 왕릉이 나오는데 그것이 지금의 선릉이리라.

나는 광덕스님께 다짜고짜 한 달만 살게 해달라고 말씀드렸고, 스님께서도 조용히 바라보시더니 절 생활을 잘 해내겠느냐고 물으셨고, 내가 할 수 있다고 말씀드리니 별 이의 없이 받아 주셨다. 며칠 후 나는 그 당시 서울 시내의 한 달 하숙비에 해당하는 금액인 쌀 일곱 말 값을 마련하여 봉은사 생활을 시작했다. 주로 대웅전 왼쪽에 있는 운하당(雲霞堂)에서 기거를 했지만, 가끔은 심검당(尋劍堂)에서 잠을 자기도 했다.

나는 그저 절에 사는 게 좋았다. 졸음이 가시지도 않은 채 스님들 사이에 끼어 하는 새벽예불도, 조용하고 한가로운 경내를 산책하는 것도, 가끔 스님들로부터 듣는 절집 애기도, 스님들과 함께 채소 다듬고 불 때는 일도, 채식공양도, 설거지도 모두 내겐 왠지 익은 일들이고 즐겁기만 했다. 마치 전생에 출가했던 인연이 있었던 것처럼. 광덕스님께서는 가끔 내게 지내기가 괜찮은지, 공부는 잘 되는지 물어보시곤 하면서 보살펴 주셨고, 어떤 때는 불교 애기도 자상하게 들려주시면서 푸근한 미소로 내 마음을 편하게 해 주셨다.

그때 광덕스님께 친구 한 명을 데리고 와서 함께 지내도 좋으냐고 여쭀는데, 그 학생도 나처럼 믿어도 되겠느냐고 물으시기에 속으론 불안했지만, 그렇다고 얼버무린 뒤 함께 절로 들어와 지내게 되었다. 그 친구 역시 고3이었는데, 신심 있는 불자도 아니었고 모범생은 더욱 아니었지만, 중학교 시절부터 친했던 친구이고 그 부모님과 누님께서 나와 여름 한 달이라도 같이 지내면, 그것도 절에서 지낼 수 있게 한다면 불량기가 조금은 빠지지 않을까 싶어 내게 신신당부한 결과이다.

나도 사람 하나 만들어 보려는 욕심에 여러 가지 궁리하면서 마음을 잡아보려고 애를 썼다. 그러나 내 친구는 처음엔 뭔가 달라지기도 하고 어떻게든 차분히 공부하면서 지내보려고 노력하는 모습을 보이더니, 며칠 못 가서 밤이 되면 아래 동네에 내려가 술을 한 잔 걸치고 들어오기도 하는 등 나를 몹시 당황하게 만들었다. 절에서 술까지 마시고 밤늦게 몰래 들어올 때마다 광덕스님께 면목이 없어서 혼자 애만 태우곤 했는데, 그래도 스님께선 아시는 것 같은 눈치였는데도 한번 약속한 것을 서로 신뢰해 보자고 생각하셨는지 아무 말씀 안 하시고 끈기 있게 기다리셨던 같다. 결국 그 친구는 열흘도 못 넘기고 지루하다면서 스스로 집으로 돌아가 버리고 말았지만, 지금도 그 생각만 하면 스님께 죄송한 마음이 들고 한편 그 너그러움에 감사할 따름이다.

봉은사에 한 달 가량 있으면서 안 봤으면 좋았을 일을 겪기도 했다. 그것은 봉은사 총무스님과 취객과의 싸움이었다. 매미소리만 경내에 가득한 나른한 주중 어느 날 오후, 갑자기 절 마당에서 큰 소리가 나기에 나가보았더니 두 부부 포함 네댓 명의 사람들이 웅성거리고, 그중 한 명은 대낮인데도 얼굴이 벌겋도록 술을 마신 상태로 아예 선불당(選佛堂) 마루에 큰 대자로 벌렁 누워서 고래고래 소리를 지르고 있는 게 아닌가. 젊은 스님 한두 분이 이러시면 안 된다면서 달래기도 해보았지만, 막무가내라 어쩔 줄 몰라하고 있었다.

오가는 얘기로 대충 짐작해 보니 친구 부부끼리 뚝섬을 건너 봉은사로 놀러왔고, 아마 일주문 안으로 들어와서 술자리를 펴고 준비해 온 고기 안주에 술을 마시며 시끄럽게 떠들어댔던 모양이다. 젊은 스님이 말렸지만 듣지 않았고, 나중엔 사찰의 실무 책임자격인 총무스님이 나서서 경내에서 이러면 안 되니 돌아들 가시라고 해도 오히려 점점 큰 소리로 중이 사람 무시한다느니, 하면서 되지도 않는 떼를 쓰다가 서로 좋지 않은 말이 오간 것 같고, 드디어는 선불당까지 와서 마루에 벌렁 누워버린 것이다. 물론 같이 온 일행 중 말리는 이도 있었지만, 또 어떤 이는 스님네가 자비롭게 봐주지 않고 성질을 돋군다는 말로 더 부채질까지 했다. 그런데 그 다음이 문제였다.

여러 번 일어나 가라고 하는 총무스님의 말에 "중이 사람을 내쫓아? 내가 누군지 알아? KCIA도 몰라, KCIA?" 하면서 더욱 화를 북돋우는 게 아닌가. 여기가 어딘데 함부로 눕느냐고 목소리를 높이던 총무스님은 더 이상 참지 못하고 누워 있는 취객의 어깨를 발로 살짝 걷어찼는가 보다. 그러자 기다렸다는 듯이 "중이 사람을 찬다? 내가 그냥 갈 줄 아느냐. 어디 또 한번 차보시지?" 하더니 스님의 가사장삼을 붙잡고 마루에서 끌어내려 밀고 밀리면서 마당까지 내려와 옥신각신하였다. 참 난감하다 싶었는데, 그 순간 총무스님은 선불당 마당을 가로질러 건너편에 있던 조그만 창고에서 삽을 하나 들고 나오더니 그 취객의 팔뚝을 내리치는 게 아닌가. 취객의 팔에선 피가 낭자하고 모두가 놀라서 우왕좌왕하고 있는데, 그 총무스님은 방에 들어가더니 승복을 벗고 신사복으로 갈아입은 뒤 빵모자까지 쓰고 금방 사라졌다. 모든 게 순식간의 일이었고 어떻게 이런 일이 있을 수 있는지 나로선 도저히 이해할 수 없었다.

알 수 없는 일이다. 아무리 사찰 경계가 명확하지 않았다 해도 분명 일주문을 들어왔으면 경내인데, 일반인이 절 안에서 고기안주로 술을 마시면서 떠들어대다니, 선불당이면 19세기 불교 건축양식이 잘 보존된 서울시 유형문화재인데 그 유명한 건물 마루에 취한 채 누워 고래고래 소릴 지르다니, 그리고 당시만 해도 군사독재 시절이라 중앙정보부라면 모두가 숨죽이던 시대라고는 하지만 스님께 KCIA 운운하면서 윽박지르다니……. 모든 게 잘못 돌아가고 있었다. 사찰과 스님에 대한 생각이 그 정도밖에 안 되는 사람들이 어쩌면 지금보다 더 많았던 시절이 아닌가 싶기도 하다.

그리고 더 놀랐던 것은 그 총무스님의 실체이다. 도대체 스님이라는 분이 아무리 싸움이라고는 하지만 어떻게 삽으로 사람을 칠수 있는가. 며칠 있는 동안 내가 본 그 총무스님은 키도 나보다 작은 체구였고 말이 거의 없던 조용한 스님이셨는데, 어디서 그런 포악한 행동이 나올 수 있었는지, 어떻게 그렇게 당황한 기색도 없이 날렵하게 옷을 갈아입고 내뺄 수 있었는지…….

그러나 나중에 들은 얘기지만, 그 총무스님은 보통 스님이 아니었던 것 같다. 태권도 몇 단에 합기도 몇 단 되는 유명한 조직폭력배 중간 보스였다는 소리를 듣고 깜짝 놀랐다. 그러니까 5·16 군사정변 후 사회정화를 기치로 깡패 소탕을 한 적이 있는데 그때 많은 조직폭력배들이 산 속으로 들어왔고 일부는 머리를 깎고 출가자 노릇을 하면서 숨어 살았다. 몇 년 지나 분위기가 누그러지면서 대부분 속세로 돌아갔지만, 일부는 출가생활이 익숙해져 그대로 절에 남아 있는 경우도 있었다. 물론 그런 이력의 스님들 중 일부는 정말 세속의 인연이 덧없다, 불교의 가르침이나 수행생활이 더 멋

있게 사는 길이라고 받아들인 경우도 있었을 것이고, 또 일부는 세상으로 나가봐야 살기가 더 힘들 뿐더러 절 생활 해보니 모두들 와서 절하고 공경하지, 용돈 주지, 뭐 이렇게 한 평생 사는 것도 나쁘지 않겠다 싶어 눌러 앉은 경우도 있었을 것이다. 후자의 경우 극소수는 자신의 이익을 위해 폭력의 전력을 활용하여 교단을 어지럽히는 무리가 생겨났으니, 사찰에 일만 생기면 폭력으로 해결하려는 풍토가 생겼고 심지어는 돈 많이 들어오는 절을 접수하는 데 직접 관여하는 배후세력이 되기도 했으니, 그 후유증은 우리가 익히 알고 있는 대로 현재도 뿌리가 완전히 뽑히지 않고 늘 불교발전의 발목을 잡고 있지 않은가 싶다. 과연 불교계의 이 업은 언제 끝나려는지…….

그 총무스님은 평소 말이 적고 편안한 느낌을 주던 스님이었던 것으로 보아 그런 대로 전자의 정상적인 스님의 모습이었다고 기억한다. 하긴 머리 깎은 지 5년이 넘었으니 이제 차분히 절 생활이 몸에 뱄음직도 하지 않은가. 그런데도 어떤 경계에 다다르면 역시 업(業)과 습(習)을 떨치지 못하는 것일까? 지금도 그때 총무스님을 생각하면 업력이 무섭다는 생각을 떨칠 수가 없다.

아무튼 그날 저녁에 서울 시내에서 돌아오신 광덕스님의 반응이 몹시 궁금했다. 화를 내실까, 한숨을 쉬실까, 아니면 모른 체 하실까? 역시 큰스님답게 내색은 안 하시는 것 같았지만, 속으로는 여러 가지 착잡한 마음이시라는 걸 느낄 수 있었다. 불교인 모두의 업보가 두렵고 마음이 아프신 것이다. 그럴수록 더 열심히 바르게 사시면서 불교의 진수를 널리 펴야겠다고 다짐하셨을 게다. 그것만이 우리의 공업을 지우고 새로 태어나는 유일한 길이라고 확신하셨고, 그러기에 나머지 일생을 중생교화에 진력하실 수 있지 않았을까.

봉은사에서의 인연 이후 대학시절에도 가끔 종로에 있는 대각사에서 법문을 들을 기회가 있었지만, 그 후 다시 뵙게 된 것은 1980년대 후반 송파 불광사에서였다. 외국에서의 9년 생활을 포함하여 실로 20여 년이나 뵙지 못해서 혹시 기억하지 못하시지 않을까 했는데, 스님께서 나를 알아보시고 불자 교수로서 해야 할 일이 많다 하시며 좋은 일을 꾸준히 해가라고 역시 자상하게 격려해 주셨다.

그동안 내 기대보다 훨씬 큰 불사를 일구시고 많은 불자들의 공경을 받고 계셔서 반갑기도 했지만, 건강이 많이 약해지신 모습을 뵈니 마음이 저려왔고, 도심포교의 문을 활짝 여신 큰스님의 뜻을 과연 누가 그 뒤를 이어 더욱 융성하게 해갈지 걱정되기도 했다. 그 후 나도 재가불교운동을 한답시고 애를 써오기는 했지만, 그래도 광덕스님 같은 큰 어른께서 가까이 계시다는 것 때문에 언제든지 찾아뵙고 좋은 말씀을 들을 수 있다는 것만으로도 힘이 되곤 했는데, 이제 막상 이 세상에 계시지 않는다고 생각하니 생전에 더 자주 찾아뵙지 못한 것이 못내 아쉽다.

그러나 어쩌랴, 큰스님의 원력을 이어가는 것은 우리 불자 모두의 몫으로 남겨진 것을. 오늘도 보현행원의 사표이신 광덕스님의 그림자라도 닮아가도록 하는 것 외에 무슨 다른 길이 있으랴.

내가 불교를 접하고부터 광덕 큰스님을 가까이서 뵐 수 있었던 것은 나로서는 큰 행운이자 복이 아닐 수 없다. 학생시절부터 나의 서원이 우리 불교가 이 사회를 보듬고 이끌어 가는 종교로 새롭게 우뚝 서는 것이었고 지금도 그 원력이 꺼지지 않는 것은, 광덕스님의 중생에 대한 자비심과 불교의 미래에 대한 확신과 끝없는 애정, 그리고 싫증도 지칠 줄도 모르는 보현행에 대한 신뢰와 공경이 깊은 밑거름이 되었음을 부인할 수 없다. 광덕스님은 한때 출가를 생

각했던 내게 출가를 하면 어떻게 살아야 하는지를 보여주신 모델
이셨다. 지적이면서도 푸근하셨고 조용하면서도 열정적인 구도자요
포교사로서 많은 불자들에게 꺼지지 않는 큰 등불이셨다.

　지금도 우리 불자들의 마음속에 열정을 품은 한 마리의 학으로
살아 계시는 광덕스님을 생각하면서 마음을 다시 추슬러 본다. (8
권 46쪽)

스님의 그늘

구품화 석경옥 | 불광사 신도

•••• 어머니

"구품화 보살님,"

"네, 큰스님!"

"도포가 뭔지 알아요?"

"네, 알고 있습니다."

"우리 어머님은 그전에 도포까지 만드실 줄 알아서 동네에서 큰일이 있으면 불려 다니시며 바느질도, 음식도 모두 맡아서 동네 일을 돌봐 주셨어요."

누구나 그러하듯 큰스님께서도 어머니를 떠올리실 때면 가뜩이나 맑고 어린이처럼 천진하신 분께서 더욱더 동심으로 돌아가 활짝 웃으며 어머니 이야기를 즐거이 들려주시곤 하셨다.

겨울에 무김치를 아주 맛있게 넉넉히 담가서 동네 사람들이 모두 다 퍼다 먹었다는 일화. 또 손칼국수도 아주 잘하셔서 아들이 오기 전 삶아 건져 소쿠리에 담아 놓았다가 국물에 말아주시는데, 어찌나 맛이 있던지 포식했다는 어린 시절의 흐뭇한 이야기. 평소 어머니께서는 틈만 나면 책을 읽으셨고 붓글씨를 쓰시곤 하셨다는 정경. 또 큰스님이 기억하고 있었던 어머니와의 짧은 대화 한 토막.

"네가 책을 아무리 많이 읽어도 나만큼은 못 읽을 거다."

그 당시 소년이었던 큰스님은 지금의 서울 한국은행 뒤 도서관에서 찌는 듯한 여름 날씨에 옷 위로 땀이 배어 나와 소금이 되어 굳어 버릴 정도로 책을 열심히 보셨다고 했다. 그때는 냉방기구는

204

물론 선풍기마저도 없었던 때였으므로 더우면 더운 대로 묵묵히 책만 읽었던 것이다. 아무리 더워도 더운 것을 전혀 못 느끼고 오로지 독서삼매에 빠져 있었다. 그런 아들이 대견하기도 하고 또 한편 고생하는 모습이 애처롭기도 했던 모정의 표현을 그렇게 했으리라고 했다. 실지로 큰스님 어머님께서 보시던 책들은 골방으로 가득 차 있었다고 큰스님께서 기억을 살려 말씀하셨다.

인자하시고 고결하시고 섬세하신 어머님께서 돌아가실 즈음 큰스님은 잠시도 어머님 곁을 떠나지 않고 병간호를 했는데, 하나밖에 없었던 아들인 큰스님께 유언으로 남기신 마지막 말씀은,

"사람은 물질의 노예가 되어서는 안 된다. 사람을 사람답게 소중하게 보고 대하는 훌륭한 인격을 갖춘 사람이 되기를 부탁한다"라고 하셨는데 그 교훈을 마음 깊이 새겼다고 말씀했다.

그리고 어머니의 유언을 평생의 좌우명으로 삼았다고 큰스님께서 토로하신 적도 있었다. 그러한 어머니에 대한 말씀 중에도 어머니에 대한 자랑스러움이 큰스님 얼굴에 만면한 것을 느꼈다. 그때는 마치 소년 같았다. 도저히 칠십이 넘은 고령의 노인이 아니었다. 그러나 어떤 때는 어머니 생각을 하고는,

"우리 어머니는……."

하고 목이 메이는 것을 간혹 볼 수 있기도 했다.

한번은 내가 자동차를 운전해서 어디로 모시고 가는 도중에 우연히 라디오를 켰더니 마침 '불효자는 웁니다'라는 대중가요가 흘러나왔다. 큰스님께서 대중가요에 대해 어떻게 생각하실까 하는 약간의 염려도 있었지만, 그대신 소리를 살짝 낮추었다. 그렇게 한참이 지났는데 뭔가 차 안 분위기가 심상치 않아서 뒷자리를 비치는 거울을 통해 큰스님을 바라보는 순간, 나는 당혹스럽고 민망하여

어쩔 줄을 몰랐다.

평소에 위엄 있고 무서웠던 큰스님께서 소리 없이 울고 계셨다. 큰스님의 두 눈에서 굵은 눈물이 주르르 볼을 타고 흘러내렸고, 형언할 수 없는 슬픔에 휩싸여 하염없이 울고 계신 것이었다. 늙고 병든 한 노인이 어머니가 그리워 어린아이처럼 울었고, 평소 근엄하고 엄숙하기만 했던 큰스님이 돌연 어린 소년이 되어 어머니를 보고 싶어하는 사모(思母)의 고귀한 인간 감정을 감추지 않고 있었다. 미처 영문도 몰랐던 나는 라디오 켠 죄로 고개를 숙인 채 앞만 바라보고 운전대만 꽉 움켜쥔 채 달리고 있었다. (8권 101쪽)

●●●●● 화두

큰스님을 친견하고자 하는 분들은 각 분야에 종사하는 다양한 직업을 가진 분들이다. 불교에 뜻을 두고 공부하시는 분 외에도 개신교, 천주교, 학자, 교육자, 사업가, 정치가 등등 그밖에도 많은 분들의 내방이 끊이지 않았다. 큰스님은 건강이 어느 정도만 허락되면 그 모든 분들을 예외 없이 따뜻하고 친절하게 맞이하셨다. 그러나 큰스님의 건강이 악화되면 부득이하게 내방객들에게 정중하게 양해를 구했고 충분한 설명을 드렸다. 물론 큰스님께서 모르게, 또 허락 없이 몰래 저질러지는 일이었다.

평소 큰스님은 불광사까지 찾아 주신 분들에 대한 예의와 도리를 갖추기 위해서라도 꼭 만나려고 하셨지만 건강의 악화를 막기 위해 부득이 큰스님께서 바라지 않는 일을 우리는 해야 했다. 무리한 만남으로 인해 큰스님께서 나중에 힘들어하시는 것을 곁에서 안타까운 마음으로 바라보기만 하는 것보다 상좌스님들이나 내가 비록 염려를 듣는 일이 있어도 정중히 방문을 사절하는 것이 훨씬 좋다는 매우 실리적인 계산을 했던 것이다. 우리가 판단하기에 큰스님께서 그 많은 사람을 다 만나기에는 도저히 건강이 따라주지 않기 때문이었다.

그날도 사무실에서 인터폰이 와서 받아보니 가끔 찾아뵙고 인사를 올리는 선방 스님이 큰스님을 친견하고 싶어한다는 내용이었다. 큰스님께 여쭙자 고개를 끄덕이시기에 올라오라고 전했다.

누구나 그러하듯 그날 찾아온 선방 스님도 큰스님을 찾아뵙고 인사를 올리는 순간 가슴에 뜨거운 느낌을 받는 것 같았다.

대부분의 사람들 얘기에 의하면 큰스님을 뵙는 순간, 무슨 말씀이 오고가기 전에 큰스님 모습에서 벌써 어떤 법문보다도 더 큰 감동을 느낀다고 했다. 큰스님의 온화하고 자애 어린 모습이 연꽃 같다는 사람, 부처님 같다는 사람, 부모님 같다는 사람, 청초하다고 하는 사람, 자비가 몸에서 주르르 흐른다는 사람 등등이 있는가 하면, 절하면서 자꾸만 눈물만 흘리는 사람들도 있었다.

그날 선방에서 해제하고 찾아온 젊은 스님도 인사 올린 다음, 한동안 아무 말 없이 무릎을 꿇고 앉아만 있었다. 아마 자기를 추스르는 것 같았다. 그러자 큰스님께서 먼저 말씀을 꺼내셨다.

"수좌는 공부 잘하고 있나?"

"예, 열심히 하고 있습니다."

"그동안 선방에서 몇 철을 보냈나?"

"이제 세 철 보냈습니다."

"결제, 해제를 구분하려고 하다가는 금방 나이 먹고 늙어가는 거야."

그러자 그 젊은 스님은 한참 머뭇거리다가,

"큰스님, 저어…… 사실은 공부하는데 산란심이 자꾸 생겨서 화두를 한번 바꾸어 보려고 큰스님께 화두 하나 주십사 하고 이렇게 찾아왔습니다.”

그러자 큰스님께서 곧 다음과 같이 일러주셨다.

“화두에 무슨 가격표가 있다고 바꾸려고 하나. 화두를 바꾼다고 공부가 달라지나? 조주스님의 ‘뜰 앞의 잣나무’나 약산유엄 선사의 ‘구름은 청천에 있고 물은 병에 있다’는 화두나 그 밖에 천칠백 공안이 있다고 하지만, 문구마다 해석을 하려고 하고 분별을 하려고 하면 도는 십만 팔천 리나 멀리 도망가는 거야. 자네가 가지고 있는 도의 그릇에 도를 통째로 들이붓는 것이 화두야. 화두는 이론이나 상황, 방법을 뛰어넘은 한계 밖의 소식인 거야. 그렇기 때문에 화두를 대하매 내가 지금까지 얻어들어서 쌓아 놓았던 지식과 알음알이의 철갑 옷을 철저히 벗어 던지고, 내 몸 안에 망념의 독소를 내포한 세포 하나하나까지 몰살시켜서 없어질 때, 화두는 진정한 나와 하나되어 주체적으로 파악이 되는 거야. 그렇게 되면 눈을 들어 보이는 것, 귀를 열어 들리는 것 모두가 화두 아닌 것이 하나도 없는 거야.”

그 순간 젊은 스님의 눈은 빛났고 예리한 광채를 뿜어냈으며 얼굴은 갑자기 굳은 의지와 용맹스러움으로 발갛게 홍조를 띄었다.

“큰스님, 법체 불편하신 데도 불구하시고 귀하신 시간에 귀하신 법문 정말 감사합니다. 이제 제 눈이 활짝 열렸습니다. 참으로 감사합니다.”

하고 그 젊은 스님이 일어서려 하자 큰스님의 말씀이 이어졌다.

“그러나 화두를 받아서 제대로 공부가 되지 않는 사람을 위해서, 혹은 여건상 선방에 가지 못하는 대부분의 대중들에게 나는 ‘마하반야바라밀’을 염하라고 하고 있어. 어쩌면 평생 화두를 붙잡고 씨

름하다가 세월만 보내는 것보다는 좀더 쉬운 방법일지도 몰라. '마
하반야바라밀'을 일심으로 염해서 지혜를 깨달아 보살행에 이르게
하는 길 말일세."

"예, 큰스님 대단히 감사합니다."

여러 번 이마를 땅에 대고 지극한 공경례의 인사를 올린 뒤 그
스님은 물러갔고 나는 그 젊은 스님 덕분에 많은 은혜를 입게 되었
다. (8권 113쪽)

사리

종정이셨던 해인총림 방장 성철 대종사께서 열반하셨다는 소식
이 도피안사에 급히 전해 왔다. 나는 그 소식을 들은 즉시 큰스님
께서 거처하시는 내원으로 달려가서 전해 올렸다.

큰스님은 아무 말씀도 않으시고 가만히 앉아 계시기만 했다. 평
소에 일찍이 볼 수 없었던 큰스님의 특별한 모습이셨고 표정이었다.
등 굽은 큰스님께서 학같이 긴 목을 세워서 앉아 계시는 모습을 뭐
라고 표현해야 할지 모르겠다. 망연자실하여 눈의 초점은 허공에 있
었고 얼굴색은 침울하여 비감한 기색이 가득했다. 그러면서 간혹 알
아들을 수도 없는 한숨 섞인 몇 마디를 흘리는 것이 전부였다.

종정이신 성철 대종사께서는 종단을 대표하는 어른이기도 했지만
개인적으로 불광의 큰스님과는 사형제지간이셨다. 속인인 내가 잘
모르기는 해도 스님들의 사형제간이라고 해도 모두 친한 것은 아닐
테지만 두 분 사이는 매우 특별한 것 같았고 말로 다 표현할 수 없
는 친분이 형성되어 있는 것 같았다. 내가 곁에서 느끼기에도 두 분
의 사이는 참으로 남다른 점이 하나둘이 아니었다. 그래서 성철 대

종사님의 갑작스러운 입적 소식을 전해 들으시고는 일찍이 한번도 볼 수 없었던 수연한 표정으로 오랫동안 침묵하셨던 것 같다.

큰스님의 침묵은 성철 대종사님의 다비식이 다 끝나고도 한동안 계속되었다. 그동안 유일하게 하신 한마디는 처음 입적 소식을 전해 올렸을 때였다. 오랫동안 양구(良久)하고 있다가 힘들게, 아주 힘들게 곁에 사람도 들릴락 말락한 혼잣말로 이렇게 운을 떼었다.

"노장님이 가셨으니, 이젠 누구한테 궁금한 걸 의논해야 하나. 안타깝고 답답하구나."

그런 바로 다음 날, 큰스님은 아픈 육신을 겨우겨우 일으켜 세워 생전에 그렇게 각별하게 의지했던 백련암 큰스님과의 영별을 위해 자동차 편으로 해인사를 향했다. 해인사까지는 건강한 사람에게도 짧은 거리가 아니었다. 하물며 큰스님의 건강 상태로는 몹시 힘들고 벅찬 거리였는데도 쉬지 않고 달려 주기를 원하셨다. 큰스님은 내려가는 차 안에서도 줄곧 한마디 말씀도 없었고, 처음 앉은 그대로 똑바로 앞만 응시한 채 돌장승처럼 앉아 계셨다. 성철 대종사와의 사이에 있었던 지나간 일들을 회상하시는지, 대종사가 떠나신 뒤의 종단을 염려하고 걱정하시는지, 큰스님의 속마음을 나로서는 전혀 알 수 없는 일이지만 눈을 맑게 뜨시고 하염없는 생각에 잠겨 있는 모습만 쳐다보았다.

그해 여름, 큰스님을 모시고 경남 함양에 침을 맞으러 갔다가 올라오는 길에 해인사 백련암에서 대종사를 뵌 적이 있다. 그때 곁에서 두 분의 태도와 표정을 살펴보니 평소 내가 생각하고 듣던 것 이상의 친분과 지음(知音)을 볼 수 있었고, 느낄 수 있었다. 백련암 대종사께서 우리 큰스님을 그렇게 좋아하실 수가 없었다. 속세의 친한 사이에서도 도저히 볼 수 없는 장면이 내 눈앞에 펼쳐졌다.

불성을 서로 대면하는 반가운 모습이라고나 할까, 아니면 보살과 보살이 만나는 법열의 장면이라고나 할까, 그도 아니면 천하의 일인자들이 만나는 고도의 높고 높은 경지라고나 할까, 아무튼 속세의 좁은 눈으로는 감당이 안 되는 광경이었다.

나는 솟구쳐 오르는 터질 듯한 호기심을 지긋이 누르고 시종일관 침착하고 자세하게 눈에 띄지 않는 한쪽에 비켜서서 두 분 사이를 살폈다. 우리 큰스님도 연세가 높고 병약하여서 또래의 다른 큰스님들보다 훨씬 더 노인 같아 보였는데도 대종사님께서는 연신 어린아이 대하듯 천진하게 웃으면서,

"광덕이 왔구나. 그동안 더 노인이 됐네. 나보다 더 늙었어, 허참." 하셨다. 경상도 서부지역의 독특한 사투리로 아주 빠르게 말씀했다. 대종사님의 말씨가 너무나 독특하셔서 나는 거의 알아듣지 못했다. 그래도 나는 호기심 가득한 눈초리로 혹시나 한마디라도 놓칠세라 아연 긴장하여 두 분 사이의 태도와 표정을 처음부터 끝까지 주시하고 있었다.

대종사님과 큰스님과의 만남을 그 후로도 몇 번이나 더 목격했던 나는 큰스님의 말할 수 없는 슬픈 심정을 어느 정도는 짐작할 수 있었다. 언제 만나든지 대종사님께서 우리 큰스님을 대하는 태도는 한결같았고, 우리 큰스님 또한 대종사님보다 더 하면 더 했지 조금도 부족한 느낌이 들지 않을 정도로 각별하고 공경을 다했다. 재가의 불자인 내가 생각하고 느끼기에도 두 분 사이가 한없이 부러웠고 그 장면을 보는 것만으로도 내가 마치 불보살님들의 회상(會上)에 서 있는 듯 기쁘기 한량없었다. 오히려 큰 행운이라는 감사의 생각이 마음 저 밑에서부터 솟아올랐다. 그러한 두 분이었기에 대종사님의 입적이라는 하늘 무너지는 일 앞에서 우리 큰스님

께서 무슨 말씀을 더 할 수 있었으랴. 그때 우리 큰스님께서 할 수 있는 유일한 일은 침묵밖에 없었으리라는 생각을 다시 해본다.

그래서 해인사로 향하는 차 안에서 큰스님은 미동도 않으신 채 허공만 바라보면서 길을 재촉했을 것이다. 큰스님은 오직 마음을 다해 대종사님을 의지했고 따랐으며 불사를 의논하고 뜻을 함께 했기에 대종사님 입적은 커다란 아쉬움과 상실감으로 가득했을 것이다. 그러했던 두 분만의 관계를 누가 다 헤아릴 수 있으며 짐작이나 할 수 있었을까. 그러기에 우리 큰스님은 말을 잊어버리고, 웃음을 잊어버리고, 몸의 고통마저 잊어버리신 채 마냥 해인사로 향하는 발걸음만 거듭 재촉했던 것이라고 본다.

점심공양도 거르신 채 줄곧 달려서 해인사에 도착하니 많은 조문객들로 절은 가득했다. 현직 종정의 입적은 바로 종단장이었기에 그 준비로 모두가 바쁘게 움직이고 있었고, 오히려 잔칫집을 방불할 만큼 사람들의 손길이 분주하게 돌아가고 있었다. 겉으로 보기에는 잔치를 준비하는 곳처럼 사람들의 발걸음이 쉴 사이 없게 움직였지만 내면의 긴장된 모습에서는 모두가 비통과 상실을 산처럼 안고 있었다. 절 한쪽에서는 영결식 장엄에 비구니 스님들이 꽃을 다듬고 있었다.

큰방에는 성철 대종사님의 생전 모습 그대로인 영정을 모셔 놓고 수많은 신도들이 줄을 서서 합장 분향을 올리고 있었다. 나는 큰스님 뒤에 서서 지극한 마음으로 대종사님 진영에 예배를 올렸다. 큰스님은 어찌나 마음을 다해서 예배드리시는지 뒤에서 그 모습을 얼핏 보기만 해도 눈시울이 뜨거워졌다. 상주 스님들이 인사를 하고 자리를 권해도 한마디 말씀도 하지 않고 바로 돌아서서 차에 올랐다. 상주들이라고 해도 모두 우리 큰스님 마음 같지는 않을 것이다. 망극한 슬픔 앞에 언어는 아무 소용없는 것이다. 언어가 도달하지 못하는 곳의 심정을 어찌 말 몇 마디로 얼버무릴 수 있겠는가 말이다. 그래서 큰스님은 아무런 말씀도 하지 않았고 또 할 수도 없었던 것이리라.

해인사에서 김천 가는 길로 접어들어서야 내가 점심공양 걱정을 했더니, 길가에 있는 음식점에서 된장찌개 하나로 때늦은 점심공양을 했다. 국물로 간단히 목만 축이신 큰스님은 해인사로 내려갈 때처럼 쉬지 않고 다시 안성 도피안사로 향했다. 절에 돌아와서도 침묵과 집중으로 그날 밤을 보냈다.

그로부터 하루가 지난 대종사님 다비식 전 날, 큰스님은 다시 해인사로 내려가셨고 역시 아무런 말씀 없이 절하고 우두커니 서서 대종사님을 한참 바라보시다가 곧바로 되짚어 도피안사로 돌아오셨다. 어떻게 보면 왜 가셨는지도 모를 일처럼 돌아오셨던 것이다. 잠깐 서 있기 위해서 거기까지 달려가신 것일까 하는 의문이 들 정도였다. 그렇게라도 하지 않고는 도저히 큰스님 스스로의 마음을 달래기가 어려웠던 것이 아니었나 짐작해 볼 뿐이었다.

세 번째 걸음은 대종사님의 다비식이 다 끝나고 초재를 모시기 전이었다. 역시 나와 시자스님이 같이 큰스님을 모시고 내려갔는데 경향 각지의 수많은 신도들이 열을 서서 한창 대종사님의 사리를 친견하고 있었다. 큰스님은 대종사님의 진영에 예배드리고 바로 돌아 나오셨다. 나는 큰스님께서 당연히 대종사님의 사리를 친견하시리라고 생각하면서 그쪽으로 발길을 옮기고 있었는데 뒤에 계시던 큰스님께서,

"노장님이 환영하지 않을 일이야."

하시고는 발걸음을 법당 밖으로 향하셨다. 큰스님의 깊은 뜻을

모르는 나로서는 대종사님의 사리가 궁금했고 또한 친견하고 싶었는데 그만 못하고 발길을 돌렸으니 무척 아쉽고 섭섭했다. 도피안사로 올라오는 차 안에서 사리 친견 안 한 까닭을 조심스럽게 큰스님께 여쭈었다. 말을 해 놓고도 상좌스님과 나는 행여 염려 듣지 않을까 조마조마한 심정으로 큰스님의 눈치만 살피고 있었다. 그러나 우리의 걱정과는 달리 큰스님은 비교적 자상하게 응답해 주셨다.

"사리란, 흔히들 말하기를 믿음의 결정체라고 말하기도 하고 수행의 표적이라고 말하기도 하지. 그러나 엄밀하게 분석해 보면, 인간의 몸속에서 타다 남은 물질도 따지고 보면 그 몸을 벗어난 존재일 수는 없어요. 견고해서 타지 않고 남아 있을 뿐 그 이상의 의미를 부여해서 집착하는 것, 역시 상을 여의고 상을 보지 말라는 부처님 말씀에 어긋난다고 보아요. 『금강경』을 한 번만 읽어도 사리에 대한 해답은 이미 명백하게 나와 있어요. '일체 함이 있는 모든 법은 꿈이며 환이며 물거품이며 그림자 같으며 이슬과 같고 또한 번개와도 같으니 응당 이와 같이 관할지니라.' 이런 명백한 결론을 내주신 부처님 말씀으로 보면 사리에 지나친 관심은 두지 않아야 된다고 생각해요. 사리 이야기가 나온 김에 말하겠지만 내가 죽더라도 사리는 남기지 않을 테니까, 아예 사리는 찾을 생각도 하지 말라고 해요."

훗날, 과연 큰스님은 1과의 사리도 남기지 않으셨다. 비단 말과 행동이 일치한 것은 이 일뿐만 아니었다. (8권 131쪽)

오랜 가뭄에 내리는 단비

조연현 | 한겨레신문 문화부 기자

『광덕스님 시봉일기』를 읽으면서 목이 메었다. 가슴엔 가랑비로 촉촉이 젖는 느낌이었다. 한량없는 사랑의 눈길로 제자를 바라보는 스승과 그 스승에 대한 경외감과 환희심으로 스승을 바라보는 눈과 눈이 내 가슴에 박혀 눈물의 강을 이루었다.

말이나 글이 감동을 주는 것이 아니다. 아무리 수려한 문체라도 진심이 담겨 있지 않으면 감동을 줄 수 없다. 광덕스님께서 '반야가 무엇이지' 하고 물었을 때, 당시 송암수좌는 '제법실상'이라고 답했고, 이에 대해 스님께서는 '교학적'이라고 평했다.

이제 송암스님은 이 책에서 반야를 교학으로 전하지 않았다. 반야를 말로 하거나, 글로 쓰지 않고, 다만 스스로 빛이 되어 아름다운 삶을 비춰주고 있다. 말이나 글보다는 '삶의 예화'가 더 깊은 감명을 전해준다.

광덕스님이 이처럼 많은 사람들의 빛이 되고 있는 것도 그가 말이나 글만을 남긴 것이 아니라 평생 불편한 몸에도 불구하고 불법을 세상에 구현하기 위해 실천적 삶을 살아온 때문일 것이다.

나는 송암스님도 본 적이 없지만, 광덕스님도 뵌 적이 없다. 이 책을 읽으며, 훌륭한 선지식을 뵙지 못한 게 너무도 안타깝지만, 그래도 송암스님의 사실적 묘사는 마치 광덕스님을 직접 대한 것 같은 착각을 불러오곤 한다.

제자에게 아름다운 진달래꽃을 보여주고 싶어하는 한없는 자애심과 때로는 자비심으로, 때로는 침묵으로 제자를 경책하는 광덕스님의 모습은 스승의 진면목을 그대로 보여주고 있다. 이처럼 위대한 스승만큼이나 아름다운 것이 일심으로 스승께 귀의하는 제자의 모습이다. 스승이 자신을 자애할 때만 아니라, 좌선 때 졸다가 대중들 앞에서 '이 잠꾸러기, 곰 같은 녀석!'이라는 꾸중을 들을 때조차 감히 스승을 시비하기보다는 스스로를 경책해 습을 끊고, 그 공덕을 스승께 회향하고 있기 때문이다.

아무리 스승이 끊임없이 법비[法雨]를 내려 준다 하더라도, 바가지를 거꾸로 들고 있다면, 스승의 지극한 자애도 효과를 거둘 수는 없는 일이다. 오히려 반대로 눈을 뜨지 못한 사람에게조차 지극한 효심으로 자신을 던졌을 때 자신도 연꽃으로 피어나고, 모두가 함께 눈을 뜰 수 있게 된다는 것을 '심청전'은 전해 주고 있다. 우리가 불(佛)·법(法)과 함께 스승[僧]에 삼귀의(三歸依)하는 것도 그 숙이고, 수용하는 마음이 아상과 아집을 끊는 첫걸음인 때문일 것이다.

최근 중진스님과 밤을 새워 얘기를 나눈 적이 있다. 진솔한 그 스님은 지금까지 몸을 던질 스승을 만나지 못한 것이 천추의 한이 되고, 또 스승을 만나기 위해 그만한 노력을 하지 못했다며 가슴 아파했다. 송암스님이 애초부터 광덕스님과 같은 선지식을 만난 것은 그의 전생 공덕 덕분이라 여겨지기도 하지만, 그 뒤로도 그가 오직 순일한 마음으로 스승께 귀의하지 않았다면 이런 책을 통해 법잔치를 할 수 없었을 것이다.

나의 방 창을 열면 인왕산의 나무와 하늘밖에 보이는 것이 없다. 나의 마음이야 오늘 하루에도 이 생각 저 생각으로 분주하며, 같은 사람을 놓고도 존경했다가 실망했다가 하는 경우도 많지만, 저 나무들은 다만 저 자리에서 푸르게 서 있다. 저처럼 '나가 없어' 나무가 아닐까. 가끔은 이런 생각을 해보기도 한다.

내가 없이 스승께 귀의하고, 스승의 스승으로 이어져 마침내 붓다에게 귀의할 때, 삼계(三界)의 모든 것이 있는 그대로 아름답지 않을까. 새삼 온 천지의 스승에 대한 고마움을 일깨워 준 송암스님께 감사한다. 이 아침 밥 한술의 은혜, 이 책 한 권의 은혜가 더욱 감사하다. (8권 223쪽)

제9권

보현행원으로 보리이루리

이 책 전권은 미국에 거주하고 있는 한국이 낳은
세계적인 불교학자이신 원조거사 박성배 박사님의 글이다.
광덕큰스님과의 오래된 인연으로 대학생불교연합회 초대 지도교수였다.
당시 큰스님은 초대 지도법사였다. 불가분의 불사 동지적인 신의를
가지고 있다. 큰스님과의 특별한 인연을 기려서 화엄경보현행원품을
강의로 한 권의 책을 이루고 있다. 송암스님이 원문을 넣고 주를 달아서
이 시대 한국불교의 새로운 교과서가 되었다. 송암스님은
조계종 소의경전에 금강경이 있으므로 당연히 화엄경의
이 보현행원품도 들어가야 한다고 주장한다.

광덕스님을 기리며

1969년 1월 19일, 내가 미국으로 떠날 때 광덕스님은 나를 김포 공항까지 환송해 주셨다. 1979년 12월, 만 10년 만에 그리던 조국을 방문했을 때도 광덕스님은 나를 위해 환영법회를 열어 주셨다. 그때나 지금이나 항상 시간에 쫓기는 삶이라 이러한 환영법회는 나의 시간을 많이 절약하게 해 주었다. 떠날 때나 돌아올 때나 많은 스님들이 나를 환송하고 환영해 주셨지만 항상 동년배의 친구스님이나 후배 되는 스님들이었다. 선배 되는 큰스님이 나를 이렇게 챙겨 주신 것은 광덕스님이 유일했다.

광덕스님은 내가 동국대학교의 학부시절부터 자주 찾아뵙던 큰스님이었다. 광덕스님은 스님 티를 전혀 내지 않으셨다. 그래서 스님은 나에게 친구처럼 느껴졌다. 속 이야기를 마음 놓고 털어놓을 수 있는 스님, 그런 스님이 광덕스님이었다. '광덕스님' 하면 항상 떠오르는 생각이 있다. 그것은 나에게 보현행원사상에 눈뜨게 해 주신 분이 광덕스님이었다는 사실이다. 그래서 나는 지금도 광덕스님의 그 은혜를 잊지 못한다.

나는 오늘 이 자리에서 우리 스님께 은혜 갚음의 일환으로 한 가지 어려운 질문을 드리고 싶다. 이 질문은 오랫동안 내 마음에서 사라지지 않은 질문이다. 그러면서도 차마 한 번도 여쭈어 보지 못했다. 스님이 생존해 계실 때 여쭙지 못한 질문을 돌아가신 지 10여 년이 지난 오늘 새삼스럽게 끄집어내는 데에는 그럴 만한 까닭이 있다. 그것은 이 질문이 나 혼자만의 질문도 아니고 일시적인 질문도 아니라는 데에 있다.

1960년대 초반, 내가 뚝섬 봉은사에 대학생수도원 지도교수로 있을 때의 일이다. 당시 대학생불교연합회의 지도법사이셨고 봉은사의 주지이셨던 광덕스님은 대학생수도원에 특별한 배려와 애정을 베풀어 주셨다. 그러나 수도원의 환경은 그렇게 좋은 편이 못 되었다. 관광객들이 시도 때도 없이 절 안으로 들어오기 때문에 수도원의 분위기는 영 말이 아니었다. 마침내 우리들은 결정을 내렸다. 절 주변에 철조망을 치기로 했다. 그리고 정문에 수위실을 만들어 드나드는 사람들을 통제하기로 한 것이다. 적지 않은 비용이 들지만 후원자가 있었다. 신심이 돈독하고 항상 대학생불교연합회를 돌봐주던 덕산 이한상 거사가 모든 비용을 대주기로 했다. 일은 순조롭게 진행되었고, 봉은사는 제법 수도원 분위기를 되찾게 되었다.

그런데 예기치 않은 일이 벌어졌다. 봉은사를 찾는 관광객들을 상대로 밥장사를 하던 사람들이 철조망 철거를 요청하는 항의데모를 벌인 것이다. 자기들은 밥장사로 겨우 생계를 유지하고 사는데, 절에 철조망을 쳐버리면 우리는 어떻게 살라는 거냐고 울부짖었다. 예기치 않았던 사태였다. 나는 어쩔 줄 몰랐다. 그러나 광덕스님의 태도는 의연했다. 이 일은 부처님 일이기에 부처님 뜻대로 해야 한다는 것이었다. 절을 지은 것은 수도하기 위함이고, 철조망은 수도를 돕는 일이므로 그것은 부처님 일이라는 논리였다. 그때 나는 스님의 의견에 동의했다. 그러나 내 마음 한구석에 개운치 않은 느낌이 가시지 않았다. "우리 함께 살자"는 절 주변 밥장사들의 아우성이 내 마음속에서 사라지지 않았다. 나중에야 안 일이지만 그 밥장사들은 대개가 옛날 봉은사에서 살았던 대처승들의 가족들이라고 했다. 몇 년 후 나는 봉은사를 떠났고 전전하다가 지금은 미국에서 살고 있지만 그 숙제는 여전히 풀리지 않은 채 내 마음속에 남아 있다. "우리 함께 살자"는 밥장사들의 아우성과 우린 지금 부처님 일을 하고 있으니 개의치 말자는 스님의 말씀이 지금도 내 마음속에서 팽팽히 맞서 나를 괴롭히고 있다.

"스님, 부디 다시 나셔서[환생] 이 문제를 풀어 주소서" 하는 기도가 저절로 나온다.

비슷한 문제가 그 뒤에도 계속 일어났다. 1960년대 중반쯤, 내가 가야산 해인사 백련암에서 성철스님을 모시고 살 때의 일이다. 옛날 학생이 나를 찾아왔다. 출가하여 스님이 되기 위해서였다. 그러나 성철스님은 그를 받아주시지 않았다. 이유는 그 학생이 폐병환자라는 것이었다. 전염병을 앓고 있는 환자를 받아들이면 대중의 건강이 위험해진다는 것이었다. 아무도 스님의 결정에 이의를 달지 않았다. 그러나 그때도 내 마음은 개운치 않았다. 그 학생이 산문을 내려가면서 마지막으로 나에게 던진 말이 화살처럼 내 심장에 꽂힌 것 같았다. 그 학생의 말은 "우리 함께 살면 좋지 않겠습니까" 였다. 봉은사 주변의 밥장사들 말과 똑같은 말이었다. '모두 함께 산다'는 불교의 진리와 이를 실천하기 위해 만들어진 불교 집단 사이엔 좁혀지지 않는 거리가 있어 보였다.

1979년, 10년 만에 한국에 돌아와 보니 그동안 한국은 많이 변해 있었다. 광덕스님이 만든 불광법회는 잠실에 터전을 마련하고 있었고, 사찰의 규모도 어마어마하게 컸으며 신도들도 엄청나게 많았다. 모두 광덕스님의 법력이라고 칭송이 자자했다. 그러나 절이

커지고 신도들이 많아지면서 여러 가지 예기치 않은 문제들도 함께 생긴 것 같았다. 그 가운데 하나가 광덕스님의 지도 노선이었다. '마하반야바라밀' 일곱 글자만 외우면 된다는 광덕스님의 가르침이 성철스님의 귀에 들어갔다. 성철스님은 '천연외도(天然外道)'라고 일언지하에 광덕스님의 지도 노선을 비판했다. 성철스님은 '출가하고 화두를 받아 오매일여의 경지를 거쳐 확철대오하지 않으면' 아무도 깨쳤다는 말을 할 수 없는 것이라고 잘라 말씀하셨다. 이에 대한 광덕스님의 답변을 나는 듣지 못했다. 나는 그 뒤에도 거의 매년 한국에 나와 광덕스님을 찾아뵈었지만, 나는 그 질문을 광덕스님께 여쭈어 보지 못했다.

이제 스님은 가시고 풀지 못한 문제는 내 스스로 풀 수밖에 없게 되었다. 나는 이런 몇 가지 문제를 나의 몸과 몸짓의 논리로 풀어 보았다. 사람은 누구나 몸짓으로 산다. 몸짓 없는 사람은 사람이 아니다. 성철스님도 몸짓으로 살고 광덕스님도 몸짓으로 산 분이다. 모든 몸짓엔 항상 언제 어디서라는 제한이 붙는다. 성철스님의 '언제 어디서'는 광덕스님의 '언제 어디서'와 다르다. 성철스님은 단 한 번도 광덕스님처럼 중생들의 현장에 뛰어들어가 본 적이 없었다. 서울 한복판에 커다란 절을 지어 절문을 활짝 열어놓고 매일매일 별별 신도들을 다 상대하는 광덕스님의 현장은 성철스님의 현장이 아니었다. 성철스님의 현장은 절이었다. 성철스님은 이런 차이를 "소매상은 하지 않는다"는 비유로 풀었다. 성철스님의 최대 관심사는 절에 사는 사람들, 즉 승려였다. 그러나 광덕스님의 관심사는 달랐다. 절을 찾아오는 모든 사람들이 스님의 관심사였다.

'있는 그대로 바로 이 자리에서 결판을 내야 한다.'

이것은 모든 출가자들의 금언이다. 그러면서도 성철스님은 항상 "출가하라, 머리를 깎고 중이 돼라, 화두를 들라, 오매일여가 되어야 한다, 대오(大悟)로 위즉(爲則)하는 확철대오만을 수행의 목표로 삼아라" 등등의 말씀을 끊임없이 하셨다. 산속에 살면서 산중의 스님들에게 정열을 불태우신 성철스님과 서울 한복판에서 오만가지 신도들을 상대하는 광덕스님과의 대결, 이 대결이 지금도 내 마음 속에서 맞서 있으면서 나에게 해결을 강요하고 있다.

광덕스님은 나더러 부디 보현행자가 되어 달라고 당부하셨다. 나는 지금도 그 당부를 잊지 못하고 있다. 스님의 권유로 나는 보현행원품 을 독송하기 시작했다. 1963년 나는 동국대학교 대학선원에서 보현행원품 을 강의했다. 학생들이 많이 왔고 신도들도 많이 왔다. 겉보기로는 대성공이었다. 그러나 이때에도 흥미로운 현상이 내 속에서 벌어지고 있었다. 보현행원품 강의를 통해서 보현행원 사상이 뚜렷해질수록 내가 보현행자가 아니라는 사실이 나를 괴롭혔다. 정말 내 공부는 뒷전으로 물러가고 있다는 자괴(自愧)와 자책(自責)이 나를 힘들게 했다. 그러면서 말만 있고 실천이 없는 공부에 점점 흥미를 잃었다. 그 뒤에 실천 위주의 공부에 몸을 던졌지만 그것 또한 실패로 돌아갔다. 보현행자의 몸짓만 흉내 내는 것으로 공부를 삼았기 때문이다. 그래서 성철스님은 "너에겐 보현이 원수"라고 말씀하셨던 것 같다. 일시 나는 보현행원품 을 버렸다. 그 결과, 나는 보다 나은 보현행자의 길로 들어설 수 있었던 것 같다. 그러면 지금부터 내가 읽은 보현행원품 을 한번 이야기해 보기로 한다. (9권 38쪽)

나와 보현행원품

1. 중화사(重華寺) 사건

허공계가 다하고
중생계가 다하고
중생의 업이 다하고
중생의 번뇌가 다하여도
나의 이 행원은 다함이 없어
생각생각 상속하고 끊임이 없되
몸과 말과 뜻으로 짓는 일에
지치거나 싫어하는 생각이 없느니라.

옛날 보현행원품 을 열심히 독송할 때 이 대목에 이르면 나는 신이 났었다. 거기서는 항상 새 맛이 우러나왔기 때문이다. 어려운 말도 아니고 특별한 말도 아닌데 참 이상한 일이었다.

글의 뜻은 글에 있지 않고 글 밖에 있는 것일까. '무유피염(無有疲厭 : 지침도 싫어함도 없이)'이라는 말은 지친 나를 다시 일으켜 주었다. 이제 돌이켜 생각해 보면, 나의 일생은 한마디로 실패의 연속이었다. 그럼에도 불구하고 다시 일어나 이렇게 또다시 투쟁을 벌이는 것은 보현행원품 을 독송한 공덕이 아닌가 생각한다.

어릴 때 서당에 다니던 시절, 한학자에게 들었던 말이 생각난다. 공자가 늙어서 힘들어 하는 모습을 보고 제자들이 좀 쉬시라고 권

했다고 한다. 그때 공자의 대답이 내 마음에 들었다. "하늘이 쉰 적이 있더냐." 이 말이 사실이라면 공자는 투철한 보현정신의 소유 자가 아니었나 싶다.

1962년 봄, 내가 동국대학교 대학선원(大學禪院)의 간사 일을 보 고 있을 때의 일이다. 그 당시 대학선원의 원장은 얼마 전에 돌아 가신 백양사의 서옹스님이었고, 입승은 인천 용화사의 송담스님이 었다. 나는 그때 매주 토요일마다 대학선원에서 『화엄경』 보현행 원품 을 강의했다. 대학에서의 처음 불경 강의라 나는 최선을 다했 다. 그러나 사실대로 말하면 '죽을 지경'이었다. 남이야 뭐라 하든 강의하는 사람은 자신이 있어야 하는 법인데, 그때 나는 그렇질 못 했다. 내가 가지고 있는 모든 지식과 모든 지혜를 다 동원해도 내 강의는 나를 만족시키지 못했다. 청중에게 미안했다. 한마디로 말 해서 처음 만나는 화엄의 세계에 나는 그저 황홀하기만 했다. 그리 고 그 황홀함을 말로 표현할 수가 없었다. 여러 해가 지난 뒤에야 깨달은 일이지만 화엄의 언어는 '몸짓의 언어'가 아니라 '몸의 언 어'였음을 몰랐던 것이다. 몸의 언어를 구사할 줄 몰랐던 나는, 그 것을 억지로 몸짓의 언어로 결판을 내려 했으니 될 리가 없었다. 마치 '모난 나무를 가지고 둥근 구멍을 막으려(以角木 逗圓孔)' 애 쓰는 꼴이었다.

그런데 설상가상으로 당시의 동국대 총장이 나의 대학선원 강의 를 문제 삼기 시작했다. 어찌 철학과 출신이 대학의 선원에서 『화 엄경』을 강의할 수 있느냐는 것이었다. 물론 나는 그런 비판에 개 의치 않았지만 시간강사가 총장과 시비를 벌였으니 결과는 뻔했다. 나는 그 길로 보따리를 싸 짊어지고 절로 들어갔다. 절은 충청 영 동의 중화사였다.

나는 중화사에서 아침 일찍부터 밤늦게까지 하루 종일 보현행원품 만 읽었다. 마치 보현행원품 과 무슨 원수라도 된 듯이 소리를 지르면서 읽었다. 한 번 읽는 데 약 25분이 걸렸다. 처음엔 첫 문장을 읽을 때는 그다음 문장이 보이지 않았고, 둘째 문장을 읽을 때는 앞의 첫 문장이 보이지 않았다. 그럼에도 불구하고 읽고 또 읽기를 근 한 달을 계속했더니 뜻밖의 현상이 일어났다.

첫 문장을 읽을 때 둘째, 셋째 문장이 동시에 보이는 것이었다. 뿐만 아니라 마침내는 글의 첫 문장부터 마지막 문장까지가 한꺼번에 눈앞에 나타나는 것처럼 느껴졌다. 일종의 '여대목전(如對目前)'이었다고나 할까. 읽을 때와 안 읽을 때의 차이도 없어지는 것 같았고, 내가 바로 『화엄경』 자체인 듯 느껴졌다. 그러니까 보현행원품 의 어느 대목에 눈이 가고 있건 그런 것에 관계없이 항상 보현행원품 전체가 내 앞에 펼쳐져 있었다.

그것은 전체와 부분이 유기적으로 동시 공존하는 경험이었다. 환희심이 났다. 총장에 대한 불쾌감 같은 것은 사라진 지 오래고, 남들의 평에도 신경을 쓰지 않게 되었다. 내 속을 드러내는 데도 밖의 눈치를 살피지 않게 되었다. 누가 나더러 불교를 믿느냐고 물으면 나는 편안하게 "그렇다"고 대답할 수 있게 된 것이 그 무렵의 일이었다. 나는 이런 경험을 중화사 사건이라 이름 붙여 보았다. 대학선원 강사시절의 그런 어려움을 맛보지 않았더라면, 중화사 사건은 일어나지도 않았을 것이라 생각하니 실패의 교훈이 새삼 소중했다. 그러한 의미에서 동국대학교 대학선원은 내 보현행각(普賢行脚)의 출발점이 된 셈이다.

2. 김용사(金龍寺) 사건

중화사 사건 이후 얼마 지나지 않아 나는 대학생불교연합회 구도부(求道部) 학생들과 함께 전국의 큰스님들을 친견하는 구도행각을 떠났다.

1964년 7월 31일, 그날은 어쩌면 그렇게도 더웠는지 모른다. 그 더운 날, 대학생불교연합회 구도부 학생 13명은 경북 문경 김용사 큰 법당에서 3,000배를 하고 있었다. "구도의 마당에 학생이고 지도교수고 무슨 차별이 있을 수 있느냐"는 성철스님의 불호령 때문에 다른 절에서는 의례적으로 받았던 교수 특대의 혜택도 받지 못하고, 나도 또한 학생들과 함께 울며 겨자 먹기의 3,000배를 하지 않을 수 없었다. 냉방은커녕 선풍기 한 대도 없는 법당은 한증막처럼 더웠다.

"한번 시작한 이상 끝나기 전에는 여길 못 나갑니다. 끝내지 않고서 살아서 이 법당 밖으로 나갈 수 있는 길은 없습니다. 그리고 도중엔 한 번의 휴식도 없으니 미리 볼 일을 다 보고 오십시오."

감독하는 시자스님의 주의 말씀이었다. "끝내지 않고서……"라는 말에 유난히 힘을 주어 말하는 시자스님의 목소리는 약간 떨리는 듯했다. 시작부터 한 치 운신의 폭도 주지 않는 매우 긴장된 분위기였다. 드디어 시작의 죽비소리가 "딱" 울렸다. 그러나 겨우 100배를 하고 나니 벌써 미칠 것 같았다. 바깥 열과 속의 열이 합쳐져 몸은 뜨겁게 달아오르고 숨은 콱콱 막혔다. 그래도 300배까지는 그런 대로 견딜 수 있었다. 그러나 500배가 고비였다. 비 오듯 흐르는 땀 때문에 우리들은 물에 빠진 생쥐처럼 젖어 있었다.

우리들은 절을 하는 게 아니라 빌딩이 넘어지듯 넘어졌다가 넘어진 몸을 다시 일으키는 동작만을 되풀이하고 있는 것 같았다. 기진맥진하여 도저히 몸을 가눌 수가 없었다. 무릎은 깨져 피로 얼룩지고 열기로 탈진하여 더 이상 견딜 수 없게 되자, 학생들은 불평하기 시작했다.

"불교는 자비문중이라고 들었는데, 이게 자비문중에서 하는 짓입니까?"

내가 하고 싶은 이야기를 학생이 대신 해 주니 속으로는 고마웠지만 그래도 지도교수라고 겉으로는 큰 소리를 질렀다.

"잔소리 마라! 사람이 한번 하기로 했으면 끝까지 하는 거야. 자비문중인지 잔인문중인지는 다하고 난 다음에 따지자."

나중엔 헛소리를 하는 학생도 있었고 벌떡 드러누워 막무가내로 일어나지 않으려는 학생도 있었다.

이렇게 하여 1,000배를 넘겼다. 그다음 또 1,000배, 특히 마지막 1000배는 어떻게 해냈는지 아무 생각도 나지 않았다. 한 번도 쉬지 않고 약 13시간 만에 우리는 모두 3,000배를 무사히(?) 끝마쳤다. 법당에서 나오는 우리의 모습은 가관이었다. 걸음걸이는 부상병처럼 절뚝거렸고, 옷은 물에 빠진 생쥐처럼 푹 젖어 있었다. 그렇지만 모두들 눈빛은 빛나고 개선장군처럼 의기양양했다. 그때 성철스님은 또 불호령을 내렸다. 고되다고 앉아서 쉬어서는 안 된다는 것이었다. 절 뒷산 상봉까지 약 2시간쯤 걸리는 거리를 한 번도 쉬지 말고 뛰어서 다녀오라는 것이었다. 군대훈련에도 이런 법은 없다는 생각이 들었다. 그러나 학생들은 아무런 불평도 하지 않았다. 오히려 신바람이 난 듯 고함을 지르면서 달려 나갔다. 그 어려운 3,000배를 해냈다는 자신감에 기가 팔팔 살아 있었다. 나와 성철스님의 만남은 이렇게 시작되었다.

3,000배를 하고 난 다음, 나에게 몇 가지의 변화가 생겼다. 그 가운데 하나가 '무장 해제(武裝解除)'의 경험이었다. 강제로 무장 해제 당한 것이 아니라 스스로 무기를 내던져 버린 무장 해제의 기분이었다. 일종의 무장이 필요 없는 상태를 경험했다고 말할 수 있을 것 같다.

사실 나는 그동안 얼마나 중무장(重武裝)하고 다녔는지 모른다. 속에 무슨 보배를 그리도 많이 지니고 다녔는지 항상 경계 태세를 풀지 않고 살아왔다. 아무것도 가진 게 없으면 지킬 것도 없고 두려울 것도 없을 것이다. 학생들도 마찬가지였다. 그렇게도 따지기 좋아하고 지지 않으려고 밤낮 시비만 일삼던 학생들이 갑자기 잠잠해졌다. 누가 뭐라 해도 남의 이야기를 가만히 듣고만 있지 통 불평할 줄 몰랐다. 이것은 멍청해진 것과는 달랐다. 그들도 분명히 속에 지니고 다녔던 것들을 모두 버려버린 듯했다.

한 학생이 말했다.

"몇 푼어치 안 되는 지식을 가지고서 내가 남보다 더 낫다는 것을 증명하기 위해 그동안 얼마나 수고를 했는지 생각해 보면 우습습니다."

제법 뭔가 깨달은 것 같았다. 이것은 분명히 재미있는 경험이었다. 미국에서는 자신의 안전을 위해 총을 가지고 다니는 사람이 많다. 그러나 사실은 총을 가졌기 때문에 불안과 고통은 더 심해진다고 한다. 이들에게 무장 해제의 편안함을 깨우쳐 줄 길은 없을까. 총을 가지고 있지 않아도 총 가진 사람 이상으로 항상 무엇인가를 경계하면서 긴장을 풀지 않고 사는 게 현대인이라고 말하면 지나친 말일까.

　3,000배를 마친 그 다음날부터 성철스님은 약 1주일간 불교의 핵심사상에 대해 자상한 강의를 해 주셨다. 육조(六祖)스님의 『법보단경(法寶壇經)』을 비롯하여 선종(禪宗)에서 소중히 여기는 조사(祖師)스님들의 어록(語錄)을 많이 소개해 주셨다.

　"예로부터 투철하게 깨치신 역대의 큰스님들은 모두가 한결같이 석가모니 부처님의 중도법문(中道法門) 밖의 딴 말씀을 하신 적이 없다"고 말씀하시는 성철스님의 목소리에서는 쇳소리가 났다. 그 당시 나는 30대 초반의 새내기 조교수였다. 성철스님의 중도법문은 내가 그때 가지고 있었던 '신앙과 학문의 관계에 대한 많은 의문'을 풀어 주었다. 특히 학문과 수도가 둘일 수 없고 이론과 실천이 둘일 수 없다는 불교의 이치가 분명해졌다. 학생들 덕택에 지도교수라는 이름으로 뒤따라 다닌 구도행각이었는데, 행각의 효과는 나 혼자서 다 본 듯한 느낌이 들었다.

　그때 성철스님의 강의가 그렇게 좋았던 데에는 그럴 만한 까닭이 있었다. 나는 그 첫째의 공을 우리의 '무장 해제의 경험'에 돌리고 싶다. 무장 해제 이전에는 그렇게도 걸리는 것들이 많았다. 스님의 좋은 법문을 들어도 자기 속에 있는 것들과 부딪치는 게 많아 별로 얻는 게 없었다. 겉으로 보기엔 날카로운 것 같고 이지적인 것 같고 그래서 비판적이고 객관적이어서 제법 학자답게 보였지만, 사실은 자기 무장이라는 자기 속의 장애물 때문에 스스로 걸려 넘어지는 현상을 연출하는 경우가 많았다.

　더욱 고약한 것은 자존심(自尊心)이었다. 자존심은 '선비의 긍지'라는 좋은 점도 없지 않지만 많은 경우 교수라는 신분이 주는 제약과 연결되어 있었고, 그 밑바닥에는 남이 안 가지고 있는 것을 나는 가지고 있다는 교만이 깔려 있었다. 그러니 종래의 자기에 영광을 돌릴 수 있다는 보장이 되어야 받아들이지, 그렇지 않으면 아무리 좋은 것도 받아들이지 않았다.

걸리는 것이 많다는 말은 바로 이런 것이다. 그리고 무장 해제란 말은 이런 장애물들이 없어졌다는 말이다. 그러니까 말하는 사람이 말을 잘 해야 할 책임이 있듯이, 듣는 사람에게도 말을 잘 들어야 할 의무가 있다. 교육이란 이 두 가지가 다 만족되었을 때 빛이 난다. 성철스님은 지식을 주기 전에 먼저 듣는 사람의 태도를 바로 잡아 주신 것이다. 다시 말하면 성철스님은 우리들에게 중도(中道)에 관해서 말씀하시기 전에 먼저 우리들을 중도에 가까이 가 있게 해 주신 것이 아닌가 생각한다. 중도에 들어가 있는 사람에게 중도를 이야기하면 백발백중일 수 있을 것이다. 꽃을 이야기하려면 먼저 꽃을 손에 쥐어 주라고 하지 않았던가.

3. 봉은사 대학생수도원(大學生修道院)

서울로 돌아온 우리들은 뚝섬 봉은사에 대학생수도원이라는 간판을 걸었다. 대학생활과 수도생활을 겸해야겠다는 생각에서였다. 그때 우리들은 모두 이상주의자(理想主義者)들이었고 또한 야심가(野心家)들이었다. 이상주의도 야심가도 나쁠 것은 없다. 문제는 이상도 야심도 잔인한 현실 앞에 모두가 난파당하고 말았다는 사실에 있다. 그러므로 그 원인을 분석해 보지 않을 수 없다. 가장 큰 잘못은 결과만을 황홀하게 꿈꾸고 있었을 뿐, 그런 결과를 가져오기까지의 과정을 철저하게 점검해 볼 줄 몰랐던 것이다. 위대한 일을 해내려면 그 일을 해낼 만한 힘이 어디서 나와야 하는 법인데 그 점이 불분명했다. 그저 옛날 경전에 쓰인 대로 하면 된다고 막연히 생각했다.

그때『화엄경』 보현행원품 은 우리들의 '다라니'였다. 그 보현행원품 을 아침에도 읽고, 저녁에도 읽고, 한문으로 읽고, 한글로 읽고, 나중에는 영문 번역본으로 읽었다. 오직 믿는 게 보현행원품 뿐이었다. 아무리 읽어도 읽을 때마다 신났던 대목은 보현보살의 십대행원(十大行願)이었다.

언제나 어디서나 부처님을 찬탄하리
언제나 어디서나 부처님을 공경하리
내 가진 모든 것을 부처님께 바치리
잘못한 일은 무엇이나 피눈물로 참회하리……
항상 중생을 부처님으로 섬기리……

보현행원품 은 아무리 읽어도 싫증나지 않았다. 그러나 이를 실천하기란 여간 어려운 일이 아니었다. 우선 대학생활과 수도생활을 겸한다는 게 힘에 겨웠다. 두 직장을 가지고 밤낮으로 뛰어 다닌다 해도 이보다 더 어려우랴 싶었다.

우리들은 그해 겨울방학에 또 김용사로 성철스님을 찾아갔다. 우리의 딱한 사정을 다 듣고 나신 스님의 진단은 간단했다.

"눈이 용(用)에 쏠려 있구나. 너희들에겐 행원품 이 원수로다." 뿌리를 튼튼히 할 줄 모르고 남의 눈에 뜨이는 겉만을 꾸미고 다니는 것으로 보현행을 삼으니 어리석지 않느냐는 것이 스님의 말씀이었다. 나는 스님의 이 한마디에 '넋을 잃은' 느낌이었다. 오랜 고민 끝에 대학생수도원을 떠나기로 결심했다. 교수직도 버리고 가족도 버리고 오직 눈에 안 보이는 뿌리를 튼튼히 하기 위해 출가할 것을 결심했다.

4. 재출가(再出家)

1965년 봄, 나는 대학에 나가지 않고 또 김용사로 내려갔다. 성철스님께 출가하겠다고 말씀드렸다. "먼저 3,000배를 매일 3주 동안 계속할 수 있느냐?" 하고 스님은 물으셨다. 스님께서는 자신의 결심을 시험할 겸, 출가의 의지를 다질 겸, 한번 그렇게 해 보라는 것이었다. 나는 조금도 겁나지 않았다. 시험이건 단련이건 그런 것은 문제되지 않았다. 스님이 하라면 뭐든지 할 준비가 되어 있었다.

21일 동안 모두 합해 63,000배를 거뜬히 해냈다. 작년 여름의 3,000배보다도 훨씬 수월했다. 날씨가 덥지 않은 것도 도움이 되었다. 그러나 그것보다는 나의 자세가 달라져 있었다. 이번은 '울며 겨자 먹기 3,000배'가 아니었다. 결심 여하에 따라 이렇게 큰 차이가 날 줄은 몰랐다. 3주간의 기도는 나의 업을 다 녹여내고 씻어준 것 같았다. 심신이 상쾌했다.

5. 깨달음과 깨침

그러나 문제는 그렇게 간단하지 않았다. 상쾌했던 심신은 또 고달파지기 시작했고, 녹아났다고 느꼈던 업은 또다시 고개를 들기 시작했다. 모든 것이 일시적인 것이었을 뿐 근본적인 해결이 아니었다. 다시는 물러서지 않는다는 불퇴전(不退轉)의 경지가 새삼 문제되었다.

삼칠(三·七)일간의 기도가 끝난 다음, 스님은 나의 사상을 정리하는 작업을 시작하셨다. 나는 그 당시 보조국사 지눌(知訥)스님의 돈오점수설(頓悟漸修說)을 좋아했다. "먼저 깨달아야 한다. 그리고 그 깨달음에 의지하여 평생토록 꾸준히 닦아야 한다"는 지눌스님의 말씀은 이 세상 누구에게도 적용될 수 있는 가장 보편적인 진리처럼 느껴졌다. 그런데 성철스님은 이를 부인했다. 성철스님의 지눌스님 비판은 무서웠다. 돈오점수설은 아직 선(禪)이 무엇인 줄 모르는 화엄학자들이나 하는 소리라는 것이었다. 나는 다시 한 번 휘청거리기 시작했다. 성철스님의 가르침을 요즈음 내가 쓰고 있는 언어로 다시 정리하면 다음과 같이 말할 수 있을 것이다.

"깨달음 정도로는 안 된다. 깨쳐야 한다. '깨달음'은 '머리로 아는 것'이다. 그러므로 그 속에 후퇴할 위험성을 항상 내포하고 있다. 그러니 뭔가 좀 알았다 해도 힘이 없다. 아는 것과 아는 대로 실천하는 행동과의 거리는 여전히 크다. 그러나 '깨침'은 '온몸으로 아는 것'이다. 따라서 아는 것과 행동하는 것이 일치한다. 만일 그렇지 않다면 그것은 여전히 '깨달음'일 뿐, 아직 '깨침'이 아니다. 깨달음 정도로 만족해서는 안 된다. 오직 깨침이라야 한다. 선종에서 견성(見性)을 했다느니 또는 확철대오(廓徹大悟)를 했다느니 하는 것은 모두 궁극적인 불퇴전(不退轉)의 '깨침'을 얻었다는 말이지, 언제 물러설지도 모르는 '깨달음'을 얻었다는 말은 아니다. 보조국사는 돈오점수설을 선양함으로써 수행자에게 깨달음을 깨침으로 잘못 알게 하는 오류를 범했다."

성철스님의 지눌 비판은 대강 이런 것이었다. 솔직히 말해서 나는 성철스님을 만나기 전에는 '깨달음'과 '깨침'의 차이를 구별할 줄 몰랐다. 성철스님에게 있어서 '깨달음'과 '깨침'은 전혀 별개의 다른 경험이었다. '깨달음'은 중생의 경험이지만 '깨침'은 부처님의 경험이다. 중생의 경험인 '깨달음'은 아무리 여러 번 하고 이를 모두 다 합쳐 놓아도 부처님의 '깨침'은 되지 않는다. '깨침'은 '깨달음'을 포용하지만 '깨달음'이 바로 '깨침'으로 연결되지는 않는다. 그러면 어떻게 해야 할 것인가?

천하에 별 것을 다 깨닫고 또 골백번을 깨달았다 할지라도 '깨달음'은 역시 깨달음일 뿐, 그 이상의 것이 아님을 알아야 한다. 그 깨달음 밖에 얻지 못하는 벽을 우리는 무너뜨려야 한다. 이 벽이 바로 '중생성(衆生性)'이다. 이 중생성을 극복해야 한다.

6. 몸과 몸짓

'몸짓만 아무리 바꾸면 뭘 하나. 못된 몸짓을 되풀이하는 잘못된 몸이 깨져야지!' 나는 이 말을 성철사상의 핵심에 해당한다고 생각한다. 겉으로 나타나는 몸짓이 조금 바뀌는 정도의 '깨달음'을 '깨침'으로 오해해서는 안 된다. '깨침'은 몸짓이 바뀌는 정도가 아니라 사람의 모든 몸짓이 나오는 '몸' 자체가 깨져 버리는 것이다. 아직 깨치지 못한 중생인 경우, 못된 몸짓이 중생의 짓이라면, 그러한 못된 몸짓이 나오는 몸은 중생성이다. 그러므로 중생성을 극복한다는 말은 못된 몸이 깨진다는 말이다. 못된 몸이 깨질 때 참된 몸이 살아난다. 이것을 깨침이라 한다. 못된 몸의 깨짐과 참된 몸의 살아남인 깨침은 동시에 이루어진다.

우리말에 '깨지다'라는 말과 '깨치다'라는 말은 둘 다 똑같은 '깨다'라는 동사에서 나왔다. 유리창을 깬다든가 놀음판을 깬다는 따위의 파괴적인 경우는 '깨짐'의 뜻이 강하고, 잠을 깬다든가 국문(國文)을 깬다는 등의 건설적인 경우는 '깨침'의 뜻이 강하다. 불교 수행의 경우, 중생성의 극복인 몸의 '깨짐'과 부처님의 몸이 탄생하는 '깨침'은 동시에 일어난다.

성철스님은 화엄철학에 나오는 쌍차(雙遮)와 쌍조(雙照)라는 말과 구름과 햇볕의 비유를 가지고 깨짐과 깨침의 관계를 설명하셨다.

"구름 걷히면 햇볕 나제? 구름 걷히는 것 따로 있고 햇볕 나는 것 따로 있는가?"

"망상 쉬면 부처님이지, 망상 쉬는 것 따로 있고 부처 되는 것 따로 있는가?"

"부처가 되고 싶으면 화두를 들고 참선하라. 그것 밖에 딴 길은 없다. 적당히 슬슬 해서는 안 된다. 오매일여(寤寐一如)가 되도록 해야 한다. 자나 깨나 화두 드는 것을 한결같이 해야 한다. 꿈속에서도 화두를 들고 꿈조차 없는 깊은 잠 속에서도 화두가 들려져 있어야 한다. 그렇게 되면 그것이 오매일여의 경지이다. 이 오매일여의 경지를 거치지 않고 깨친 이는 없다. 오매일여가 아니면 미세망념(微細妄念)이라는 중생의 근본번뇌가 깨지지 않는다. 깨짐이라야 깨침이다. 초보자는 행여나 깨달음을 깨침으로 오해하여 도중하차하는 일이 없도록 각별히 주의해야 한다."

성철사상의 핵심은 보는 사람의 입장에 따라 여러 가지로 풀이할 수 있을 것이다. 성철스님의 사상을 말하면서 '몸과 몸짓의 논리'를 동원하고 '깨달음과 깨침을 구별'하는 것은 성철스님을 보는 나의 입장을 드러내 놓는 일일지도 모른다.

1968년 2월, 나는 해인사를 떠났다. 그러나 성철스님을 떠나지는 않았다. 출가자의 길을 접고 다시 학자의 길로 간 것이다. 해인사를 떠날 때, 나는 대중 스님들이 지켜보는 가운데 환계식(還戒式)이라 부르는 일종의 퇴속(退俗) 절차를 밟았다. 이것은 내가 불교를 떠난 것도 아니고 수도생활에 자신이 없어 밤중에 도망치는 것이 아니라는 것을 만천하에 선언하는 것이라고 했다. 그러나 절집에서 퇴속(退俗)은 출가(出家)보다 더 힘든 일이었다. 그만큼 진한 인간관계가 그 속에 있다. 다시 동국대학교 불교대학으로 돌아오니 대처승 교수들이나 그 쪽 교수들이 나의 '환계식'을 비난했다. 그 땐 칭찬이든 비난이든 나의 신경을 건드리지 않았다.

해인사를 나온 뒤, 꼭 1년 만에 나는 미국으로 건너갔다. 한국 나이로 37세였으니, 유학치고는 좀 늦은 셈이었다. 그렇지만 이른바 '문화충격(Cultural shock)' 같은 것은 없었다. 문제는 언어의 장벽이었다. 이왕 가야 할 미국유학이었다면 좀 더 일찍 갈 걸 그랬다는 때늦은 후회에 잠기다 혼자서 웃기도 했다. 약 6년 걸려 버클리에 있는 캘리포니아 주립대학교에서 원효연구로 박사학위를 땄다.

그동안 별 일이 많았다. 미국에는 학생들이 여름방학이면 1년 쓸 용돈을 벌겠다고 모두 막벌이 일자리를 찾아 나선다. 나도 물론 한 몫 끼었다. 별별 일을 다 해 보았다. 가장 힘들었던 것은 역시 노동판의 일이었다. 보수는 좋았다. 그 대신 지독하게 부려먹었다. 보수를 많이 주면 그만큼 뽑아 가는 것 같았다. 황소 같은 몸집을 가진 20대의 미국청년들 틈에서 똑같은 양의 막노동을 한다는 것은 무리였다. 고대 로마의 노예들도 이렇게 잔인하게 혹사당하지는 않았을 거라는 생각이 들었다. 미국 아이들도 고되다고 도중에 그만두는 사람이 있었다. 그러나 나는 포기하지 않고 한 여름 내내 버텼다. 성철스님의 3,000배보다는 수월했기 때문이다. 사실은 노동판의 일뿐만 아니라 박사학위 과정의 종합시험 보는 일이나 학위 논문 쓰는 도중 어려움이 많았다. 힘이 들 때마다 나 자신에게 물었다. '3,000배보다 더 어려운가?'라고. 이렇게 묻기만 해도 어디서 나오는지 새 힘이 솟아 나왔다. 이렇게 해서 나는 많은 어려움을 극복할 수 있었다.

1977년 9월, 박사학위과정을 마치자 나는 지금 있는 스토니부룩 뉴욕주립대학교 종교학과의 불교학 교수로 취직이 되었다. 그리고 한국을 떠나온 지 만 10년 만에 처음으로 한국을 방문할 기회가 생겼다. 1979년 12월, 한국정신문화연구원이 주최한 제1회 국제 한국학 심포지엄에 참석하기 위해 뉴욕의 케네디 공항을 떠났다. 비행기 안에서 태평양을 내려다보면서 나는 생각했다. 만일 누가 나더러 한국에 가서 '꼭 한 곳만 가보라'고 말한다면 어디를 택할까? 나와 인연이 있던 여러 곳들이 머리에 떠올랐다. 결국엔 내가 태어나서 자란 전남 보성의 '고향마을'과 가야산 해인사의 '백련암', 이 두 곳이 마지막까지 남았다. 막상막하라더니, 어느 한 곳을 택하기가 곤란했다. 그러나 나는 마침내 내가 태어난 고향마을을 택했다. 택해 놓고 보니 잘 택한 것 같았다. 내 사상이 내 결정을 재확인해 주었다. 이때 나는 결국 속세(俗世)에서 속인(俗人)으로밖에 살 수 없는 사람임을 깨달았다.

7. 넘어지고 또 넘어지고

어린아이가 걸음마를 배울 때는 엉덩방아를 수없이 찧는다. 그러다가 겨우 걷기 시작하면 또 앞으로 넘어져서 무릎을 깨기도 하고 팔을 다치기도 한다. '넘어지고 깨지고 다시 일어나고……', 이것이 사람이 자라는 모습이다. 부처님 공부에도 이러한 면이 있는 것 같다. 나도 부처님 공부를 시작한 이래 걸음마 배우는 어린아이처럼 무수히 넘어지고 깨지는 삶을 살아왔던 것 같다.

나는 출가(出家)를 두 번이나 했다. 이 말은 퇴속(退俗)을 두 번이나 했다는 말이다. 절집에서는 퇴속이라 하면 무슨 큰 죄나 진 것처럼 생각하는 사람도 있지만, 사정을 알고 보면 꼭 그렇게 생각할 것만은 아닌 것 같다. 부처님 당시에도 퇴속한 사람들이 적지 않았던 모양이다. 원시불교의 율장(律藏)에 보면 일곱 번까지는 퇴속을 허용한다는 규정이 있다. 일곱이라는 숫자를 강조할 필요는 없지만 여러 번 퇴속해도 그것을 죄로 보지 않았다는 것을 알 수 있다.

요즘 대학에 다니다가 학업을 중단하고 집안일을 돌보기도 하고 또는 방황하고 헤매는 학생들이 있다. 그러다가 다시 복학해서 공부를 계속하는 경우도 많다. 이것도 일종의 현대판 퇴속이라고 볼 수 있을 것이다. 그렇다고 대학을 중퇴한 것을 자랑하고 다닐 수 없듯이, 절집의 퇴속을 무슨 자랑이라고 떠들고 다닐 수는 없다. 다만 출가와 퇴속을 되풀이하는 과정에서 실지로 무슨 일들이 벌어졌는가를 잘 살펴볼 필요가 있다. 때로는 실패담이 성공담보다 더 유익할 때가 있으니까.

나의 첫 번째 출가는 1955년 여름의 일이었다. 광주에서 의과대학을 다니다가 '사회 불만증'에 걸렸다. 대학을 그만 두고 해남 대흥사로 들어갔다. 그 당시 대흥사에는 전강스님과 묵언스님이 계셨다. 이승만 대통령의 유시로 그 당시의 한국 사찰들은 크게 혼란스러웠다. 나라의 대통령이 "대처승은 사찰에서 물러가라"고 유시를 내리니, 대처승은 절을 비구승에게 넘겨주었지만 비구승의 수가 너무 적어 사찰은 매우 혼란스러웠다. 그 바람에 불교의 불자도 모르는 내가 하루아침에 머리를 깎고 비구승이 될 수 있었던 것이다. 그때 나는 유물론자였다. 유물 변증법적인 사고방식에 물든 사람들에게는 몇 가지 공통점이 있었다. 첫째, 그들은 인과율적인 합법칙성에 입각한 과학적인 사고방식의 소유자로 자처했다. 물론 나도 그중의 한 사람이었다. 또한 그들은 경제적 불평등을 바로잡고 절대 다수의 민중이 나라의 주인이 되면, 이 세상이 곧 유토피아라고 주장했다. 한 마디로 그들은 이상주의자였고 또한 낙관론자였다.

'혼자만 먹지 말고 남들과 함께 나눠 먹자. 남들만 부려먹지 말고 모두 함께 일하자.' 이 얼마나 좋은 말인가. 나는 그들의 이러한 이론에 반해 버렸다. 그러나 실지 사회는 그들의 말과는 달리 자꾸만 정반대의 방향으로 나아갔다. 좋은 사람들은 거세당하고 나쁜 사람들은 득세하고……. 그래서 나는 화병에 걸렸다. 내가 앓은 '사회 불만증'이란 병은 대강 그러한 것이었다.

대흥사의 가을은 아름다웠다. 끝없이 찾아오는 관광객을 상대로 밥장사를 하는 것이 나의 첫 소임이었다. 날씨가 추워지자 관광객도 끊어지고 산사는 정적에 쌓인 듯 조용해졌다. 발심한 사람 같았으면 '때는 이때다' 하고 더욱 열심히 공부를 했으련만 그때에 나는 먹물 옷만 걸쳤지 아직 불교가 무엇인지도 몰랐던 때였으므로 무료함을 이기지 못해 어딘가로 돌아다닐 궁리를 하고 있었다.

'한번 천하의 선지식을 모두 다 만나 봐야지!' 생각만 해도 신이 났다. 그때 입승을 보시던 묵언스님은 아직 '시기상조'라고 못 가게 말렸다. 이유인즉 나에겐 아직 선지식을 알아볼 눈이 없다고 조언했다. 나는 발 아픈 줄도 모르고 막무가내로 자칭 '구도의 길'을 떠났다. 비록 묵언스님의 말씀을 거스르고 길을 떠났지만 떠나기 전에 여쭈어 보았다.

"스님께서 잘 아시다시피 저는 가짜 출가자입니다. 다른 절에서 가짜임이 발각되면 큰 망신입니다. 진짜처럼 보이려면 어떻게 행동해야 합니까?"

진짜가 되려는 게 아니고 진짜처럼 보이려는 속셈이었다. 그러나 이것도 나로서는 불문에 들어온 뒤, 처음 던져보는 절박한 질문이었다. 우문현답이라고나 할까, 속이 뻔히 들여다보이는 질문이었는데도 묵언스님의 답변은 아주 정성스러웠다.

"발심한 사람은 무엇보다도 겸손해야 한다. 누구에게나 코가 땅에 닿도록 정중하게 절해라. 나이 많은 고승이든 어린 동자이든 가리지 말고 똑같이 존중해라. 승속도 가리지 말고, 남녀도 가리지 마라. 빈부귀천 모두 버리고 누구에게나 똑같이 정중하게 큰절을 해야 한다."

'꼭 그렇게 하리라'고 나는 마음속으로 다짐했다. 그리고 그것은 조금도 어려울 것 같지 않았다. 묵언스님은 계속해서 말씀하셨다.

"둘째, 일은 찾아서 해라. 어디든 대중 처소에는 할 일이 많다. 누가 시키기를 기다리면 진짜 출가자가 아니다. 그리고 좋은 일, 궂은 일을 가리지 마라. 남들이 하기 싫어하는 힘든 일을 자진해서 하면 된다."

조금도 어려울 것 같지 않았다. 무슨 말씀인지 곧 알아들을 수 있었다. 나는 묵언스님의 말씀을 무슨 진언처럼 중얼거리면서 대흥사 산문을 벗어났다. '누구에게나 큰절을 하고, 무슨 일이든 닥치는 대로 열심히 하고……' 나중에야 안 일이지만 묵언스님은 불교 용어를 하나도 사용하지 않고 보살이 걸어야 할 길을 나에게 가르쳐 주셨던 것이다.

8. 가짜 출가

그때 대흥사의 묵언스님은 지금 인천 용화사 송담스님이다. 묵언으로 벽을 향해 앉아만 있으면서도 묵언스님은 보현행을 하고 계셨던 것 같다. 대흥사를 떠난 뒤 나는 어느 절에 가서나 묵언스님의 말씀을 명심하고 그것을 실천에 옮기려고 가진 애를 다 썼다. 그 결과는 정말 놀라웠다. 어느 절에서나 대환영이었고 모두들 함께 살자고 붙들었다. 강화도의 전등사에 들렀을 때는 주지스님이 교무국장이라는 임명장까지 써주면서 떠나지 말라고 붙들었다. 가는 곳마다 나를 '발심한 수좌'라고 칭찬했다. 그러나 그 칭찬이 나를 괴롭혔다.

'발심은커녕 아직 불교도 안 믿는 가짜 출가자!'

이렇게 내 양심은 나를 고발하곤 했다. 남들은 속일 수 있어도 자기의 양심은 못 속인다는 말이 옳았다. 즐거울 줄 알았던 구도행각이 그만 고통의 행각이 되고 말았다. 그러다가 마침내 병이 났다. 못 먹고, 못 자고……. 이러기를 몇 달 동안 계속하니 몸이 견디지 못했다. 피로를 풀지 못하니 드디어 병이 난 것이다. 이렇게 해서 가짜 출가자의 구도행각은 한 철을 넘기지 못하고 일단 막을 내렸다.

9. 기도의 공덕

병든 몸을 이끌고 남몰래 전남 보성에 있는 아버지의 산장으로 갔다. 거기서 나는 근 10일간을 열병환자처럼 누워 있었다. 산지기 아주머니가 열심히 간호해준 덕택으로 열이 내렸다. 병이 낫자, 나는 다시 대흥사로 돌아왔다. 모두들 환골탈태하여 딴 사람이 되어 돌아왔다고 말했다. 약 3개월의 고행과 설상가상으로 마지막엔 열병을 앓다 돌아왔으니 무척 수척하고 창백해 보였던 것 같다. 절로 돌아온 뒤, 나는 화두 참선에 주력하기로 마음먹었다. '세수하다가 코 만지기보다 쉽다'는 참선이 왜 그렇게도 안 되는지 답답했다. 화두는 들었다 하면 어디론지 도망가 버리고, 하루 종일 망상만 피우고 있었다. 이래서는 안 되겠다 싶어 내 고민을 묵언스님께 말씀드렸더니 '나반존자' 기도를 한번 해 보란다.

옛날 큰스님들도 나 같은 사람에게는 종종 기도를 시켰단다. 독성나반존자 기도는 목탁을 치면서 고성으로 나반존자를 두 시간 동안 부르는 일종의 염불기도법인데 별로 마음이 내키지 않았다. 참선이야 벽을 향해 딱 버티고 앉아 있으면 속으로는 망상을 피우고 있을망정 그럴 법한 면이 없지 않는데, 이것은 어쩐지 미신 행위 같고 솔직히 고백하자면 남이 볼까 두려웠다. 그러나 아무리 발버둥을 쳐도 잘 안 되는 참선만을 계속 고집할 수도 없는 처지여서 기도하기 싫다는 말을 차마 할 수가 없었다. 좀 더 정확히 말하면 그때 나에겐 묵언스님에 대한 믿음이 있었다. '스님이 나를 오도(誤導)하진 않으리라'는 믿음이 결국 스님 시키는 대로 하겠다는 약속으로 이어졌다. 믿음이란 묘한 것이어서 약속을 하고 나니 마음도 개운하고 어디선지 알 수 없는 힘이 솟아올랐다.

그해 대흥사의 겨울은 몹시 추웠다. 대웅전 앞을 흐르는 개울물은 꽁꽁 얼어 있었다. 매일 새벽 4시에 일어나 개울의 얼음을 깨고 거기서 목욕하고 독성각으로 들어가 기도하는 것이었다. 기도의 목적은 '참선 잘 되도록 번뇌 망상 쉬게 해 달라'는 것이었다. 묵언스님은 그때 묵언 중이었으므로 공책에 필담으로 여러 가지 주의 사항과 기도의 영험에 대해 말씀해 주셨다.

기도는 시작되었다. 남들이 아직 자고 있을 이른 새벽에 얼음을 깨고 혼자서 목욕하는 기분은 보통이 아니었다. '정 추우면 목욕탕에서 해도 좋다'는 스님의 말씀에 나는 대들었다.

"스님, 무슨 말씀을 그렇게 하십니까? 아무리 어려워도 그 어려운 길을 저는 가고 싶습니다!"

어렸을 때 읽었던 무사들의 무서운 수련이 연상되어 오히려 기분이 좋았다. 그리고 며칠이 지나자 번뇌도 고개를 숙인 듯 마음이 아주 조용해지고 제법 성자가 된 듯 거룩한 기분까지 들었다. 스님의 말씀이 거짓말이 아니었음을 깨달았을 때, 나는 스님에게 말없는 감사의 절을 올렸다. 그러나 약 1주일이 지나자 몸에 힘이 떨어지고 게으름이 생기면서 또 그 고질적인 회의가 고개를 들기 시작했다. 그러자 새벽에 일찍 일어나는 것도 힘들고 목욕하기 위해 개울에 나가는 것도 싫어졌다. 처음엔 목탁소리가 나의 번뇌의 대갈통을 두들겨 부수는 소리인 듯싶어 그렇게 좋더니 나중엔 그런 신선한 맛이 통 나지 않았다. 마지막엔 회의와 피로와 게으름이 뒤범벅이 되어 이게 무슨 기도인가, 차라리 중단할까 하는 생각까지 들었다. 스님과의 약속과 최초의 결심과 주위의 체면 때문에 질질 끌려 죽을 고생을 하면서 겨우 기도를 끝마쳤다. 내 기분은 몹시 참담했다. 내 일생 최초의 기도는 이렇게 실패로 돌아가고 말았다. 기도하면 영험이 있고 기적이 생긴다던데 아무런 기적도 일어나지 않았다. 참선도 실패, 기도도 실패……

이제 나는 어디로 가야 할지 앞이 캄캄했다.

그로부터 50년이 지난 오늘 가만히 생각해 보면, 나는 그때 기도의 공덕을 그렇게 크게 볼 수 없었다는 생각이 든다. 그리고 참선도 정말 제대로 못했다는 생각이 든다. 만일 그때 참선이 잘 됐더라면 어떻게 됐을까? 또 하나의 도인이 탄생했을지도 모른다. 생각만 해도 끔찍한 노릇이다. 그리고 또 만일 기도 끝에 무슨 기적이라도 일어났다면 어떻게 됐을까? 그 경우 역시 생각만 해도 아찔한 일이다. 나는 기적이라면 부처님이 경험한 기적, 다시 말하면 자기가 버렸던 가비라 성으로 다시 돌아온, 그런 기적을 맛보고 싶다. 그 밖의 기적은 부처님이 말씀하신 궁극적인 기적이 아닌 것 같다. 요즘 내 주변에서 가끔 기적을 맛보았다고 말하는 사람을 본다.

그러나 그 결과를 보면 저런 기적은 차라리 맛보지 않았더라면 하는 아쉬움이 남는다. 눈을 뜬 사람으로서 보아야 할 것을 제대로 못 보는 그러한 경우가 많았기 때문에 하는 말이다. 때로는 미신으로 빠지는 경우도 있었고, 때로는 사고능력이 마비되어 폐인이 되는 경우도 보았다. 그럴 때마다 대흥사에서 참선도 실패, 기도도 실패했던 것이 얼마나 잘된 일인지 모른다. 넘어지고 또 넘어지고…… 이 세상에 이보다 더 큰 기적이 또 어디에 있을까.

10. 가짜와 진짜

내가 만난 불교는 '말의 종교'가 아니었다. 입으로 '나는 불교를 믿습니다'라는 고백을 못할 뿐만 아니라 내 의식의 어디를 찾아보아도 그런 흔적은 추호도 없었다. 출가생활을 그만두고 다시 의과대학으로 돌아와 보니, 나는 그동안 내가 많이 변했다는 사실을 깨달았다. 가장 뚜렷한 변화는 내 세계관과 인생관의 변화였다. 오랫동안 나를 괴롭혔던 유물론적인 사고방식이 깨끗이 사라졌다. 그리고 누구든지 불교를 믿는다는 말만 들으면 그렇게 반가울 수가 없었다. 어린 대학생이 '사회 불만증'이라는 화병에 걸려 급한 김에

멋모르고 절로 들어가 톡톡히 망신만 당하고 만신창이가 되어 돌아왔는데, 그뿐만 아니라 1년 동안이나 출가생활을 하고도 불교를 믿지 못하고 돌아왔는데, 나는 나도 모르는 사이에 불교인이 되어 있었다.

마치 어린이들에게 수영을 가르칠 때 말로 아무리 잘 가르쳐 보았자 물속에 집어넣으면 그동안 말로 배웠던 것이 아무 소용이 없는 것을 보고 아예 처음부터 물속에 집어넣으면 물을 먹으면서 물에 익숙해지는 것과 비슷했다고나 할까. 아니 불교에는 더 좋은 비유가 있다. 사자의 교육은 새끼를 천길 벼랑에서 내던져 버리는 것이라고 하지 않는가. 나는 대흥사에 살면서 그런 식의 교육을 받은 게 아닌가 하는 생각이 든다. 그래서 종교교육을 한다면서 "믿습니까?" 하고 묻고 "예, 믿습니다!"라고 답변하면 "너는 됐다!"고 인가하는 장면을 볼 때마다 저건 불교가 아니지 하는 생각이 든다. '말의 세계'에서 장난치지 말고 '삶의 바다' 속에 집어던져 버리는 교육, 그래서 물도 먹고 숨이 끊어질 듯 경을 치면서 결국 물과 하나되게 하는 교육, 나는 이것이 불교교육이라고 생각한다.

의과대학으로 돌아온 다음, 나는 가까웠던 맑스주의자들에게 말했다.

"이 세상을 평화롭게 만들겠다고? 그게 정녕 너의 소원이라면 먼저 너 자신부터 평화로워져야 한다. 평화가 무엇인 줄이나 아는가? 네가 평화롭지 않는데 세상을 평화롭게 만들겠다고? 말도 안 된다."

친구들은 나를 중이라고 놀렸다. 꼭 중 같은 소리만 하고 앉아 있다는 것이다. 나는 또 그들에게 말했다.

"절대 다수의 노동자, 농민 등 무산대중(無産大衆)을 위한다고?

그게 정말 너희들의 소원이라면 먼저 생명 가진 모든 중생을 위하는 길을 발견해라. 그렇지 않으면 너희들은 평생 쌈질만 하다가 종치고 말 것이다. 너희들이 그렇게 좋아하는 '함께 일하고 함께 나눠 먹자'는 구호는 부처님의 일체 중생과 함께 산다는 진리를 터득하지 않고서는 하나의 공염불에 불과하고 말 것이다."

나는 대흥사에 있을 때도 스님들과 많은 입씨름을 했다. 묵언스님은 묵언 중이라 싸울 수가 없었지만 전강스님께도 대들었다.

"일체 중생을 다 제도하신다고요? 배고픈 사람들이 천진데, 그들에게 밥 한 그릇도 갖다 주지 않으면서 말만 그렇게 거창하게 하시면 무슨 소용이 있습니까?"

그랬던 내가 대학에 돌아와서는 맑스주의자들에게 오히려 불교의 방망이를 휘둘렀다.

이것도 아니고 저것도 아닌 엉거주춤한 생활을 한참 하다가 나는 중요한 결단을 내렸다. 의학공부를 그만 두자. 불교대학으로 들어가 불교공부를 한번 본격적으로 해 보자. 그 결과 나는 여러 해 뒤에 마침내 불교대학의 교수까지 되었다. 그러나 교수 노릇도 그렇게 쉽지 않았다. 불교대학 교수 생활 약 7년간 내가 안고 살았던 가장 큰 문제는 '깨치지도 못하고 깨침의 세계를 말한다'는 것이었다. 그래서 나는 대학에 사표를 내고 해인사로 들어갔다. 진짜 출가생활을 한번 해 보고 싶었던 것이다.

수도자의 목숨을 끊는 독약이 있다면 그것은 '교만'일 것이다. 남들이 칭찬해 주기 전에 자기는 칭찬 받을 만하다고 자부하는 것이 '교만'이다. 사람이 교만에 빠지면 남들이 칭찬해 주어도 양에 차지 않는다. 그래서 자기가 자기를 칭찬하는 추태를 벌인다. 얼마나 많은 이른바 진짜들이 이 병을 앓고 있는지 모른다. 대흥사 시절의 가짜 출가생활과 해인사 시절의 진짜 출가생활은 여러 가지 면에서 좋은 대조를 이루었다.

대학을 중퇴한 가짜와 교수직을 내던지고 들어온 진짜. 겉보기로는 누가 보아도 후자가 더 바람직해 보였을 것이다. 그런데 당사자인 나에게 말하게 한다면 '진짜는 진짜가 아니었다'고 고백할 수밖에 없다. 진짜가 되고 보니 옛날 가짜 때보다 더 큰 병이 거기에 도사리고 있었던 것이다. 무엇보다도 양심의 예리함이라는 측면에서 보면 진짜 시절은 가짜 시절에 족탈불급(足脫不及)이라는 생각이 들었다. 이 사실은 그때 나를 무척 괴롭혔다. 남들이 발심했다고 칭찬해 주면 그것이 당연한 듯 아무렇지도 않는 것, 이 얼마나 추한가. 그때마다 소위 진짜라는 것의 정체가 가짜만도 못하다는 생각이 들었다. 옛날 가짜였을 때는 남들이 칭찬해 주면 몸 둘 바를 몰랐는데 하고 그 시절이 그리워졌다. 괴로운 가짜와 오만한 진짜. 아무리 가짜라도 부끄러움과 괴로움이 있는 한, 부처님은 미소 지으시겠지만 아무리 진짜라도 오만이 있는 한, 부처님은 답답해하실 것이 분명했다.

『화엄경』 보현행원품 은 여기서 다시 커다란 빛을 발휘했다. 내가 해인사로 재출가한 것도 보현행원품 때문이었지만 해인사를 떠나 다시 세속으로 돌아온 것도 보현행원품 때문이었다. (9권 44쪽)

제10권

반야바라밀다결사

마지막 10권에는 거의 유실되다시피 한
큰스님의 '무문관' 역해가 들어 있고 1960년대부터 1980년까지
불교신문에 난 기사와 원고를 채록하여 실었다. 큰스님이 쓰신 비문과
여러 곳에 있는 글들을 모아놓았다. 특히 흩어져 있는 글들은 상좌가
아니라면, 그것도 직접 큰스님을 모시고 이야기를 듣지 않은 상좌라면
어림도 없는 일이다. 글들 중에서는 필자불명의 글이 많기 때문이다.
그런 글들은 아무리 중요한 뜻이 있어도 필자가 누구인지를 밝힐 수 없다.
세월이 지나면 묻혀버린다. 그런 것을 일일이 찾고 밝혀 복원해 놓았다.
그리고 모 일간지 신문사에서 벌인 대담도 이 책에 들어 있다.
그동안 시봉일기에 없던 큰스님의 자료가 이 책에 들어 있으므로
자료집이 된다. 거권의 책이 되었다.

환생

'큰스님 환생 천일기도 회향'을 맞음과 동시에
보현도량 도솔산 도피안사 개산 10주년 과 〈큰스님 원적 3주년 추모〉
『환생』 전시회의 도록이다. '환생'을 주제로 한 각계 각층의 예술가들이
작품을 출품해 주셨으며 다양한 소제와 방법으로 환생을 표현해 주어
큰스님의 속환사바 기도에 뜻을 같이 했다.

3

후기는 책의 번호순서대로 싣지 않고 책 간행 순서에 따라 싣는다.
책이 번호 순서대로 나오지 않고 원고가 준비되는 대로 들쭉날쭉 나왔기 때문이다.
그 당시의 여러 사정과 필자인 상좌의 느낌을 알기 위해서는
아무래도 책 나온 순서에 따르는 것이 좋을 것 같다. ─편집자

광덕스님 시봉일기 후기 모음

스님의 두 줄기 눈물과 따뜻한 체온

스님과 나 사이에는 애절한 여한(餘恨)이 있다. 스님 곁에 사는 것만으로도 즐거웠던 나는 스님을 사모하는 연인 같았다. 스님 방문을 열고 들어서면 스님은 누우신 채 그 초롱초롱한 눈빛으로 나를 바라보셨다. 그 순간이 내게는 감동이고 기쁨이며 충성이었다.

스님은 지난해 가을 그 아픈 몸을 근근이 추스려서 이곳 도솔산까지 오셨다. 평생의 지기인 홍교 법사님과 한 방에 누워서 밤새도록 정담과 앞일에 대해 의견을 나누고 염려하셨다. 그 얘기를 전해 들으며 나는 또 사모의 열정에 빠져들고 말았다. 더 이상 그 무엇도 바랄 것이 없는 만족이고, 기쁨이었으며, 크나큰 신뢰였다. 나는 변절 없는 추종자가 될 것을 또다시 굳게 서약했다. 나 자신에게 말이다.

스님의 마지막 모습, 손을 이마에 대보고 가슴을 만져보고 손발을 만져보았다. 따뜻했다. 생전과 조금도 다름없었다. 평소 내가 찾아가서 잡아본 손길 그대로였다. 숨을 거두셨어도 식지 않고 따뜻한 체온을 내게 그대로 전해주시던 우리 스님. 스님은 이 땅을 떠나시면서 두 가지 몸짓으로 나에게 부촉하셨다. 두 줄기 눈물과 따뜻한 체온으로.

사십구재 때까지 나는 껍질만 존재하는 것 같았다. 걸음을 걸어도 허공을 밟는 것 같았고, 밥을 먹어도 맛을 몰랐고, 일을 하고 있어도 멍하기 일쑤였다. 마치 내 육신의 속 알맹이는 모두 빠져버리고 빈 껍질만 남은 느낌이었다

내 어릴 때 낙동강은 자주 범람했다. 걸핏하면 큰물이 났고, 큰물이 지난 뒤 강변의 무밭은 온데간데없이 사라졌다. 그것이 내 어린 마음에도 무척 아쉬웠다. 갑자기 낙동강 홍수로 삶의 터전을 잃어버린 농부처럼 스님과 이별한 나는 살길이 막막해진 느낌이었다. 그러나 어이하랴! 스님의 부촉이 그렇게 간절하신데…….

이제 몸을 추스려야겠다. 이 조그만 책자를 세상에 내놓는 까닭은 다시 나를 정리하자는 각오와 세상 뜻 높은 분들께 나를 지켜달라는 바람 때문이다.

사람이 좀 부족해도 생각이 바르고 뜻이 착하면 크게 허물삼지 않듯이 강호제현과 불자들께서도 스님에 대한 필자의 표현 부족을 관심과 애정으로 크게 허물삼지 않기를 청한다.

다만 진솔하게 내 느낌을 고스란히 쓰는 데만 뜻을 두었다. 그러다 보니 그 동안의 모든 일들이 정직하게 원고로 작성되었는데, 몇 꼭지는 빼고 말았다. 원래 스님의 가르침은 지극히 온유했고 세몰이 방법이나 이론의 창칼을 들고 사람을 몰아붙이는 비불교적인 방법을 쓰지 않았기 때문이다. 스님의 가르침을 받은 자존심과 스님의 뜻을 거스르지 말아야겠다는 작은 효심이 나를 다시 온유하게 만들었다.

사실 나는 지난 가을부터 이상한 예감에 사로잡혀서 이 책을 쓰기 시작했다. 오랜 세월 동안 스님 회하에서 훈도를 받았던 기억과 기록을 살펴보니 대강 백 가지 정도가 되었다. 백일기도를 하면서

하루에 한 가지씩만 써야겠다고 마음먹었는데, 어떤 날은 두세 가지를 쓰기도 하고 또 어떤 날은 하나도 쓰지 못한 날도 있었다. 결국은 다 쓰지도 못한 채 스님과 영별하고 말았다.

사실 대단한 내용은 아니지만 내게는 매우 뜻 깊은 일이었기에 이곳 도피안사를 떠나 한용운 스님의 얼이 서려 있는 백담사에 가서 백일기도를 하면서 원고를 쓰려고 했었다. 내가 주지인 도피안사에서는 전심전력을 기울여 기도하고 글쓰기가 어려울 것이라는 생각 때문이었다. 그것도 역시 이루어지지 않고 말았다.

할 수 없이 나는 내가 주지인 도피안사에서 백일기도 하며 글을 써내려 갔다. 백일기도라기보다는 그동안 스님 곁에 살면서 배우고, 익히고, 경험했던 세계를 낱낱이 떠올리고 다시 그 속으로 빠져들어가는 일이 고작이었다. 글을 쓰다가 매끄럽지 못하면 도솔산 도량돌이에 나섰고, 또 때로는 용설호 주변에서 서성거리며 지난날 스님과 함께 지낸 생활을 회상하기도 했다.

탈고 며칠을 앞두고 하늘이 무너지고 말았으니, 이 또한 내 불효의 소치 아니던가. 그래서 원고를 서둘러 마무리하고 기왕이면 스님 입적 백일에 출판하려고 동분서주했다. 백일이라는 숫자는 단지 나의 기도 기간이었다. 구국구세의 대원을 지니신 채 속히 사바로 돌아오십사 하는 간절한 기도의 날짜였다.

스님을 생각하고 지나온 나의 삶을 되돌아볼수록 아쉬움은 안개처럼 구름처럼 피어오른다. 생각하지 말고 뒤돌아보지 말자, 이렇게 다짐했다. 그러나 그것도 잠시뿐, 5월 신록의 계절. 나무를 바라보아도, 꽃잎을 바라보아도, 하늘을 보고 구름을 보아도 거기에 스님이 나타나고 지나온 내 모습이 나타나고, 앞날의 내모 습이 나타난다.

사람은 세월이 흘러 나이가 쌓일수록 지나온 인생이 자꾸만 나타난다는데, 그렇다면 세월이 흘러 시간이 지나면 잊혀지겠지 하는 한 가닥 기대도 역시 난망이겠다.

정들자 이별하는 인간의 삶, 철들자 부모가 떠나는 인간의 숙명, 과연 내가 넘지 못하고 무수한 인간이 넘지 못하는 거대한 운명의 산인가, 불가항력의 장애이기에 끝없는 탄식과 아픔만이 파도처럼 밀려오는 것일까.

알 수 없는 일이다. 알고 싶지 않은 일이다. 피할 수 없는 일이다. 피하고 싶지 않은 일이다. 인간으로 태어나 사람 속에 섞여 살아오면서 정들자 이별이라는 말을 무수히 들었고, 철들자 부모가 떠난다는 말도 무수히 들었다. 그 이야기를 들으면서도 그냥 심상하게 넘겼다. 이제 평범했던 그 말이, 심상히 넘겨들었던 그 말이, 귓가에 스치고 지나간 무수한 말 중에 한 가지에 지나지 않던 그 말이, 어찌하여 내 가슴을 이렇게도 아프게 후벼파고 내 몸을 마구 흔들어대는지 모르겠다.

인생은 이렇게도 한스럽고 슬픈 것인가. 그리고 한 치 앞도 보지 못하는 청맹과니인가. 스님이 계실 때는 천년만년 살 것으로 생각하여 온갖 핑계를 대놓고, 이제 눈에 보이지 않게 되자 피눈물을 쏟아내는 이중주는 누가 만든 서러운 곡인가. 그러면서도 오직 나만 잘났다고 남을 헐뜯고 비난하고 업신여긴 것이 그 얼마였던가. 교만과 독선을 가지고 세상을 바라보며 그것을 원력이라 했고, 위선과 아집으로 인생을 설계하며 그것을 진실이라고 했다.

이제 나는 자책하고 참회하며 내 인생을 다시금 되돌아보지 않을 수 없다.

나는 바뀌어가고 있다. 스님의 열반이 산처럼 요지부동이던 나를 서서히 허물고 있다. 무지와 교만의 산이 무너지고 있다.

"제발 나의 견고하던 사상산(四相山)을 허물어 주소서.

그리하여 무변 평야 기름진 옥토로 바꾸어 주소서.

냇물이 흐르고 온갖 기화요초 만발하고, 백수가 뛰어 노는 낙원이 되도록, 끝 간 데 없는 평원을 만들어 주소서.

나무 우거지고 새 노래하는 바라밀 세계를 현전케 하소서.

그리하여 동서남북 제각기 다른 곳에서 모여든 인간들이 한 형제로 오순도순 살 수 있는 불지촌(佛地村)을 이뤄주소서."

이렇게 기도해야겠다.

이 책이 나오기까지 불자 형제들의 우정이 컸다.

나의 소문난 달필(?)로 씌어진 어수선한 종이 원고지를 컴퓨터에 깨끗이 정리해 준 이주현·박성근 불자, 읽어 주신 김재영·신지견·황청원 제위 불자님, 부부가 합세하여 온갖 정성을 기울여 책이 되도록 교열하고 윤문하고 주선하고 제목까지 찾아 준 이재운·권경희 불자 내외분. 그들은 하던 일 미뤄 놓고 죽자 살자 달라붙어 스님의 교훈에 환희심을 냈다. 알고 보니 이 역시 나의 인연이 아니고 스님의 인연이었다. 스님께서 따로 상도 주고 칭찬도 하시리라.

또한 나와 더불어 영욕을 같이하면서 바라밀 운동을 변함없이 펼쳐나가는 현재의 보현도량 도우 여러분들, 그리고 스님의 뜻을 찾아 만나게 될 미래의 형제들, 작은 물방울 같은 곡절은 있어도 바다에 이르면 저절로 만나게 될 과거의 동지들, 모두모두 감사할 뿐이다.

또 있다. 주머니를 뒤져서 제작비를 보태준 평등심, 대연성, 묘덕심, 진여성 불자님. 종이를 전량 제공해준 신호그룹 회장이신 벽운 이순국 불자님. 오직 감사할 뿐이고 고개 숙여 부처님 전에 축원 올린다. 아울러 이 시대의 참 불자 덕산 이규택님은 일방적인 출판 제안에 웃음으로 맞아 주었고, 평소 우정을 두터이 나누고 있던 단국대 김상락 교수님은 표지 그림을 멋지게 그려 주었다.

문득 깨달음이 있었다. 작은 책 한 권을 만드는 데에도 이렇게 많은 분들의 노고가 있는데, 하물며 한평생의 인생살이에서 얼마나 많은 분들의 노고가 또 있을까. 알고 보니 나는 남의 노고 속에 사는 사람이지 않은가. 그렇다. 고마우신 노고에 겸손하고 보은하자. 가까운 곳에서부터…….

이제 나의 몫은 그분들 모두가, 온 세상 모두가 마음껏 평화와 자유를 누리도록 기도하는 일이다.

마하반야바라밀.

先師 대원적 백일(불기 2543년 6월 6일)을 앞둔

기묘년 부처님오신날에

도솔산 도피안사 마니당에서 松庵 謹誌

남기신 자취를……

스님께서 남기신 자취를 간직하려는 충정에서 글을 썼지만 다시 돌아보니 부족하고 미흡하기 그지없었다. 오히려 스님께 짐이 되고 누가 되지 않을까 하는 염려가 들기도 하여 그만둘까 생각한 적도 있었다.

그러나 세월이 흘러가도 스님께서 남겨주신 가르침은 산처럼 점점 높아만 가고 공중을 나는 학 같은 스님의 자취는 더욱 그립기만 하여 도저히 어찌할 수가 없었다. 그리고 스승께서 보여주신 고귀한 일상의 설법을 제자로서 길이 전하고픈 염원도 간절했던 터라, 다시 손질하여 조심스럽게 출판하게 되었다.

초판을 경서원에서 출판하였는데 이규택 불자님께 양해를 구하여 승낙을 얻은 뒤 다시 출판하였다. 마음껏 책을 만들고 싶었고, 스님 재세시에 스님께서 문서포교에 대한 비중을 높이 두었기에 필자 또한 그 부분을 간과할 수 없었기 때문이다. 스님에 대한 기록을 몇 가지 보충하고 내 나름의 기준으로 스님을 바로 모시려고 밤새워 다시 읽어가며 노력했으나 그것도 이미 속이 보일 정도의 뻔한 노릇이 되고 말았다. 원체 글 쓰는 재능이 부족했기에 더 어찌할 수 없었고 다만 정성만 더 기울였다는 생각으로 스스로를 달래고 말았다.

이 책을 다시 정성껏 잘 만들어준 진실한 불자 이상옥, 멋진 디자인으로 한층 품위를 높여준 김명희 씨에게 감사를 드리고, 이곳 도솔산에서 함께 살며 음으로 양으로 내 글 쓰는 작업을 도왔던 가까운 인연들께 감사의 마음을 전하고 싶다. 일상 속에서 그들에게 느꼈던 고마운 마음을 다시 덧붙여 쓰는 후기를 통해서나마 표현하고 싶었기 때문이다.

아무쪼록 스님의 위법망구의 보살 생애가 후세에 귀감이 되고 새 불교운동의 촉진제가 되며 나아가 한국불교 성장의 이정표가 되기를 바라마지 않는다.

나무대행보현보살마하살

2000년 盛夏

도솔산 도피안사 마니당에서 송암 謹誌

뛰어난 목수와 옹이 많은 소나무의 만남

이 책의 본문을 다 쓰고 이제 후기를 쓰면서 꼭 고백할 것이 하나 있다. 그것은 이 책의 주요 내용이기도 하지만 바로 나와 스님과의 특별한 인연에 대해서다. 사실 이 책 전체의 흐름은 사자(師資)의 유별했던 관계를 그 상좌(上佐)였고 당사자인 내가 솔직하게 모든 것을 다 고백해 가고 있는 것이다.

다시 말하면 그 각별했던 스승과 상좌 사이의 모든 인연을 다 드러내어 스승께서 상좌를 키우기 위해 얼마나 노고가 크셨는가를 알리고 싶었고, 또 스승의 진심을 알리는 것으로 하늘같으신 은혜를 조금이라도 보답하고 아울러 오래 간직하고 싶었던 것이 책이라는 수단이 되었던 것이다. 그것이 나의 본 마음이다.

그리고 그러한 대부분은 이미 앞의 본문에서 거의 다 밝혔고 여기 후기에서는 남은 한 가지를 꼭 말하고 싶어서다. 또 그것은 이 책 전체의 총 결론이라고 말해도 될 것이다.

이제 내가 그것을 고백함에 좀더 쉽게 비유하여 말하면 스님은 아주 뛰어난 목수와 같고 나는 야산(野山)에서 제멋대로 자란 굽고 옹이 많은 소나무와 같다. 그런 변변치 못한 재목을 얻은 목수는 밤낮으로 연구하고 다듬느라 제대로 잠도 못 자고 편안히 쉬지도 못하며 온갖 공을 다 기울였다. 그 까닭은 비록 쓸모없고 보잘것없는 재목이긴 했지만 그래도 나무 중에서는 사람들이 가장 좋아하고 족보가 으뜸인 소나무이기에 자로 재고 대패질을 하고 옹이를 잘라 내어 특성을 살렸던 것이다. 그래서 그 소나무에는 구석구석 목수의 손때가 반질반질하게 묻어 있다.

목수는 이미 얻은 재목이 최소한 무용(無用)한 물건으로 내버려지는 것을 막기 위해 그 힘든 노고를 마다하지 않았고 온 심혈을 기울여 집 짓는 그 어디, 한 모퉁이에라도 유용(有用)하게 하기 위해 끝까지 최선을 다했던 것이다. 오직 그 재목이 버려지지 않고 어디라도 쓰이는 것만이 목수의 간절한 바람이었고 또 목수로서 자신이 짊어져야 할 의무라고 생각했기에, 목수의 모든 기술을 쏟아 부었던 것이다. 아마 웬만한 목수였다면 굽고 옹이 많은 소나무를 벌써 내다 버렸을지도 모를 일이다. 이것이 나와 스님과의 특별한 관계였고 하나 남은 고백의 내용이다.

옛날, 왕조 시절에 황제가 별세하면 용귀대해(龍歸大海)라고 하였다. 나는 스님의 열반을 화귀본공(化歸本空)이라고 말하고 싶다. 왜냐하면 스님께서는 교화(敎化)의 인연을 모두 마치고 마치 부처님처럼 본래 그 자리로 돌아가셨기 때문이다. 이런 엄연한 사실을 이미 생각하고 또 뻔히 알면서도 나는 스님께서 속히 오십사 하고 간절히 바라고 있다. 스님 당신 입장에서야 번거롭고 귀찮은 일일수도 있다. 하지만 보현행원품에 보살의 행원이 끝이 없는 까닭은 중생이 끝이 없어서가 아니라 내 생명이 끝이 없이 무궁하기 때문에 행원 역시 무궁하다는 것을 이미 밝혀 주고 있다. 그런 보현의 입장에서 본다면 스님께서는 마땅히 다시 오셔서 거듭 큰일을 밝히셔야 한다고 나는 감히 당돌함을 무릅쓰고 주장한다. 그러기에 나는 스님 대원적 반야삼매 1주년(2000년 2월 27일)을 당하여 3년

결사 기도에 들어갔다.

3년 동안 일체 산문을 나서지 않고 오로지 기도 정진에만 충실하리라는 뜨거운 각오를 세웠다. 그것은 이미 앞에서 말한 대로 스님께서 속히 불광에 다시 오셔야 된다는 내 주장을 관철시키기 위해서다. 아무튼 매일매일 기도 시간을 잘 챙기는 것은 기도 발원자라면 누구나 갖게 되는 기본일 것이다.

나는 그런 시간 외에 따로 스님을 생각하는 시간을 많이 가지고 있다. 물론 거기에는 내 나름대로 충분한 까닭이 있기 때문이다. 그것은 스님을 생각하면 할수록 공부가 깊어지고 예전에 미처 몰랐던 사실을 다시 알게 되며, 이해하지 못했던 법문을 깨닫게 되는 내 자신을 새롭게 발견해서이다. 그러기에 나는 더더욱 신심을 내어 스님께서 생전에 내리셨던 고구정녕의 훈도를 거듭 떠올리고, 스님의 일상생활, 평소의 언행 등 온갖 것들에 대한 기록을 찾고 자료를 수집하여, 음미하고 뜻을 새긴다. 이 모두는 나에게 정진과 같고 화두와 같고 조사어록과 같다. 또 나에게 강을 건네 주는 나룻배와 같다.

아, 그러나 지금 내 몰골이 너무나 안타깝다. 버스 지나가고 난 뒤에 손들고 우두커니 서 있다니, 나는 세상에 웃음거리가 되고 말았다. 그렇지만 다시 정신을 차려 이렇게 늦게나마 겨우 철이 드는 나를 또 다른 내가 예의주시하고 있다. 스님 주세(住世)시에는 미처 알지 못하여 캄캄했던 것도 지금에야 가슴에 사무치게 느껴져서 새삼 놀라운 눈으로 다시 나를 바라보게 되니 말이다.

결국 알고 보면 이 모든 것은 오직 나를 위해서다. 때로는 스님을 위한답시고, 은혜를 갚는다고 온갖 미사여구와 중언부언을 수없이 거듭 해도 종국은 역시 나를 위해서라는 것이다. 그래서 이런 책도 나오게 되나 보다.

아무튼 내가 나를 위해 쓴 이 특별한 책, 나는 내가 쓴 책을 항상 내 머리맡에 두고 바라보기도 하고 자주 여기저기를 펴서 순서 없이 읽기도 한다. 내가 발원하고 노력하여 다시 모신 스님과 함께 살고 싶어서다. 어느 때나 스님을 만나고 직접 교훈을 받으면 내가 인생을 살아가는 데 힘을 얻고 안심을 얻어 즐겁고 든든하다. 그러기에 스님 육신은 비록 멸하셨지만 법신(가르침)은 나에게 큰 의지처이고 내가 기댈 수 있는 유일한 언덕이며, 또 영원한 귀의처이다. 이와 같이 스님은 나에게 생전과 조금도 다름없으시다.

아, 스님의 은혜는 이와 같이 생멸(生滅)이 없으며 증감(增減)이 없고 거래(去來)가 없어 하늘보다 더 높은데, 내 키는 겨우 육척도 되지 않는다.

나에게 또 한 분의 스승님인 이 책도, 사실은 내 혼자 힘으로 만든 것이 아니다. 지난번(1권)처럼 전적으로 다른 분들의 은혜 덕분에 이 책(스님)이 세상에 출현(환생)하게 되었다. 그 은혜의 주인공들은 우선 가장 가까이에 있는 우리 신도들이다. 그들의 소박한 표현을 빌어보면 이곳 도피안사의 주지인 내가 어서어서 큰스님이 되는 것이 가장 큰 소원이란다. 나는 먼저 소박한 소원을 품어준 그들 모두에게 무한히 감사하고 싶다.

이 책이 나오기까지 스님의 후사를 묵묵히 받들고 있는 불광회 회주이며 불광 문도의 문장이신 보륜지정(寶輪至淨) 큰 사형께서 여러모로 보살펴 주었다. 그 후의에 깊이 감사한다.

그리고 이 책을 쓰는 동안 곁에서 말없이 지켜봐 주신 여러 증인들이 있다. 경진년 동안거(冬安居) 기간 동안 도피안사 나한전 시봉을 해준 성해(成海) 선사, 스님의 일대기를 감동적으로 쓴 김재영 법사님, 그리고 스님의 이야기가 두 번째 세상에 나온다고 무척 좋아하는 지혜심·월광화 두 노 보살님, 여고 학창시절부터 동창이었고 지금은 도피안사 염불 도반으로까지 발전한 평등심·대연성 두 우정 깊은 불자님, 언제나 변함없이 가까이서 도솔산 불사를 지켜 주고 담당해준 묘덕심·진여성 두 고마운 불자님, 심지어 어린 나이임에도 월급을 푼푼이 모아서 크게 거들어 준 이동섭군 등, 이들의 보살행이 아니었으면 이 책이 제때에 나오기가 어려웠을 것이다. 무척 고맙다.

또 지난번처럼 이재운 불자님이 바쁜 중에도 하나하나 읽어 주었고, 박성근 불자는 수원에서 죽산을 안방에서 건넌방 가듯이 부지런히 뛰어다녔다. 책 만드는 일류 기술자인 이상옥·김명희 콤비는 이번에도 역시 성심과 재능을 아끼지 않았다.

이미 오래전 불광유치원 건립 불사 때 써 주셨던 글씨를 그동안 고이 간직했다가 이번에 두 점을 이 책에 모셨다. 바로 칠보사 회주이신 석주 노스님의 은혜이다. 장(章)마다 선화(禪畵)를 그려주신 석정 큰스님의 각별한 보살핌, 컷을 그려 주신 소전 최홍원 화백님, 스님의 무성종송(無聲鍾頌)을 써 주신 서예가 죽림 정웅표 불자님, 운경표구사 김용신님 등 여러분들의 신심과 협력에 깊이 감사한다.

아울러 스님이 한평생 닦으신 수행공덕을 목청껏 소리 높여 찬송가를 멋지게 불러 주신 종단의 여러 명학 보살님들과 스님에 대한 신심이 너무나 깊은 글을 쓴 단월(檀越)들께도 특별히 감사한다.

그동안 나는 도를 제대로 닦지도 못하면서 세속의 어버이께는 얼음처럼 냉랭하게 대하여 그분들께 부처님 법은 이와 같이 차가운 것인가 하는 잘못된 의혹만 전해 드렸다. 무엇보다 부처님의 가르침을 왜곡시킨 죄, 실로 크다고 하겠다.

끝으로 세상을 살다 보면 잘하려고 열심히 노력했는데도 잘못되는 경우가 왕왕 있다. 만약, 이 책에 그런 부분이 있다면 나는 스님께 영영 벗어날 수 없는 큰 빚을 거듭 지게 된 것이다. 나는 스님께 진 그 무거운 빚을 갚기 위해서라도 어김없이 다음 생에 스님을 다시 만나게 될 것이다. 그것은 이미 오래 전부터 희망한 나의 간절한 소원이었으니, 이제 다시 무엇을 더 바라겠는가. 나무보현보살마하살.

先師 大圓寂 二週期를 앞두고

庚辰年 冬安居 解制日에

도솔산 도피안사 내원당에서　不肖門人 松庵至元 泣撰

追記 ————————————————————————————

이 책을 쓰는 지난 일 년 동안 내 곁에서 소리 없이 묵묵히 맡은 바 임무를 충실히 해준 고마운 분들이 있다. 보현행, 혜공, 혜안, 원각, 혜봉, 혜각, 묘산, 법진, 법해, 경덕, 혜우 등에게 변함없이 오래오래 함께 불사할 수 있기를 바라고, 아울러 동수정업할 뜻만 세워 놓고 아직도 시절 인연이 도래하지 않아 보현 대도량에 합류하지 못한 벗들께는 어서 만나서 함께 도 닦을 수 있기를 간절히 기도한다.

'스승을 벗어나라!'

1.

어떤 불자가 나에게 찾아와서 이렇게 조언을 했다.

"스승을 벗어나라. 스승의 그늘에 안주(安住)하려 하지 마라. 뛰어난 제자는 오히려 스승을 능가해야 스승과 제자가 함께 살게 되고, 우리 불교도 크게 교세를 더하게 된다."

사실 이와 비슷한 조언을 여러 번 들었다. 처음 '시봉일기 1(내일이면 늦으리)'을 출간했을 때는 주위에서 거의 관심을 갖지 않았는데, '시봉일기 2(징검다리)'가 출간되자 여기저기서 전화가 오기도 하고 직접 방문하기도 하여 친절한 조언과 격려를 아끼지 않았다. 매우 고마운 일이었다. 그러나 나는 그 고마운 조언을 받아들이지 못했다. 왜냐하면 스승을 능가하는 것은 스승의 가르침에 충실하여 더 배울 것이 없는 익숙한 사람에게나 해당되는 말이지, 그렇지 못한 나에게는 오히려 앞으로 더욱 충실해져야 하는 일로 생각했기 때문이다.

사실 인간사 모든 일은 억지로 되는 것이 하나도 없다는 생각이 든다. 봄에 뿌린 씨앗이 가을에 결실되듯 우리 인생도 저 자연의 엄정한 질서처럼 억지가 없을 때 비로소 평화도 있고 행복도 있게 되지 않을까. 마찬가지로 제자가 스승을 섬기고 혜명(慧命)을 잇고 가르침을 따라 배우는 일에 충실하다 보면 저절로 진일보하게 되거나 스승의 사상을 발전시키게 된다고 생각한다. 청출어람(靑出於藍)이라는 말처럼. 푸른색이 쪽빛에서 나왔다는 것은, 역시 근본에 충실했음을 일러주는 교훈임에 재론의 여지가 없다. 그런데도 불구하고 억지로 '스승을 능가하자, 스승의 그늘을 벗어나자.'고 한다면 필경 불경(不敬)을 저지르게 될 것이고 인간의 상도(常道)를 벗어나는 옳지 못한 일이 되고 말 것이다.

아마도 주변의 불자들에게 내가 너무나 선사(先師)의 테두리에서 벗어나지 못하고 전전긍긍하는 모습이 안타깝고 애처롭게 보였나보다. 만약 나의 그와 같은 범정(凡情)의 부침과 기복에서 벗어나지 못하는 안타까운 모습 때문에 '스승을 벗어나라'고 말하였다면 그 책임은 전적으로 나에게 있음을 인정한다.

2.

아무튼 나는 힘에 겨운 시봉일기 시리즈를 엮어가면서 마치 유물을 발굴하고 조사하는 고고학자처럼, 누가 스님에 대한 자료를 한마디라도 전해 주면 그것을 토대로 하여 사실에 대한 원형을 복원하려고 실로 많은 궁리와 노력을 쏟았다. 비록 내 부족한 재능과 여러 가지 역경이 있다 해도 줄곧 꿋꿋하게 버티어 나갔고 이겨 나갔다. 마치 도(道)를 구하는 구도자가 용맹정진으로 고행하는 것처럼 밤늦도록 책상에 앉아서 매캐한 묵은 노트를 뒤적였고, 그 밖의 전거(典據)를 찾기 위해 강물에 빠뜨린 칼을 찾듯 고전(古典)의 강가를 홀로 서성거렸다.

피곤한 몸을 달래느라 누워서 잠을 자다가도 깜짝 눈이 뜨이면 마치 용수철처럼 튕겨 일어나곤 했다. 좀더 맑은 정신이면 더 좋은 글이 나오고 새로운 영감이 솟아오를 것이라는 기대 때문이었다.

그리고 실제로 그런 때 많은 암시를 받았고, 기도 중에 번갯불처럼 내 가슴에 되살아난 기억도 무척 많았다. 그럴 때는 더더욱 노래 부르듯 춤추듯 목탁 치고 염불했다. 이와 같이 나의 천일기도(시묘살이)는 바로 스님의 교화 행적을 하나하나 되찾아 가는 내 평생 가장 뜨거운 수행이고 정진이다.

3.

이렇게 전심전력을 다 기울여서야 간신히 책 한 권을 얻게 된다. 이 힘든 고행(원고 작업)은 스님(光德)에 대한 1차 자료수집이다. 행여나 자료가 흩어지지 않을까 하는 염려와 조바심으로 무조건 주워 담는 단순작업이다. 자료에 대한 객관성이나 희귀성은 내가 판단해야 할 일이 아니라고 본다. 자료로서의 가치 판단은 어디까지나 내가 아닌 제3자의 몫이고 또는 후세 사람들의 몫일뿐이다. 그러하기에 나는 무지하다 싶을 정도로 앞뒤 분간 없이 스님의 면모를 한 조각이라도 더 찾아서 남기려고 애쓰고 노력을 기울였다. 남이 보기에는 분명 억지도 있을 것이지만 그러나 이것만이 스님의 상좌인 내가 할 수 있는 일이고 취할 태도라고 생각한다.

그러나 나는 저술가도 아니고 학자도 아니다. 그런 까닭에 글(자료)에 대한 체계나 구성, 문장은 조악하고 엉성하기 짝이 없다. 독자들이 읽기에 많은 불편이 따를 것이다. 또 나는 이러한 글을 세상에 내놓기가 민망스러운 것도 사실이다. 그렇지만 오직 나의 관심은 스님의 상좌로서 자료를 충실히 모으는 것, 그것이 지금 내가 서 있는 이 자리에서 할 수 있는 최선의 일이고, 내게 맡겨진 임무라는 이유를 들어서 두 눈을 꾹 감기로 했다.

사뭇 외람된 말이지만 나는 나에게 주어진 이 임무를 완수하기 위해 앞뒤를 돌아보거나, 인사를 다니거나, 주지로서 여러 의무를 수행할 사이도 없이 오직 도피안사 스님이 머물렀던 그 자리, 내원(內院)에 엎드려서 이 일련의 작업에 매달려 불철주야 노력을 쏟고 있다. 왜냐하면 이 일만이 스님으로부터 입은 강산같이 무거운 은혜의 만 분의 일이라도 갚는 것이라고 생각했기 때문이다.

이 한 권의 책이 나오기까지, 유찬(幽燦) 박경훈(朴敬勛) 노사(老士)께서 스님과 도반(知音)의 오랜 우정으로 옛날 기억을 일일이 당신의 서가에서 또는 가슴에서 되찾아주고 미국에 있는 가족 곁으로 떠났다.

그리고 이번에도 스님의 책이 나온다고 좋아라 하면서 여러 선남선녀들이 흔쾌히 동참하고 응원했다. 물론 스님의 법력, 그 자비교화의 크신 은혜 때문이리라. 그들 모든 선남선녀들에게 스님의 축복이 따로 있을 것이라고 믿는다.

불광회 창립 27주년을 멀리 도솔산에서 바라보며

불기 2545(신사)년 10월

不肖門人 松庵至元 謹誌

하늘꽃

지상의 꽃이 아무리 아름다워도 시든 하늘꽃만 못하다는 말이 있다. 이 말은 본래 스님들의 출가, 즉 출가수행의 공덕과 그 고귀함을 적시하여 표현한 말이라고 한다.

나는 그동안 '시봉일기'를 써오면서 스님의 삶을 하나하나 다시 떠올려보며, 마치 스님의 삶[生涯]이 이 하늘꽃 같다고 느꼈다. 일찍이 고인(古人)이 출가를 하늘꽃 같다고 한 표현은 바로 스님 같은 출가 수행자를 표준으로 하지 않았을까 하고 생각해 보았기 때문이다. 그러므로 나는 이 말 밖에 그 어떠한 말도 스님의 삶을 온전하게 표현하기가 적당치 않았음을 고백한다.

얼마 전 우담바라 꽃을 두고 세간의 논객들이 설전을 벌였는데, 만약 그 당시 누가 나에게 우담바라 꽃이 무엇이냐고 물었다면 나는 서슴없이 스님의 삶, 그 자체라고 답했을 것이다. 왜냐하면 우담바라 역시 하늘꽃이요, 지상의 꽃보다 아름답고 귀하고 뛰어나기 때문이다. 특히 스님의 출가가 있기까지 그 과정은 일반 범인들로서는 미처 상상조차 하기 어려운 일이기에 더더욱 하늘꽃, 우담바라일 수밖에 없다고 단정한다.

스님은 무려 10년이 넘는 기나긴 세월을 오직 행자로 헌신과 절제를 연마하여 하심(下心)과 겸손을 닦았고, 나아가 구국구세(救國

救世)의 대원대행(大願大行)을 서원한 후 드디어 대사일번(大死一番)의 출가를 이루었으니, 이에 하늘꽃이라는 표현 말고 더 무슨 표현을 따로 찾겠는가. 오늘날의 세태로 볼 것 같으면 마치 전설이나 신화 같은 일이다.

그러나 아무리 고귀한 하늘꽃이라 하여도 그 꽃을 모든 사람이 다 알아보는 것은 아닌 것 같다. 제각각 눈높이에 따라 이해하는 수준이 다르고 받아들이는 한계가 다르다. 그러하기에 비록 하늘꽃이 눈앞에 활짝 피어 있어도 온전히 알지 못할 뿐만 아니라, 설령 알았다 해도 해석은 천차만별, 또 각자의 생각에 따라 제멋대로 이야기하거나, 아니면 그러한 꽃은 아예 없는 것이라고 무시해 버리기도 한다. 그렇지만 사람들이 하늘꽃을 미처 알아보지 못한다고 해서 그 탓이 하늘꽃에 있는 것은 분명 아니다.

나는 이 '시봉일기'를 쓰면서 참으로 많은 공부를 했다. 그렇기 때문에 주변에서 누가 무슨 말을 걸어오더라도 전혀 개의치 않고 줄곧 써나갈 수 있었다. 앞에서 말한 대로 우선 내게 공부가 되었기 때문이다. 특히 이 책 '사부대중의 구세송'을 엮으면서는 더더욱 풍부한 인생 체험까지 할 수 있었다.

말하자면 이런 점이다. 평소 우리가 삶을 살아가면서 스승이나 친구나 또는 주변 사람들에게 신의를 지키고 약속을 실천하며 우정을 키워 가는 인간 사회의 미덕은 저절로 얻어지는 것이 아니라는 사실이다. 즉 그런 도덕과 미풍양속을 이룩하는 데는 스스로에게 여러 가지 불이익이나 손해도 따르게 된다는 것. 그렇기에 자신에게 얹어지는 정신적·물리적 손해(?)를 감수하지 않고는 인간 사회의 미덕은 결코 나타날 수 없는 것이다. 또 그러한 손해를 두려워하거나 망설인다면 일생 동안 단 한 번도 스스로는 미덕의 주인공은 될 수 없다. 이것은 너무나 분명하여 마치 만고불변의 법칙과 같다. 그러므로 모든 미덕이나 이타행은 철저하게 헌신을 뿌리로 하고 있다는 이 숙연한 사실, 이 책을 엮어가면서 나는 이 점을 다시 터득했고 그것은 소중한 깨달음이었다.

예로부터 '새와 사람은 높은 곳을 찾아간다'고 했다. 이 말은 그 옛날의 염량세태만 풍자한 것이 아니라 인지와 문명이 발달한 오늘날에도 해당되는 말이다. 이 말에 대해서만은 고금에 조금도 달라진 것이 없다. 오히려 높은 곳을 향하는 인심은 작금에 들어 더욱 치성한 느낌마저 든다. 그러나 이러한 범격(凡格)은 속세의 일이며, 또 먹고살기 바쁜 세상살이의 한 단면이라고 말해야 좋겠지만, 무상도(無上道)를 배우는 사람들에게도 예외는 아닌 것 같다. 재가·출가를 막론하고 학불자(學佛者)는 마땅히 대의(大義)와 은의(恩義) 앞에 목전의 이익이나 벼슬, 명예를 마치 티끌이나 초로(草露)같이 여겨 안중에도 없을 줄 알았는데, 사실은 학불자들도 염량세태의 범격과 거의 다르지 않다고나 할까, 아니면 거의 같다고나 할까. 즉 자신의 현실이나 앞날에 별 도움이 되지 않는다거나 장애가 될 수 있다고 판단되면 마치 먼 산을 바라보듯 슬며시 피해갔고 외면했다. 지난 시절 선사(先師)에게 입은 지은(知恩)마저도 까마득히 잊은 사람처럼 마냥 겉돌거나 또는 못 들은 척 하기 일쑤였다. 나는 이 점을 통감하면서 오히려 내 자신을 깊이 살펴보는 계기가 되었다. 순경(順境)의 공부가 아닌 역경(逆境)의 공부였다.

또 대부분의 사람들은 평소에 글을 써보지 않았던 까닭에 선사(先師)와의 인연담을 청하면 무척 당혹스러워 했다. 나는 상대방의 마음을 불편하게 했다는 죄책감으로 몸둘 바를 모른 적도 여러 번이었다. 그러나 다시 심호흡을 하고 설득하여 어렵게 승낙을 받기도 했지만 끝내 이루지 못한 경우가 더 많다. 어떤 경건한 사람들은 '큰스님과의 관계가 너무나 소중해서 감히 언어문자로 감당되지 않는다'고도 했다. 내지 하루하루 생활이 바쁜 장삼이사(張三李四)의 평범한 사람들 등등. 이와 같이 인연담을 쓰지 못한 사연과 까닭은 무척 다채로웠다.

그러나 알고 보면 여기에 더 많은 인연담이 실리지 못한 것은 사실 나의 태부족 탓이다. 수행과 신심, 그리고 스승에 대한 정성이 수준과 함량에서 엄청 미달했기 때문이라는 것을 솔직히 고백한다. 스승 앞에, 그리고 여러 인연들 앞에, 나는 이 책을 출간하면서 경건히 옷깃을 여미고 조용히 두 무릎을 꿇는다.

이 '사부대중의 구세송'은 시봉일기 1·2에 수록된 여러 어른들의 글을 바탕으로 재구성한 것이다. 좀더 짜임새 있고 일목요연하게 배열하였으면 하는 생각으로 작업에 임했다. 나중에 받은 원고는 추가분이라고 해야 할 것이지만 약간의 변화(順序)를 시도한 것도 있다. 여러 점을 고려한 결과였다. 후세 학불자들이 혹시 선사를 생각할 때 작은 에피소드 하나라도 참고가 되지 않을까 하는 편자 나름대로의 심모원려(?)가 있었다고 보아주면 좋겠다.

이제 옥고(玉稿)를 주신 여러 존사대덕(尊師大德), 제현달사(諸賢達士)들께 오체투지로 감사의 예배를 무수히 올려마지 않는다. 나는 귀한 여러 인연담을 한마디로 묶어서 '사부대중의 구세송'이라는 제목으로 붙였다. 구국구세의 화신(化身)을 노래했으니 거기에 대한 노래는 역시 구국가(救國歌)나 구세가(救世歌) 밖에 다른 노래가 있겠는가 해서 붙인 제목이다. 정성의 노고를 베풀어주신 존명대사(尊名大士)들께 거듭 경배하여 마지않는다.

그리고 이 책을 출간하기까지 법륜 이상옥·김명희 듀엣에게 감사한다. 그리고 주야장 나와 함께 수행하는 여러 벗들의 노고도 컸다. 법해, 혜관, 일운, 그리고 평등심을 비롯한 여러 단월들이다. 함께 있기에 가끔 이유 없는 짜증도 부리고 어리광도 부렸지만 역시 지중한 인연자들임에는 틀림없다. 그 까닭은 선사(先師)의 일에도 뜻을 같이하고 불사(佛事)에도 원행(願行)을 같이하고 있기 때문. 그들의 도움이 없다면 과연 무엇이 가능할까.

그리고 나의 일(出版)에 아픈 육신을 감추어가며 지극히 헌신했던 혜공거사 김두생 불자님, 원고를 알뜰하게 읽고 마음을 다해 조언을 아끼지 않았던 연세대 사학과 벽안거사 김준석 교수님이 차례로 귀공(歸空)하셨다. 무상(無常)의 설법을 온몸으로 보여준 충격에 나는 한동안 심신을 가눌 수가 없었다.

'아아, 내 마음에 슬픔을 남겼고 우리들의 두 눈에 눈물을 남기고 표표히 가셨구나.'

곰곰이 그분들의 덕화를 다시 생각해 보면 그분들이야말로 바로 이 땅의 또 다른 구세보살들이셨다. 다시 빛으로 돌아오시기를 간절히 축원 올린다. 나무대행보현보살마하살.

불기 2546년 6월 도솔산 개산 10주년을 앞두고
도피안사 묘향대에서 松庵至元 謹誌

천지(天地)는 무심(無心)하기에 영원(永遠)하다

－無我와 獻身－

산은 여전히 산이며 물은 여전히 물이다.

이 자리는 조작이 없으며 헤아리거나 생각도 없다. 마치 일월이 허공에 운행하듯이 잠시도 멈추지 않으며 또한 일월 스스로 허다 한 이름과 모습이 있다고 말하지 않는 것과 같다. 마치 하늘이 두 루 덮어주고 땅이 널리 만물을 실어주는 것처럼 마음이 없기에 영 원히 만물을 키운다. 그러면서도 일월 스스로가 많은 일을 했다고 말하지 않는 것과도 같다.

천지는 무심하기에 영원하다. 마음이 있었다면 언젠가는 끝이 있 었을 것이다. 도를 얻은 사람 또한 이와 같다.

(山依舊是山 水依舊是水 無造作 無緣慮 如日月運於太虛 未嘗暫止 亦不道我有許多名相 如天普蓋 似地普擎 爲無心故 所以長養萬物 亦不 道我有許多功行 天地爲無心故 所以長久 若有心則有限齋 得道之人 亦 復如是)' - 벽암록 80칙

내가 이번 '환생'전(展)을 꾸민 뜻은 '끝없는 무아행'·'다함 없 는 자기헌신', 오직 이 두 가지를 통해 중생성숙, 국토성취라는 보 살의 대원대행(大願大行)을 더욱 원만하고 싶은 생각에서이다.

왜냐하면 선사(先師) 재세시(在世時)에 그처럼 보리도(菩提道)를

닦으셨고, 또 그것이 부처님의 본원이며, 불교의 핵심인 대비구세(大悲救世)라고 평소 신앙하고 있기 때문이다. 그리고 이 전시회를 통해 우리 모든 불자형제들이 자신의 본 모습인 무아와 헌신을 자각하고 확인하는 기회를 가져야 하며, 오직 그렇게 살아가야 한다는 것을 다짐하고자 해서이다.

그러므로 환생은 무아의 실천인 헌신이고 보살도이다. 환생(還生)·권화현(權化現)은 모든 불보살의 대비원력으로 시현수생(示現受生)한 것이며 구체적인 보현보살, 지장보살 등 보살마하살이시다.

또한 선사께서도 생전에 다시 오겠다는 환생 다짐을 누누이 두셨다. 그 말씀을 곁에서 들은 나로서는 어떤 형태로든지 선사의 속환사바(速還娑婆)를 기원하지 않을 수 없다.

또 오늘날 인류가 처한 수많은 문제 덩어리의 현실 가운데서 선사의 사상이야말로 그 문제를 척결하기 위한 너무나 절실한 구세의 묘방편이기에, 더더욱 선사의 환생을 고대치 않을 수 없는 시대가 되었다.

거듭 말하거니와 선사께서는 이 땅을 떠나시기 전 "나는 죽는 몸이 아니야! 다시 돌아와서 불광운동을 계속 할 테야"라고, 명백히 약속하셨다. 나는 그 때문에 수미산을 순례하여 선사의 속환을 발원했으며, 또 '시봉일기'를 쓰기 시작했고, 이렇게 '환생전'까지 기획하여 마련하게 되었다.

그러나 이 모든 것은 나의 뜻으로나 머리로 이루어진 것이 아니다. 여기서 나의 조그마한 능력은 마치 태양 앞에 반딧불같이 미미하기 그지없는 것이다. 그러므로 나는 선사의 원력바다[大願海]에 뛰어들어가 그 지혜에 의지했고 그 자비 행원을 언덕으로 삼아 용기를 내었다. 오직 선사의 힘, 그 힘으로 사람을 만나면 어렵던 일도 잘 풀렸고 뜻밖의 도움도 받게 되었으며 안 될 것 같은 일도 가능하였다. 이런 내 생각 밖의 여러 일들을 나는 할 수 없이 가호력이나 기연(奇緣)이라고 억지로 말하지만 사실은 가호력이나 기연이 아니고 선사의 힘[願力]이었다는 것을 새삼 절감했다.

그러나 이 일도 오늘의 현실 속에서 이루어야 하는 불사이기에 결코 쉬운 일이 아니었음은 자명한 일. 애시당초 이 일이 쉬우리라 생각했거나 기대했던 것은 더더욱 아니었다. 그러기에 온갖 고초의 과정을 필요로 했는지도 모르겠다. 내가 그런 일련의 과정을 겪는 가운데 거기서 또다시 얻은 뜻은 바로 '무아·헌신'에 대한 보다 심화된 깨우침[信念]이었다.

무아(無我)에 대해서 퇴옹성철(退翁性徹) 종정께서는 '자기는 아주 잊어버리고 오직 일체 중생을 위해서만 산다'(보현행원품 서문)라는 한마디로 적시(摘示)하셨다. 비록 말은 짧지만 상상도 못할 광대무변한 세계, 보살의 무진만행이다. 종정께서는 계속해서 이렇게 말씀하셨다.

'法性이 無盡하므로 法界가 無限하며 법계가 무한하므로 時分이 無量하다. 시분이 무량하므로 衆生이 無邊하며 중생이 무변하므로 慈悲가 無窮하다.'

바로 무아가 그 근원임을 천명하고 있다. 그러기에 보현행원이 곧 무아행임을 나타내 주고 있다. 이러한 무아행이야말로 보살행이고 보현대도이며, 모든 수행의 귀결이며, 총결인 불행(佛行)이다. 그러므로 무아행은 당연히 성불행(成佛行), 열반행(涅槃行), 피안행(彼岸行)이다.

그럼 헌신(獻身)은 무엇일까? 우선 손쉬운 방법이긴 하지만 국어사전을 찾아보면 이렇게 설명하고 있다. '어떤 일에 자기의 이해관계를 떠나서 희생적으로 몸과 마음을 바쳐 힘을 다함'이고, 또 불교사전에는 '몸을 부처님께 바치는 것'이라고 적고 있다.

우리 인간 누구나 각자의 분망한 삶을 잠시 동안 내려놓고 홀연히 제삼자가 되어서, 조용히 자신의 인생과 우주의 이치를 한번 살펴보자. 그렇게 하면 거기서 놀라운 사실을 발견하게 될 것이다.

그것은, 인간 모두가 서로 긴밀하게 협력하고 있다는 사실이다. 친소나 피아, 은원을 떠나서 내용적으로는 분리되어 있지 않고 서로 엉켜서 한 덩어리로 살아가고 있다. 비단 인간뿐만 아니라 나아가 생태계 전체가 미묘하게 돕고 도움 받는 불가분의 공생관계에 있다. 그러기에 사람들은 서로 알게 모르게, 보이게 보이지 않게 참으로 은근히 뜻을 합해 상대를 적극 도와주고 있음을 조용한 눈으로 바라볼 수 있다.

참 묘하게도 그것은 시공을 초월해서 협력의 작용이 이루어진다. 처음에는 반대하고 있는 것처럼 보였으나 나중에는 결국 그 반대로 일이 더 잘 되는 것도 있고, 또 아주 잘 되던 일도 미세한 차이로 안 되는 경우도 있다. 또한 이쪽에서 어려웠던 일이 전혀 다른 저쪽에서 가능하고 해결되어 가는 것도 있다. 이러한 미묘하고 무궁한 이치[緣起]의 근원을 파고 들어가 보면 거기에 바로, 서로 협력하는 양질의 봉사행, 둘이 아닌 무아의 무연대비가 있음을 알게 된다. 우리 불자들은 그것을 한마디로 부처님의 뜻이라고 말할 수밖에 없을 것이다.

우리가 몸담고 있는 이 우주는 완벽한 질서를 내포하고 있다. 해와 달, 별로부터 삼라만상 두두물물 일초일목에 이르기까지 그 모든 것은 제각각 엄정한 질서 속에서 존재하고 있다. 즉 알게 모르게 또 보이게 보이지 않게 아주 미묘한 내적 질서를 가지고 있다. 그런 우주의 질서 속에는 제각각 매우 합리적인 체계를 갖추고 있는데, 그런 완벽한 구조와 질서를 우리는 우주의 섭리[法界]라고 말하기도 한다.

우리가 포함된 이 생태계는 단순한 식물에서부터 고등동물에 이르기까지 두루 망라되어 있다. 그런데 그 생존방식은 먹이사슬로 서로 엮어져 있으므로 분리해서는 안 되는 밀접한 공존·공생관계를 이루고 있다. 만약에 분리되면 이변이 생기는 것이다.

이런 불가분의 엄정한 생명질서를 약육강식의 논리로 풀면 많은 무리가 따르게 되고 내지 돌이킬 수 없는 착오를 범하게 된다. 약육강식을 전제한 힘의 논리를 바탕으로 생태계의 중중첩첩한 다중구조를 들여다보면 자칫 크게 오해할 수도 있다. 왜냐하면 그 생태계 정점에는 힘 있는 고등동물이 존재하고, 그중에서도 머리가 있는 인간이 자연계를 지배하고 있다고 생각하고, 그것이 인간만이 가진 천부적인 권리라고 착각하기 쉽기 때문이다.

그렇지만 이제는 약육강식(弱肉强食)의 힘보다는 공존공생(共存共生)이란 지혜가 더 중요하다는 사실을 인간생존의 막다른 골목에서야 깨달아가고 있다.

이러한 시점에서 힘의 논리가 아닌 지혜의 안목으로 생태계, 즉 법계연기(法界緣起)를 살펴볼 때, 거기에는 오직 서로가 서로에게 봉사하는 원초본능인 무아행(無我行)이 있고, 헌신이라는 이름의 그 작용만 있을 뿐이다.

즉 바꾸어 말하면 삼라만상은 서로 무한히 사랑하는 사이다. 그러기에 이기적인 계산이나 복잡한 여러 생각은 본래 없고, 그 어떠한 욕망도 이 질서 속에서는 통하지 않는다. 다만 순수하게 서로가 서로에게 기여하는 삶만이 알게 모르게 조용히 진행되고 미묘하게 작용한다. 아득한 옛날부터 지금까지 말이다. 그러므로 자연과 인간을 비롯한 모든 관계에서 서로가 서로를 소중히 대해야 하는 근원적인 도덕과 예절이 바로 여기에서 비롯되고 있다.

그러므로 인간은 무아 또는 헌신이라는 이름과 설명으로 삶이 시작되기도 하고 끝나기도 한다고 하겠다. 그런 삶 속에서 불가분의 공생관계를 깨닫고, 그 속에서 무아와 헌신을 볼 수 있고, 그러한 무아행을 통해 커다란 자기를 발견할 수 있을 때, 인간 존재의 투명성이 확연히 드러나게 되고 높은 가치를 스스로 지니고 있음을 깨닫게 된다고 본다.

결국 인간의 행복은 함께 어우러짐 속에서의 자기를 발견하고 확인하는 것이라고 생각한다. 그것이 참 자기이며 헌신의 주인공을 자각(自覺)하여 다함없는 무아행을 실천해 가는 것이다. 거듭 말하거니와 식물뿐만 아니라 동물까지 포함한 범 생태계 속에서 자신만의 특징을 발견하는 것, 그것이 자신의 존재가 가지는 진정한 의미를 발견하는 것이라고 생각한다.

그래서 나는 이 세상 만고불변의 진리구조는 무아라고 생각하며 그 구체적인 행이 헌신이라고 굳게 믿는다. 그러므로 인간이 무아와 헌신의 본래 모습을 되찾아 그 모습으로 살아가도록 노력하면 각 개인뿐만 아니라 이 사회도 매우 성공적인 삶의 현장, 즉 진리의 세계인 상적광토(常寂光土)가 실현될 것이다. 헌신을 통해 우리는 천연의 본 모습인 본지풍광(本地風光)의 삶을 살게 된다고 믿고,

비로소 진리를 바탕으로 한 역사 창조가 가능하다고 본다.

인간은 누구나 태어나서 죽을 때까지 '무아·헌신'에 동참하는 지극한 본분사(本分事)와 성불행(成佛行)을 이미 하고 있었고, 사실 모두가 그 주인공들이다. 겉모습과 방법만 서로 다르게 보였을 뿐이고, 또 필요에 따라 여러 가지 모습으로 드러난 것에 불과하다. 겉으로는 반대를 하고 훼방을 놓는 것처럼 보여도 사실은 일이 더 잘되게 촉진하는 것이고, 또한 잘되어 가는 과정을 표현한 미묘한 작용에 지나지 않았던 것이다. 단지 각자의 특성에 따라서 역할과 그 표현만 달리했던 것뿐.

그러한 입장에서 이 일을 추진하는 데 있어서도 칭찬·비난·협조·훼방·재보시·법보시 등등, 온갖 것이 한곳에 어우러져 드러났는데, 그것은 어디까지나 겉으로 드러난 모습이었고, 내용인즉 모두는 방법을 달리한 훌륭하고 적극적인 협력자들이라는 것이다. 그러하기에 만약 이 가운데 어느 것 하나라도 빠지거나 부족하면 일이 안 되는 것이다.

결국 이 멋진 어우러짐은 마치 부처님 꽃동산의 백화(百花)가 경개(競開)하여 난만한 것 같았다. 아, 너무나 멋진 화장국토였다. 결코 자기의 업력에 따르는 환주장엄(幻住莊嚴)이 아니다. 모든 부처님의 실지정토(實地淨土)인 이 화장국토(華藏國土)의 풍광을 아무리 내가 잘 표현해 보려고 해도 다 말할 수 없음이 한계다. 화장국토에 대한 나의 표현이라고 하는 것이 마치 작은 새 한 마리가 큰산을 옮기기 위해 흙 한 입을 물고 수없이 바다 위를 날아다니는 것과 같다고나 할까. 아니면 사마귀 한 마리가 수레를 가로막고 버티는 당랑거철(螳螂拒轍)의 무모함과 같다고나 할까, 어쨌거나 화장세계는 내 힘, 내 표현 밖, 말이 미치지 못하는 말 이전의 세계다.

그러므로 이번 무아 · 헌신의 이 원증원수(圓證圓修)의 불사(佛
事)인 환생전(還生展)에 동참 · 동행한 여러 불자님들의 호칭을 일
일이 거명하지 않겠다. 이름을 밝히고 밝히지 않고, 그것을 떠나서
무아와 헌신은 바로 모든 생명의 참모습이며 다함없는 우주[法界]
의 이치이다. 말하자면 모든 것은 진리의 원형 그대로인데 굳이 발
설한다면, 오히려 평지풍파를 일으키거나 부스럼이나 생채기를 만
드는 어리석은 일이 될 것 같고, 또 근원에 역행하는 가당찮은 일
이라는 생각이 들어서이다.

다만 각계 고명하신 분들의 선사(先師) 환생(還生)의 기원을 한
데 모아 이렇게 전시를 하고 책을 엮어 또 하나의 불사(佛事)를 이
룰 수 있었다는 것에 대해, 나는 언제까지나 묵묵히 기도로써 보은
하며 보답하고자 제불전에 서원한다.

나무마하반야바라밀 나무보현보살마하살.

임오년 가을 도솔산 도피안사 묘향대에서

門人 松庵至元 謹誌

무연자비(無緣慈悲)

중생의 자비는 까닭이 있어야(부모형제) 베풀게 되고, 불보살의 자비는 모든 까닭을 뛰어넘어 베풀어진다고[無緣慈悲] 했다. 그래서 성현의 마음은 한량없는 자비다.

스님께서 교화의 원력으로 사바에 내생(來生)하시어 한평생 얼마나 많은 인연을 맺었을까? 아마 부지기수일 것이다. 어찌 고작 내 열 손가락을 꼽아가며 헤아려 보는 우(愚)를 범하겠는가. 아득하여 미치지 못하리라. 스님의 그러한 불가사의 무수한 인연(化緣)들을 모두 찾아서 이야기를 듣거나 글로 적어 받는다고 하는 것은 내 힘으로는 도저히 불가능하다. 그러기에 이 책에 실린 이야기는 마치 빙산의 일각과도 같다.

그러나 저 유명한 『벽암록(碧巖錄)』 제1칙의 수시(垂示)를 보면, '산 너머에 연기가 피어오르면 불이 난 줄 알고 담장 밖에 뾰족한 뿔이 보이면 소인 줄을 알 수 있다(隔山見煙早知是火 隔牆見角便知是牛)'고 했고, 또 '한 방울의 바닷물을 맛보고도 모든 바다 물맛을 아는 것'이라고 했다. 이로 미루어 보건대 스님의 한량없는 교화 인연도 굳이 다 들어 보아야 구구절절 아는 것은 아니라는 자위 어린 생각을 해본다.

그리고 여기서 잠깐 다른 이야기를 하나 하고 넘어가야겠다. 한

참 전의 일이긴 하지만 스님께나 나에게나 무관한 일이 아니기에
이 책의 교훈으로 삼고 싶어서다.

당대에 기라성 같은 수많은 제자를 회하(會下)에 두었고 또 불교
사를 따로 써야 할 만큼의 위업(偉業)을 이루었던, 대한민국 시대
인천의 사표[人天之師表]이자 불세출의 고승이었던 옹사(翁師), 동
산대종사(東山大宗師)에 대한 기록은 거의 없다시피 했다. 대종사
의 위업으로나 회하의 기라성 같은 인물들의 면면을 보나 도시 걸
맞는 일이 아니었다. 이 점 못내 안타까운 일이었다. 그러나 그 안
타까운 심정은 나보다 바로 대종사의 상좌들인 윗대, 즉 스승의 사
형사제 스님들이 더욱 컸을 것이다.

한 해, 두 해 세월이 지날수록 대종사의 일상은 주변의 기억에서
점점 희미해져 가고 상좌들도 나이 들어 그전 같지 못함을 누구보
다 당사자들이 절실하게 느꼈으리라는 것은 가히 짐작하고도 남음
이 있다. 그러던 차 부산에 있는 몇몇 대종사의 상좌들이 모여 더
늦기 전에 대종사에 대한 기록을 남기려고 뜻을 같이했다. 비록 때
늦은 감이 있다 해도 고대하던 일이었으니 참으로 다행스러운 일이
라고 생각했다. 그 자리에 함께 모였던 스님들은 바로 소매를 걷어
붙였고, 쇠뿔도 단김에 뺀다는 세속의 이야기를 이런 곳에 써도 될
지는 모르겠지만, 즉석에서 '동산대종사 문집' 편찬 실무자까지 선
정했다. 그러니까 지체 없이 곧바로 편찬 작업에 들어갔던 것이다.

이와 같이 서둘렀던 것을 보면 그동안 얼마나 스승에게 죄의식
을 느끼고 살았나를 짐작할 수 있다. 그때 실무자로 뽑힌 백운 사
숙(師叔)은 일미스님과 함께 제일 큰 사형이던 해인사 백련암(性徹
宗正)을 참방하여 그 사유를 여쭙자, 대뜸 벼락같은 일갈(一喝)이
머리 위에 떨어졌다고 했다.

"자네들이 뭘 안다고 종사(宗師)의 면모를 넘보려고 하느냐! 종사를 그렇게도 자네들의 하찮은 언구 속에 가두고 싶은가. 지금 당대에는 아무도 종사에 대한 면모를 넘볼 사람이 없고 제대로 감당할 사람도 없어."

사숙은 백련암의 대호일성(大虎一聲), 무서운 질책을 듣는 가운데도 참으로 눈앞이 환해지는 느낌을 받았고 가슴속까지 후련했다고 한다. 막상 그렇게 무서운 호령을 내려놓은 뒤, 다시 부드러운 표정으로 "광덕이에게 맡겨봐, 원고 교정은 내가 볼게." 하셨다 한다.

여기서 옛 어른들이 조종(祖宗)과 선대(先代)에 대해 가졌던 마음가짐을 살필 수 있고 또 어떻게 위의와 예절을 갖추었나를 알 수 있다. 출가문의 법도를 살펴보면 반드시 세속의 깍듯한 격식의 예가 전부는 아니었다. 사뭇 초출한 격 밖의 위의였고 언구 이전의 근본이었음을 느끼게 한다.(『東山大宗師文集』은 1998년 7월 15일 초판이 나왔다)

역시 이와 같다. 내가 하고 있는 '시봉일기' 출판은 분수에 넘치고 스님의 뜻에 못 미치는 개미 살림 같은 하찮은 일이다. 아무리 좋게 생각해도 스님을 나의 서투른 언구 속에 가두는 일이 된다는 허물을 벗어나거나 면하기는 어렵다. 어쩌면 그러한 사실을 당사자인 나 스스로가 너무나 잘 알고 있는 일이라고 보아도 좋을 것 같다. 그런데도 부득부득 온갖 고집을 부려가며 책을 열 권이나 펴내려고 하는 저의는 어디 있고, 또 그것은 대체 무슨 이유란 말인가? 이렇게 의심해 볼 수도 있다.

그렇지만 여기에는 분명한 내 나름의 이유가 있다. 아전인수(我田引水) 같은 제 좋을 대로의 생각이라고 비난받을지 모르지만, 나

름의 여러 사연을 한꺼번에 뭉뚱그려 단 두 가지로 줄여서 말하면
이렇다.

첫째는 만약 이 책으로 말미암아 내가 스님께 큰 죄를 짓는다면,
그 죄연(罪緣)으로라도 다음 생에 스님을 뵙게 될 터이니, 그것은
오히려 내가 고대하던 일이 아닌가.

둘째는 후세 사람들은 지혜롭고 착하여 스님에 대한 언구를 보
되 언구에 매달리지 않고 반드시 언구 밖을 보게 될 것이라는 믿음
이 앞서서이다.

나는 크게 이 두 가지 생각에 힘입어 '시봉일기' 작업을 계속해
나가기로 결심을 거듭 반복했고, 그 결과 이 책도 나왔다. 그러나
지금 당장은 이 책으로 말미암아 스님의 무연자비를 유연자비로
만든 불효의 일이 된 것을 부정할 수 없게 되었고, 그로 말미암은
참회의 심정 또한 금할 수 없다.

나는 내가 하고 있는 이 일련의 작업이 어떤 결과를 초래할까,
내심 조심스러워서 나나 스님을 전혀 모르던 사람들에게 이 책을
읽게 하여 평가(書評)를 받고 싶었다. 하나의 얄팍한 계산일 수도
있지만 그래도 이러한 과정으로 미래를 예측해 보고 싶었고, 또 내
가 몸담고 사는 이 세상에 조금이나마 도움이 되었으면 하는 조바
심이 일기도 해서 미리 반응검사를 해 본 것이다. 그래서 내가 보
기에 어리다고 할 정도의 젊은이들이지만 그들의 글을 모아 '아,
광덕스님'이라는 제목으로 묶었고 또 그대로 서평으로 실었다. 처
음 원고 들어온 것을 읽으면서 거의 비슷비슷하다는 느낌(大同小
異)을 받긴 했지만 솔직하고 새로운 분위기는 역시 젊은이다워 좋
았기에 망설이지 않고 전재했다.

흔히 서평이라고 하면 사회적으로 중량감 있는 인사들의 글을

신는 것으로 생각하겠지만, 이 책에서는 그런 모양과 격식을 떠나서 현직 일선 학교의 선생님들과 학생들의 글이 대부분이다. 왜냐하면 이 책이 불교의 스승과 제자의 이야기이기 때문이다. 그리고 거의 대부분의 필자들이 이 책을 읽고 글(書評)을 쓰면서 자기 자신을 되돌아보고 있다는 것, 즉 이 책이 읽는 사람들에게 거울이 된다는 것에 나는 놀라기도 했고, 자부심도 가졌다. 그러나 이 점은 전혀 생각지 못한 뜻밖의 일이었다.

'시봉일기'의 권수가 차츰 많아질수록 나의 느낌이 깊어 가는 것은 세상에 대한 은혜이다. 수많은 사람들의 동참과 노고에 의해 이루어지는 불사, 그것을 어찌 한두 마디의 찬사나 덕담으로 다 표현이 되겠는가. 그러기에 부산스럽게 호들갑 떨지 말고 진중하게 내 가슴속에 고마우신 여러 은혜를 간직해야 하겠다는 결심을 했다.
　이제 스님께서 생전에 그토록 좋아했던 『벽암록』 이야기를 한 구절 더 소개하면서 끝마무리를 해야겠다.
　『벽암록』 제73칙은 마조백비(馬祖百非)다. 거기 설두스님 송, 끝 구절은 이렇다.

'사구(四句)를 여의고 백비를 끊음이여,
천상 인간에 오직 나만이 아노라.'

나무마하반야바라밀.

2002년 8월 18일 제2회 金河孝行賞 시상식을 마치고
門人 松庵至元 謹誌

스승을 이기려고 했던……

우리는 살면서 '사람은 철이 들어야 된다'는 말도 쓰고 또 상식을 벗어난 어처구니없는 언행을 볼 때는 '철이 없다'는 말도 한다.

나는 지난날 스님 슬하에서 살 때, 무척이나 철이 없었다. 이제 나이를 조금씩 들고 보니 비로소 철없던 일을 느끼기도 하고 깨닫기도 한다. 그중에서도 스님 앞에서 고집을 부리거나 내 주장을 강하게 한 것, 심지어 스님이 들어주지 않을 때는 얼굴을 붉힌 때도 있었고 대답을 불손하게 한 적도 있다. 참으로 민망한 일이 아닐 수 없다. 때늦게 다시 깨닫고 보니 어디 숨을 곳이 있으면 감쪽같이 숨고 싶은 심정이다. 그런데 이 세상 어디를 둘러보아도 내가 숨을 곳은 보이지 않는다.

그러나 이러한 것도 내 마음에 떠오른 몇 가지 일에 지나지 않으니, 떠오르지 않는 것은 또 얼마나 많을까? 아마 빙산의 일각과도 같을 것이다. 참으로 지난날을 돌아볼수록 안타깝고 애석하기 그지없다. 요즘 나는 아침저녁 예불시간마다 개산조 전에 무릎 꿇고 엎드려 있는 시간이 길다. 때로는 이마를 바닥에 짓찧으며 반성하고 다짐한다. 아마도 뉘우치고 또 뉘우치고 다짐하고 또 다짐하기를 내 평생 해야 될지도 모르겠다. 아니 평생이라기보다 수십 생을 계속해야 할지도 모를 일이다. 만약 이와 같은 나의 참회가 끝이 나려면 내 마음 바다에 아무것도 떠오르는 일이 없어야 한다. 대관절 그때가 언제일지…….

이렇게 뉘우치며 살다 보니 스승을 받들어야 한다는 것이 나도 모르는 사이 견고한 신념이 되었다. 혹시 어떤 상좌가 그 스승을 이기려고 한다는 이야기를 전해 듣기만 해도 나는 화가 잔뜩 치밀어 올라 얼굴이 상기되곤 한다. 소위 나는 그런 짓을 했으면서도 다른 사람은 안 된다는 이 심사는 또 무엇인가? 비록 나는 어리석어 그런 못난이 짓을 했지만 다른 사람은 그런 일이 없었으면 하는 바람과 안타까움 때문일까! 물론 그런 점도 있다. 그래서 나의 일, 스님의 일을 가감 없이 여기에 기록해 나간다. 감추고 싶은 우리 문중의 흉마저도 그것이 세상에 경종이 되었으면 하는 것과, 현재나 미래의 모든 출가자들에게 반면 교사가 되었으면 하는 바람 때문이다.

노골적으로 말해서 우리 스님을 이기려고 했던 사람들이 많다. 그들에게도 나의 절망 어린 분노는 예외가 아니다. 누구를 막론하고 스님에게 조금이라도 불손한 언행을 한 사람이라면 우선 내가 참을 수 없고, 용납할 수 없는 심정이다. 설령 *그*가 아무리 대외적으로 처신을 잘하고 언행이 매끄러워 남들에게 존경받고 있다 해도, 또는 수많은 불사를 지어 그 능력이 인구에 회자된다 해도, 역시 그는 스승을 거역한 사람이 아닌가 하는 생각이 먼저 떠오른다. 스승을 저버린 근본을 망각한 사람이 감히…….

그들이 스님 입적 후 언필칭 스승 운운하는 것은 그들의 본색이 아니다. 감추고 덮고 사는 것에 불과하다. 그렇지만 나는 그들에게 희망을 버리지 않는다. 왜냐하면 그들도 이제 스님을 이기려고 했

던 본색이 바뀔 때가 되어서다. 즉 그들도 상좌가 있고 철들 나이
가 되었기에.

거듭 말하거니와 이미 입적하시어 이 세상에 계시지 않는 스승
이지만 지극한 참회로 스승을 공경하는 것이 본색이 될 수 있도록
새로 태어나야 한다. 그런 후라야 스승의 유업을 맡을 수 있고, 맡
은 불사를 한층 빛낼 수 있기 때문이다. 지극한 마음을 갖지 않으
면 어떠한 힘도 나올 수 없다는 엄연한 사실을 간과해서는 안 된
다. 그런 까닭에 발로참회가 하루 빨리 있어야 한다. 그것도 금생
몸이 무너지기 전에…….

아아, 세상에 어디 이길 데가 없어서 스승을 이기려고 한단 말인
가? 도의 문중에서는 있을 수 없는 일이고 있어서도 안 되는 패역
이다. 왜냐하면 스승은 '도' 그 자체이기에.

나는 수행자의 한 사람으로서 내 자신과 주변들에게 다시 엄중
히 묻는다. "아무리 교묘한 위장을 한다 해도 정녕 자기를 속일 수
있겠는가?"라고. 믿지 못하겠다면 고경(古鏡)을 펼쳐보자.

『벽암록(碧巖錄)』 제96칙 설두스님 송고에 '흙부처는 물을 지나
지 못하고, 금부처는 용광로를 지나지 못하며, 나무부처는 불을 지
나지 못한다'고 했다. 과연 무엇을 말하기 위해 설두스님은 이런
말을 거론했을까? 바로 자기 마음부처를 일러주기 위함이 아닐까!
그렇다면 다른 부처는 다 속일 수 있어도 자기 마음부처는 속일 수
없다는 엄숙한 사실을 이 구절에서 즉각 눈치채야 한다.

남들이 모르거나 속는다고 해도 자기부처는 속지 않는다는 것을
옛 사람은 이미 알고 있었다. 이것이 만고의 법도다. 그 누구도 이
법도를 어길 수 없고 피해갈 수 없다.

자, 이제 스승을 이기려고 했던 과거의 출가자나 현재의 출가자,

모두 스승 앞에 지극히 참회하자. 도를 구하기 위해 저 혜가대사처럼 팔을 끊지는 못한다 해도 하물며 스승을 이기려고 해서야 될 일이 아니지 않은가! 그래서 오는 세상 미래의 출가자를 위해 부서지지 않는 새로운 수행 청규를 만들어야 한다.

나무마하반야바라밀.

불기 2547(2003)년 하안거 중에
도피안사 묘향대에서 송암 謹識

스님의 생애를 한마디로……

1.

‘시봉일기 1(내일이면 늦으리)’ 첫 권을 출간했을 때, 불교방송 ‘무명을 밝히고’의 제작진이 대담을 청해 왔다. 삼십여 분 동안 책에 실린 내용과 그 밖의 스님의 일화를 이야기하고 끝마무리에서, 진행자가 “광덕스님의 생애를 한마디로 말한다면 뭐라고 표현할 수 있을까요?” 하고 물어왔다.

진행자의 질문이 끝나자마자 전광석화로 내 입에서 튀어나온 대답이 “위법망구(爲法忘軀)입니다”였다. 그 순간, 마치 스님이 오셔서 나에게 시킨 것처럼 거의 무의식중에 튀어나온 말이었다. 질문지에 없던 것이어서 사전에 답변을 준비하지도 못했고, 또 거의 끝날 무렵이어서 이리저리 생각해 볼 시간적인 겨를도 없었다. 번개 치는 선문답 같은 즉문즉답의 형식이었다.

그동안 시봉일기 시리즈를 연속으로 내면서 나는 줄곧 스님의 생애를 생각했다. 아니 스님의 생애 속에 푹 파묻혀 살다시피 했다. 그렇게 내 나름대로 스님의 생애에 대한 전문가(?)가 되어갔다. 소위 전문가인 나에게 누가 스님의 생애를 이야기하라고 한다면 과연 뭐라고 대답할 수 있을까, 새삼 곰곰 생각해 본다. 스님의 생애를 한마디로 짧게 표현했을 때와 길게 설명했을 때는 또 어떻게 달라질까, 등등 여러 가지 생각을 떠올려 보았다. 그러나 아무리 생각을 굴려보고, 연구에 연구를 거듭해도 '위법망구,' 그 이상의 생각은 떠오르지 않았다. 결국 나는 스님의 생애를 '위법망구'로 최종 결론을 내리고 말았다. 지금까지, 아니 앞으로 수많은 연구와 생각을 거듭해도 이 말보다 더 적절한 말을 내 능력으로는 찾지 못할 것이라는 판단이 들었기 때문이다.

이제 남은 것은 그러한 스님의 생애, 즉 '위법망구'를 따르고 실천하는 일이다. 내가 여러 가지 어려운 여건을 무릅쓰고 시봉일기를 간행한 속뜻도 결국 이 한 가지다. 스님을 배우고 따르기 위한 것 말이다. 이 밖에 그 무엇도 아닌 것임을 밝힌다.

2.

나의 시봉일기 시리즈에 대해 여러 이야기가 분분하다. 우선 모두 귀담아 들어야 할 내용이라고 생각한다. 다만 관점이 달라서 그렇지 조금만 열린 마음으로 들어보면 나름의 타당성을 갖추고 있음을 인정한다.

그 가운데는 내용을 너무 과장하는 것 아니냐, 하는 의견에서부터 무슨 이야기가 그렇게 많아 책이 열 권이나 되느냐 등등, 실로 가지가지다. 나는 그 모든 이야기를 경건하게 들으면서도 즉시에 대답을 하지 않았다. 언젠가 말할 때가 있겠지 하는 심정으로 묵연히 지냈는데, 이제 여기에서 한꺼번에 대답하기로 정했다.

첫째, 이 책 시봉일기 시리즈에 대한 글쓴이의 객관성[스님의 행적]에 대한 이야기가 많이 거론되었다. 먼저 결론부터 말한다면 이 책에 대한 객관적인 검증은 나의 몫이 아니라고 본다. 왜냐하면 스승과 제자는 분리되지 않기 때문이다. 현재 상황에서 오로지 내가 전념해야 할 일은 스님의 상좌로서 스님에 관계된 자료를 하나라도 더 알뜰하게 모으는 것이라고 생각한다. 이것이 지금 내가 할 수 있는 최선의 일이고 나에게 주어진 책무이며 소임이라는 생각에서다. 자료에 대한 객관성과 검증, 또는 책이 가지는 가치에 대한 평가는 어디까지나 후세의 몫이 될 수밖에 없다. 내가 지금 그런 것을 염두에 두어서는 안 된다. 앞에서도 말했지만 자식은 부모를 평가하거나 논할 수 없고, 내지 논하려고 해서도 안 된다고 믿기에 말이다. 스승과 제자의 관계에서도 마찬가지다.

두 번째 질문은, 왜 너 혼자서 독불장군처럼 하느냐? 거기에는 어떤 숨겨진 의도가 담겨 있는 것이 아니냐 하는 날카로운 지적이다. 사실 이런 지적이 나올 만도 하다. 그러나 공식적인 문집이나 생애에 대한 총괄적인 평을 싣는 일이라면 관계자 모두가 모여서 의논을 거쳐야 할 것이지만 '시봉일기'는 어디까지나 내 개인적인 일이며, 또 1차 자료에 지나지 않는다. 이런 자료를 공식적으로 채택하느냐, 않느냐 하는 것은 이후의 일일 뿐만 아니라 매우 자유로운 일이다. 각기 생각에 따라서 관점이 얼마든지 달라질 수 있다. 이 점은 1차 자료의 한계이며, 개인적인 자유이기도 하다.

또 이 일을 나만이 할 수 있는 것은, 스승과 제자[필자] 사이에 있던 일을 철저하게 나 개인적으로 자료를 모았다는 것이다. 한두 해가 아니라 상당히 오랜 기간을 통해 형성된 자료이기 때문에 어느 날 갑자기 '시봉일기'를 쓰고 싶다고 해서 가능했던 일은 아니다. 아마도 오랜 세월 동안 자료를 모으지 않았다면 이 일은 불가능했을 것이다. 그래서 내가 할 수밖에 없는 일이라고 말한다면 다른 사람들은 또 어떻게 생각할까?

그래도 서로 협의를 해서 할 수 있지 않느냐고 한다면, 그 말은 옳은 말이고 합당한 지적이다. 그러나 저변에 여러 가지 불가능한 사정이 있다는 것을 자세한 설명 없이 간단한 언급만 할 수밖에 없다. 이 점에 있어서 솔직히 말하면 나도 곤혹스럽게 생각한다.

　좀 길었지만 이러한 대답을 몹시 궁금해 했던 것이 몇몇 분들의 대동소이한 질문의 내용이었다. 이 변은 시봉일기에 대한 여러 의견을 잠재우기 위해서가 아니다. 다만 나의 입장을 밝힐 뿐이라는 점을 이해해 주기 바란다.

2548(2004)년 부처님오신날을 맞으며

佛光門人　송암지원　謹誌

오로지 스님의 뜻을 따라서

1. 재가불자의 말 한마디

스님의 기일을 불광사에서는 음력으로 모시고, 이곳 도피안사에서는 양력(2월 27일)으로 모시고 있다. 여기 도피안사에서도 기일을 모시는 까닭은 이 절 개산조(開山祖)가 스님이시기 때문이다. 그런데 올해는 기일 하루 전인 26일이 마침 일요일 정기 지장법회여서 기왕이면 형제들이 모일 때가 좋겠다는 의견이 있어서 하루 앞당겨 제를 모시기로 했다.

특히 올해는 덕암거사 박종린 불자와 반야심보살 권오영 불자 등이 주축이 되어 2월 25일(토) 0시부터 당일 23시 30분까지 거의 스물네 시간을 꼬박 쉬지 않고 절하면서 염송하는 '광덕큰스님 원적 7주년 추모 일만 배 용맹정진'을 봉행했다.

덕암거사는 절 수행 3백만 배의 서원을 세워 매일 천 배, 토요일마다 3천 배를 하여 지금 2백만 배를 지나 최종 목적지를 향해 나아가고 있는 근래 드문 재가의 수행불자이다. 그가 힘든 용맹정진을 마친 26일 0시 30분쯤 내 방에 와서 차 한 잔으로 목을 축이면서 자신의 속내를 털어놓았다.

"저는 하루 종일 절하면서, 광덕 큰스님 이전에도 광덕 큰스님은 없었고 광덕 큰스님 이후에도 광덕 큰스님은 없다는 것을 알게 되었습니다."

그 말을 듣는 순간, 나는 가슴이 서늘해지는 느낌을 받았다. 뭔가 모를 두려움으로 나도 몰래 옷깃을 매만졌다. 스님의 상좌로서 실로 무서운 이야기를 들었기 때문이었다.

그러나 무서운 이야기가 어디 그뿐일까. 세상 사람들이 나 모르게 스님의 권속들 모르게 쏟아놓는 말은 훨씬 더 많을 것이다. 이런 점에서 나나 권속들이 분명 알아야 하고 잊지 말아야 할 스님의 뜻이 있다.

2. 뜻을 따르는 일

스님께서 생전에 상좌인 나에게 기회가 있을 때마다 고백하셨다.

"나는 별 계획 없이 그때그때의 상황에 따라 인생을 살아왔다. 범어사에서 총무원에서, 그리고 오늘 불광까지 나는 나의 계획으로 살았다기보다는 그때그때의 상황에 따라 살면서 다만 내 나름대로 최선을 다하려고 노력했을 뿐이다. 어쩌면 무척 시시한 삶인지도 모르겠다. 딱 부러진 자신의 계획을 가지고 살지 못 했으니 말이야. 그러나 굳이 좋게 말한다면 부처님의 인도하심과 가호하심이라고 말할 수도 있겠지."

스님의 이 진솔한 고백을 다시 한 번 생각해본다면, 스님 자신은 어느 때나 자신을 내세우지 않는 무아(無我)의 실천적인 삶을 살았다는 것이 되며, 불광의 출현은 부처님의 뜻[願力]이라는 해석이 가능하다. 이것이 스님께서 은연중에 드러내신 자신의 뜻이다.

또 한 가지, 스님께서 사바를 떠나시기 전, 불광사의 모든 권한[창건주 승계권]을 생각지도 못했던 어린 상좌에게 넘기셨다. 그때 스님의 상좌들 중에는 나이 든 사람들도 있었고, 선승이나 포교승, 학승이라고 말할 사람들이 두루 있었지만 그들을 모두 제쳐 두고 어린 상좌에게 불광의 대임을 넘겼다. 안팎으로 놀라움을 금치 못할 일이었다.

그러나 스님의 그 결정을 자세히 살펴보면 거기에는 스님께서 이생의 마지막으로 상좌 모두에게 내린 무섭고 준엄한 꾸지람의 교훈이 들어 있다. 그러므로 스님의 은혜를 조금이라도 입은 사람들이나 권속이라면 누구를 막론하고 스님께서 왜 그런 결정을 내렸는가를 옷깃을 여미고 깊이 생각해봐야 했다.

그리하여 크게 부끄러워해야 하고 뉘우치며 참회해야 마땅했다. 그럼에도 불구하고 스님 입적 후 불과 며칠 지나지 않아 스님의 뜻[결정]을 남도 아닌 가장 가까운 사람들이 뒤집어버렸다. 이런 일련의 일은 결국 제자들이 스승을 철저하게 무시한 처사가 되고 말았다. 물론 그들도 나름대로 이유가 있었을 테고 명분도 있었을 것이다. 역사적으로 국익에 큰 손실을 끼친 당시의 책임자들도 합당하다고 생각하는 이유와 명분은 다 있었으니까 말이다. 이유와 명분은 언제나 만들 수 있다.

여기서 중요한 것은 자신들의 입장이 아니라 바로 스승의 뜻을 어떻게 받드느냐에 달려 있는 것이다. 스승께서 결정한 일을 신중하게 생각하여 가르침을 배우는 제자로서는 마땅히 참회해야 할 일은 먼저 참회한 뒤 새롭게 임해야 한다. 참회하지 않고 얼버무리거나 적당히 넘어가면 진정한 화합이 될 수 없다. 만약 이런 절차를 갖지 않으면 무슨 이유와 명분을 내놓아도 날조와 기만에 지나지 않는다. 이 점에서 숫자를 내세워 스승의 결정을 아무런 합당한 절차 없이 번복한 것은 스님의 뜻에 크게 어긋나는 일이다.

3. 스승에 대한 예의

그래서 스승에 대한 최소한의 예의로도 참회와 참회의 기간은
필요했다. 그런데도 참회는커녕 권속으로서 해서는 안 될 일을 감
히 저지르고 말았으니……. 그것은 스승의 결정을 침탈하고 어린
상좌에게 있는 권한을 숫자로 빼앗아버린 일이다.

나는 지금도, 스님 입적 직후 권속들은 마땅히 스님의 뜻을 받들
어야 했다고 본다. 왜냐하면 당시 스님의 결정에는 준엄하신 꾸지
람이 들어 있었기 때문이다. 그렇게 했어야 권속들 간의 진정한 화
합도 이루어지게 된다. 힘 가진 자가 승리한다는 말은 세속의 사람
들도 드러내놓고 쓰지 않는 법이다. 나는 이런 생각을 범어사에서
스님 다비를 마치고 올라오는 버스 안에서 대표자에게 말했었다.

그때 내가 말한 것은 어린 창건주 승계자를 도와 스승의 위업을
이어나가는 것이었다. 남이 보아도 보기 좋게 마치 왕조시대의 어
린 왕을 실력자들이 보필하듯이. 결국 허사가 되고 말았지만 만약
그렇게 했다면 세월 속에 모든 일은 저절로 가닥이 잡히고 모든 것
은 순조롭게 제자리를 찾았을 것이다.

그렇지만 일부 인사들은 끝내 정도를 가지 않고 쿠데타적인 행
동을 저질렀다. 입적 후 불과 며칠 지나지 않아 스님의 결정을 무
시한 채 스님의 자리를 차지하는 무엄한 일을 감행했던 것이다. 물
론 대중이 의논하여 결정한 일이라고 둘러대겠지만 그 대중은 모
두 스님의 권속들이다. 권속들이라면 당연히 스님의 뜻과 결정을
누구보다 신봉해야 할 사람들 아닌가. 그런데도 스님의 뜻을 받들
지 않았다면 그들을 과연 권속들이라고 말할 수 있겠는가.

북한 김일성이 죽었을 때, 그 후계자는 삼 년이나 기다렸다. 후

계자가 누구라는 것은 이미 정해졌고 세상이 다 알고 있는 사실인데도, 또 정권 차원에서 긴급한 일도 많았을 터인데도 쉬이 그 자리를 차지하지 않았다. 그것은 그들 나름의 여러 이유도 있었겠지만, 어버이이자 선임자가 죽기를 기다렸다는 듯한 행동으로 비쳐질까 봐 조심했을 것으로 본다. 또 그런 표면적인 이유보다는 부모나 윗사람을 모시는 우리의 오래된 예절이 그랬던 것이다.

정치적인 권력집단도 이런 정도의 분별을 가지고 있는데 하물며 출가 수행자들이 지엄하신 스승의 뜻과 결정, 그것도 준엄하신 이생의 마지막 꾸지람의 교훈을 철저하게 무시하는 행동을 저질렀다는 것은 실로 패륜이라고 말하지 않을 수 없다. 어떤 변명도 통하지 않는 배은망덕이며 만행(蠻行)이다.

그뿐 아니다. 스님은 평소 기록하기를 좋아하셨다. 노년에도 줄곧 기록하여 여러 심경을 담은 일기형식의 기록이 있었는데 그마저 어디론가 사라졌다고 들었다. 이유 없이 스님의 중요한 유품이 사라진 것은 거기에 누군가에게 불리한 점이 있었을 것으로 생각한다. 그 장본인의 소행이리라.

4. 스님의 실상

내가 오늘에 와서 이런 일을 새삼 거론하는 것은,

첫째 스님께서 남기신 한국불교의 새물줄기인 반야바라밀다의 불광운동은 부처님의 뜻이라는 스님의 신념을 저버려서는 안 된다는 역사적 진실 때문이다.

둘째, 스님께서 사바를 떠나시기 전, 병으로 인해 정신이 흐려졌다는 말을 일부 사람들이 아직까지도 하고 다닌다는 말을 얼마 전에 또 들었다. 도대체 무엇을 근거로 그런 말을 하고 다니는지 나는 그 이유를 도저히 몰라서이다.

그러나 결론부터 말하자면, 전자에 대해서는 스님의 뜻을 모르거나 저버리고 어찌 스님의 법상에 함부로 오를 수 있으며 스님이 마련한 처소에서 살 수 있겠는가 하는 것이다. 후자에 대해서는 실로 크나큰 불경이고 씻을 수 없는 죄업의 망발이다.

스님은 노년에 접어들수록 노쇠와 병고 속에서 매우 힘든 삶을 지냈던 것은 사실이다. 그렇지만 정신력은 평생에 닦은 수행의 힘과 신심으로 조금도 흐트러짐이 없었다. 다만 육신이 불편하여 거동이나 표현이 어려웠을 뿐이다. 또 스님을 이기려는 사람은 많았지만 뜻을 받들어주는 사람이 없어서 고적했던 것은 사실이다.

스님의 정황을 정확하게 말하면 오히려 연세가 들수록, 또는 병고가 깊어질수록 정신은 점점 더 광채를 발할 정도로 명징해갔다. 한없이 순수해지고 모든 것을 받아들이는 무심의 경지를 여실하게 내보여주었다. 매사에 분명한 태도를 잃지 않았던 것이다.

스님은 비록 누워서 지냈어도 불교의 바른 가르침을 일러주었고 자신의 뜻을 설명했으며 불광이 가야 할 길을 제시해주셨다. 그러기에 잘못을 저지른 사람들에게는 위와 같은 준엄한 질책도 할 수 있었던 것이다. 물론 방법은 거동이 자유로웠을 때와는 다를 수밖에 없었지만 말이다.

그것이 바로 어린 상좌에게 불광의 대업을 물려주어 다른 모든 권속들을 준열히 나무라신 일이다. 이러함에도 어찌 스님 말년에 정신이 흐려졌다고 여기저기 다니면서 함부로 말할 수 있는지, 그것도 가까운 사람들의 입에서 감히……

그렇게 말하고 생각하는 사람들은 스님의 뜻을 전혀 알지 못하는 무지몽매자들이라는 생각이 든다. 스님을 조금이라도 아는 사람들은 도저히 할 수 없는 어림도 없는 일이기에 그렇다.

혹시 자신의 잘못을 호도하거나 합리화하기 위해 스님의 실상을 의도적으로 왜곡하는 소행이라면 더 더욱 용납되어서는 안 될 천하의 무도한 일이고 천인이 공노할 일이다.

만약 지금도 스님의 준열한 꾸지람을 바로 알지 못하고 병고로 인해 정신이 흐려져 생긴 착오라고 생각하는 사람이 있다면 그는 하루 빨리 스님의 그늘에서 벗어나 스스로의 길을 찾아 가야 할 것이라고 본다.

그러나 최소한의 양심이나 수행자의 면모를 가지고 있다면 부처님과 한국불교와 스님께 더 큰 죄업을 짓기 전에 스스로를 잘 살펴 참회해야 하지 않겠는가. 충고하고픈 일이다.

5. 진정으로 해야 할 일

이런 몇 가지 일을 미루어봐서도 스님 말년의 정신이 얼마나 차원 높게 빛을 발하고 있었는가는 불을 보듯 알 수 있다. 그런데도 일부 인사들에 의해서 스님 입적 후 자행된 여러 가지 행태는 실로 어처구니없는 광경이었음을 알 것이다.

만약 제대로 된 생각을 가졌더라면 불광의 법주이신 스님이 반열반에 드신 후, 스님이 결정한 후계자를 도와 가장 먼저 스님의 사상과 행장을 모아 편찬하고 불광 신앙지침서를 발간하는 일을 서둘러야 했다고 본다.

스님이 계시지 않은 상태에서 스님의 불사를 온전히 계속해 나가려면 무엇보다 스님의 모든 저서를 연구, 분석하여 다시 가닥을 잡아 원칙과 방침을 세워나가는 것이 순서다. 왜냐하면 스님 계실 때는 아무런 문제가 되지 않던 일도 스님 멸후에는 사소한 일도 문제가 될 수 있고 의견이 다를 수 있기 때문이다. 이런 일련의 일이 선행되어야 함은 다른 이유도 있다. 사상운동은 학문을 통해 틀을 만들지 않으면 후세에 전달하기가 어렵다. 그래서 연구가 필요한 것이다.

아무튼 이 일은 땅을 사고 집을 짓거나 고치는 일보다 더 시급한 일이고 망설이거나 주저해야 할 일이 결코 아니다. 왜냐하면 스님은 도심포교의 선구자, 성공자가 아니라 한국불교의 새물줄기임을 선언한 사상가였기 때문에 더욱 그렇다.

그런데도 그처럼 당연한 일은 처음부터 하지 않았고 수년의 세월이 흐른 지금에도 집 짓는다는 소식은 들려도 그 일을 한다는 소식은 없다. 그 흔한 뜬소문조차도 없다.

물론 이러한 주장은 나의 생각과 달라 견해 차이라고 볼 수도 있다. 그러나 우리 모두에게는 거울이 있지 않은가. 과거 고인(古人)들의 행적을 찾아보면 얼마든지 오늘의 거울이 될 수 있다. 옛 사람들은 스승을 받드는 데, 스승이 물려주신 자리를 차지하는 것보다 뜻을 차지하는 것이 먼저라고 믿었다. 그래서 비문을 짓고 문집을 만들어 스승의 가풍과 사상을 길이 후세에 전하려고 했음은 누구나 잘 알고 있는 상식이다.

그렇다면 오늘 이 시대의 비문과 문집은 어떻게 만들어야 하며, 또 새불교운동을 개창한 스님의 비문과 문집은 어떻게 만들어야 할까. 생각이 이에 미치면 등이 뜨거워 지금도 잠이 오지 않는다. '광덕스님 시봉일기' 시리즈의 권수가 늘어난 것도, 이러한 일을 남에게 미룰 일이 아니라 내 힘으로 해봐야겠다는 생각을 가졌기 때문이다. 이 책을 내고 이 글을 쓰는 소이가 여기에 있음을 밝힌다.

그리고 내가 지난 일을 새삼 꺼내는 것은 딱히 옳고 그름을 가리고자 해서가 아니다. 다만 스님의 뜻을 그 누구도 왜곡시켜서는 안 된다는 상좌로서의 신념과 사명감 때문이다.

6. 스님의 본뜻을 이어가야

이제 모두는 자신들을 반성하고 참회하여 심기일전한 뒤, 다시 스님의 본뜻을 곰곰 생각해야 하리라.

스님은 "내가 서울에 절이 부족하여 불광사를 지은 것이 아니다"라고, 기회 있을 때마다 강조하셨다. 조금이라도 스님의 사람으로 자처하는 이들은 스님의 이 말씀을 글로 써서 머리맡에 붙여 놓고 잠시도 잊어서는 안 될 것이다.

거듭 말하지만 이 길만이 권속들이 살 길이고 지난 잘못을 참회하는 유일한 길이다. 궁색한 변명이나 자기 합리화는 아무 소용이 없다. 또한 유구한 2천 년 한국불교사의 대한민국시대에 불광의 등장은 부처님 뜻이라는 자각을 등져서도 안 된다. 천고만고의 씻을 수 없는 죄인이 된다.

오직 바라는 바는, 스님의 불광(권속의 불광이 아닌)이 한국불교의 새물줄기임을 분명히 알아야 하고 거기에 따라 분명한 태도를 취해야 한다. 그래서 한국불교 전체가 불광과 한 몸이라는 사실을 알고 교단 내에서 어느 편이 되거나 또는 특정인을 지지하는 비불광적인 일을 결단코 해서는 안 된다는 점을 말하고 싶다.

또한 불광의 사상이나 수행법은 이미 확고하게 정해져 있기 때문에 이제 와서 '친구가 장에 가니 거름 지고 따라간다'는 식으로 새삼 수행법 운운해서도 안 된다. 수행법 재정립이라는 말은 다른 여타의 절에서나 할 수 있는 말이다.

그것은 한국불교가 현대인에게 맞는 사상이나 수행법에 대한 이해와 준비가 부족했을 때 이미 불광은 사상과 사상의 실천방법[수행법]을 제시하면서 새 물줄기라고 선언하지 않았던가.

이토록 명백한 일을 왜 모르는지, 아니면 짐짓 외면하는지, 나로서는 그 까닭을 알 수 없다. 그러나 권속들의 자각으로 밝은 앞날을 기대하고픈 것이 솔직한 내 심정이다. 스님을 생각하면 더욱 그렇다.

7. 스님의 위상

절 수행을 통해 보살서원을 다져가는 덕암거사 박종린 불자의 이야기로 끝을 맺어야 할 것 같다. 그가 밤 꼭지시간에 나와 차를 마시면서, 요즘 재가 불자들 사이에 흐르는 이야기 한 가지를 전해 주었다.

우리 한국의 현대불교에 4대 호법존자(護法尊者)가 있는데, 첫째로 성철스님은 달마대사로부터 비롯된 선종(禪宗)의 선불교사상을 완성시킨 분으로, 광덕스님은 반야바라밀다 신앙운동을 일으킨 사상가로, 숭산스님은 서쪽으로 간 한국판 달마대사로, 법정스님은 한국이 낳은 최고의 문서포교사로 각각 자리매김되어 호법존자로 불린다는 것이었다.

물론 이 이야기는 처음 듣는 것이었다. 내가 생각하기에 이런 이야기를 누가 의도적으로 여론조사를 하여 발표한 것은 아닐 테고, 어디까지나 항간에 떠도는 말들의 한 토막이며, 한갓 여담에 불과할지도 모르겠다.

그렇지만 나는 스님에 관한 이야기에서 가슴이 크게 울리는 것을 느꼈다. 나 역시 평소 그런 생각을 하고 있던 터였고, 또 스님의 유고집(遺稿集)인『반야의 종소리』와『꽃을 들어 보여라』편찬 작업을 하면서, 스님은 반야바라밀다 새불교운동의 창시자라는 생각에 푹 빠져 있을 때였기 때문이다.

한국불교 2천 년의 역사를 살펴보면, 위기 때마다 선각자가 나타나서 새로운 신앙운동을 일으켰다. 그러한 맥락에서 스님의 반야바라밀다 운동도 대등한 뜻을 가질 것이라고 본다. 나는 순직한 덕암 거사를 가만히 바라보면서 아무런 이야기를 하지 않고 연신 차만 마셨다.

나무 마하반야바라밀다.

불기 2550(2006)년 5월

보현도량 도솔산 도피안사 묘향대에서

佛光門人 松菴至元 謹誌

환생

　내가 이 책, 『광덕스님 시봉일기』 시리즈를 장시간에 걸쳐 쓰는 까닭은 스님께서 환생하신다는 믿음과 거기에 따르는 준비 때문이다. 환생은 스님의 노년, 병석에서 누누이 다짐을 두셨던 일이기에 나에게는 스님의 환생이 의심의 여지없는 일일 뿐 아니라 꼭 실현되어야 하는 현실의 일이다. 스님께서 이 땅에 계셨던 말년, 반드시 다시 와서 '불광운동'을 하시겠다는 스님의 뜻을 측근에 있던 사람들은 다 안다.

　나는 그런 스님의 입적 후, 스님의 환생을 하루라도 빨리 맞이하기 위해 수미산으로 환생기도[速還娑婆 : 속히 사바로 돌아오소서]를 떠났었다. 그때나 지금이나 나 같은 사람 백 명이 '불광결사'를 하는 것보다 스님 한 분이 하는 것이 훨씬 낫다는 생각을 했다. 또 다른 사람은 스님께서 뜻하신 새불교운동의 '불광결사'를 완성시킬 수가 없다고 생각해서였다. 그 까닭은 많지만 여기서 일일이 말하기는 어렵다. 그리고 '불광결사'는 스님께서 남기신 미완(未完)의 일로, 전적으로 스님의 책임으로 생각했기 때문이기도 하다.

　그동안 스님 입적 후부터 지금까지, 내 인생의 모든 것을 스님의 환생에 걸고 8년여의 시간을 기다려 온 것은 다시 오신다는 스님의 약속을 굳게 믿었기 때문이고, 또 내가 할 수 있는 일은 그 약속을 받들고 지키는 일이라는 신앙을 가지고 있었기 때문이다.

그러한 스님의 환생이 내게 분명하게 각인된 것은 1999년 7월의 수미산 환생기도 때 다르첸에서 받은 감응으로 인해서였다. 감응의 내용은, '스님께서 반드시 다시 오신다'는 확인이었다. 그로 말미암아 스님의 환생은 천지가 뒤바뀌어도 변할 수 없는 내 삶의 신앙이 되었다. 스님 입적 후부터 나는, 환생은 티베트에만 있는 특별한 믿음[信仰]이 아니고 우리 한국불교를 비롯해 불교 전체에 있는 일반적인 신앙이라고 생각하고 있다. 말하자면 내가 불자로서 환생을 믿는 것은 너무나 자연스런 일이고 당연한 일이라는 것이다. 그래서 나는 환생을 믿지 않는 사람은 불자가 아니라고까지 주장하게 되었다.

1차 수미산 환생기도 때 받은 스님의 감응을 가슴에 간직한 나는 다녀와서 바로 천일기도를 입재했다. 물론 환생[速還娑婆]을 염원하는 기도였고 환생을 준비하기 위한 기도였다. 마치 옛 우리 조상님들이 부모가 세상을 떠났을 때, 무덤 앞에 움막을 짓고 삼년 시묘살이를 했듯이 그런 각오로 임했다.

그 천일기도 동안에 나는 줄기차게 시봉일기를 써내려갔다. 물론 외출도 하지 않았고 시봉일기 쓰는 일 외에는 다른 어느 일에도 시간을 허비하지 않았다. 줄곧 절에 꽉 틀어박혀서 시봉일기만 묵묵히 써내려갔다. 이 일은 스님께서 환생하셨을 때를 위한 내가 할 수 있는 유일한 준비라고 생각했다. 그러므로 내가 알고 있는 모든 것을 기록으로 남겨 스님이 오셨을 때 다시 처음부터 시작하지 않고 지난 생에 하시던 일을 그대로 이어서 순조롭게 불사를 할 수 있도록 한다는 것이 내 소박하고 단순한 직절일념(直節一念)이었다.

그런 자세 때문이었는지 이제 돌아보면 그 천일동안 많은 자료를 정리했다. 만약 지금 시봉일기를 시작한다면 어림도 없는 일이 되고 말았을 것이다.

3년여의 세월이 흘러 천일기도 회향이 되었을 때, '환생' 전시회를 서울 사간동 법련사 전시장에서 열었다. 마침 현석거사 이호신 불자가 스님의 진영(眞影)을 완성하기도 했고, 또 여러 분들이 스님의 환생에 대한 염원을 같이해 주었기에 가능했었다. 이런 일련의 일을 미루어보면 스님 입적 후 지금까지, 나는 오로지 스님의 환생만을 기다리며 살아온 셈이다.

'송암은 왜 그토록 광덕스님의 환생을 기다리는가?'
혹시 독자들이 이런 의아심을 갖게 될지도 모르겠다. 대답은 이렇다. 세월이 흘러 내가 나이를 조금씩 먹어 가고, 또 불교공부에 대해 철든 생각을 조금이라도 하고 보니, 스님은 도저히 내가 넘볼 수 없는 큰산이라는 사실을 깨닫게 되었다. 그래서 나 같은 사람 백 명보다 스님 한 분의 뜻과 안목이 훨씬 좋겠다는 생각이 간절했고, 또 스님이 시작하신 '불광결사'에 대한 원대한 흥중을 다른 사람은 미처 다 알 수 없기에 반드시 스님이 다시 오셔서 완성해야 된다는 결론과, 그리고 '불광결사'가 시대적으로나 불교적으로 갖는 의미가 너무나 장대하기에 이대로 주저앉아서는 안 된다는 안타까움 때문이다. 이것이 나의 생각이긴 하지만, 알고 보면 스님의 노고는 아랑곳하지 않고 오로지 내 고생 덜하고 편할 생각만 하고 있는 것도 숨김없는 사실이다.

그 이후, 다시 2차 수미산 환생기도를 다녀왔다. 역시 감응은 분명했다. 그 이후 스님의 환생에 대한 조짐은 내 눈에 좀 더 가까이 보였고, 현실로 다가옴을 점점 감지하기 시작했다. 막상 바라고 바라던 일이었으나 환생의 여러 조짐이 구체적으로 눈앞에 나타날 때마다 나는 매우 놀랐다. 앞뒤가 맞지 않는 말 같지만, 드디어 스님께서 오시는구나 하는 것을 눈으로 보게 되니, 알지 못할 설렘에 가슴이 두근거리고 행동은 허둥거리게 된다.

스님의 환생에 대한 여러 조짐과 메시지가 나에게 전해졌고 내 스스로가 간파했다. 일일이 다 말할 수가 없다. 그러나 이 모든 것을 감지하고 있는 나로서는 이제부터는 스님께서 환생하신 곳을 찾아야 하는 일이 남았다. 티베트의 고승들이 환생을 찾아가듯이, 이제 내가 해야 하는 일은 스님의 환생을 찾는 일이다. 그것은 기도다. 만약 기도의 감응을 통해 환생처를 찾지 못하면 부득이 스님 자신이 성장해서 만나야 한다. 그러기에는 너무 멀다. 환생에 대한 설렘으로 가득한 이 가슴을 부둥켜안고 오랜 세월을 견뎌낼 자신이 없다.

이 책에 들어 있는 나의 일기 말미에 2차 수미산 환생기도에 대한 일정을 모두 넣은 것도 이제 환생이 구체적으로 눈앞에 다가왔다는 사실을 대한민국 불자들에게 알림이다.

나는 짧지 않은 세월 동안 환생에 골몰하여 사느라 인간관계에 소홀하기도 했고 두문불출로 세상을 등지고 살다시피 했다. 그러나 무엇보다 내 자신의 인간 됨됨이가 부족하다고 생각한다. 어느 날 이런 나를 위해 어느 분이 전송을 통해 충고를 해왔다. 이름도 위치도 수취인도 밝히지 않았지만 보내온 글을 살펴보니 분명 나에게 보낸 것이라는 생각이 들었다. 도둑이 제발 저리다는 말과 같이 모나게 살아온 내 자신을 늘 반성하고 있던 차에 이런 지도를 받게 되었다. 이것을 좋은 계기로 삼고자 여기 실어서 내 거울로 삼는다.

사람과 사람을 묶어주는 인간관계 십계명

첫째, 먼저 손을 내밀어라.

대부분의 사람들은 먼저 다가가기보다 상대방이 다가오기를 기다린다. 친구를 사귀고 싶다면 먼저 손을 내밀고 악수를 청하라.

둘째, 호감을 가져라.

사람들은 대개 자기를 좋아하는 사람을 좋아하고 자기에게 관심을 보이는 사람에게 관심을 가진다. 호감과 관심을 받고 싶다면 먼저 상대방에게 호감과 관심을 가져라.

셋째, 통하라.

인간관계는 커뮤니케이션 관계며, 커뮤니케이션은 통하는 것이다. 대화중에 말, 생각, 감정이 진심을 통해야 서로 통하는 사이가 된다.

넷째, 따뜻하게 말하라.

상대방에게 힘과 용기를 주는 말을 하라. 상대방에게 기쁨과 즐거움을 주는 말을 하라. 사랑과 애정이 담긴 말로 상대방의 마음을 따뜻하게 하라.

다섯째, 상처주지 말라.

상대방을 비판, 비난하지 마라. 상대방에게 책임과 잘못을 전가하지 마라. 상대방의 감정과 자존심에 상처를 주지 마라.

여섯째, 자신의 속을 보여주라.

열 길 물속은 알아도 한 길 사람 속은 모른다고 했다. 모르면 이해할 수 없고 이해할 수 없으면 친해지지 않는다. 솔직하게 자신의 생각과 감정을 표현하고, 있는 그대로의 속을 보여줘라. 때로는 비밀도 공유하라.

일곱째, 많이 웃고 많이 웃겨라.

사람들은 잘 웃는 사람을 좋아한다. 사람들은 잘 웃기는 사람을 좋아한다. 사람들은 밝고 유쾌한 사람을 좋아하니 자주 웃고 자주 웃겨라.

여덟째, 상대방의 일을 내 일처럼 생각하라.

상대방에게 필요한 일, 도움이 되는 일을 미리미리 잘 챙겨줘라.

아홉째, 참고 이해하고 용서하라.

좋은 인간관계를 만들려면 참을성이 있어야 한다. 참고 이해해야 한다. 좋은 사람끼리는 참고 이해하고 용서해야 한다.

열째, 먼저 등 돌리지 마라.

쉽게 친해지지 않는다고, 별 볼일 없다고, 섭섭하다고 먼저 등 돌리지 마라. 한 번 맺은 인연을 소중히 하고 절대로 먼저 등 돌리지 마라.

이 열 가지가 '시봉일기'를 쓰고 있는 나에게 해주는 우정 어린 가르침이다. 그리고 이런 일은 부지기수다. 모두 고맙게 생각할 뿐 아니라 불보살님의 가호와 인도라고 믿는다.

나무마하반야바라밀다

불기 2551(2007)년 5월 부처님오신날

佛光門人 松菴至元 謹誌

시봉일기 5권, 임의 숨결은 매우 늦었다. 사정이 생겨서가 아니라 내 마음이 느슨해졌기 때문이다. 점점 시간이 흐를수록 여유가 아닌 게으름이 처음 마음을 막고 있다. 그러나 또 한 면에서는 처음에는 백 미터 단거리 선수처럼 뛰었어도 마지막 마무리는 마라톤 선수처럼 뛰면서 실수나 아쉬움을 줄이고 싶은 것도 있다. 그래서 이 일을 시작한 지 10년 안에는 모든 것을 끝내고 싶다. 별권을 빼면 두 권 남았다.

미묘하신 부처님 뜻을 찾아서

　우리나라, 대한민국 시대에 들어와서 가장 먼저　보현행원품 의 중요성을 깨달은 분은 용성조사(龍城祖師)의 문하(門下)와 문손(門孫)들이었다. 이는 일찍이 조사께서 불교사상을 통한 독립운동으로 행원불교를 주창하셨기 때문이 아닌가 생각해 본다. 그러나 조사께서 몸소 구체적인 보현행원의 사상운동을 내세우신 것은 아니고, 그 아래 대(代)에 와서 본격 시작되었다. 특히 조사의 문인이셨던 동산대종사는 일상(日常)을 통해 행원을 꿰뚫고 있다. 삶이 바로 보현행원 사상의 실천으로 직결되어 있다. 그러나 한국에서 본격적인 보현행원 운동은 선사(先師)의　보현행원품 우리말 번역과 궤를 같이 한다. 대학생불교연합회 회원들의 교재였던　보현행원품 을 국역한 주인공은 조사의 문손이며, 생전에 '보현보살'로 불린, 스님[先師 : 金河堂光德大禪師]이셨다.

　스님께서는 평생의 도반이었던 당시 진주 의곡사 주지로 있던 석정스님이 『보현행원품』과 『백팔예참문』, 『선관책진』 등의 출판을 권유하자 바로 응했다고 한다(광덕스님 시봉일기 7권 39쪽 참조). 사실 그때 스님은 이미 그 세 권의 책을 출판하려고 번역을 완성해 놓았다. 다만 출판의 때를 기다리고 있었는데, 출판 비용을 주선해 주겠다는 도반의 청이 있자 바로 결실을 보게 된 것이라고 여겨진다. 나아가 이 책을 해인사 백련암에 계시던 성철스님께서 보시고는 격려와 찬탄을 더하고 자청하여 서문을 쓰셨다.

그때는 정화 이후, 종단적으로 도제양성에 한창 힘을 기울일 때였다. 마침 종단의 원력불사 중에 하나였던 '대학생불교연합회'가 결성되었다. 그 초대 지도법사가 스님이셨고 총재가 성철스님과 청담스님, 지도교수로는 박성배, 서경수 교수였다. 그때 사회 지도자인 재가보살의 인재양성을 위한 대학생불교연합회 회원들의 수행 교과서가 바로 스님께서 번역한 이 『보현행원품』이었다. 당시는 책으로 나오기 전이므로 그때그때 등사판에 밀어서 사용했다.

광복 이후부터 대한민국 시대에 접어들면서 일어난 대표적인 불교운동으로 3대 결사가 있다. 가장 먼저 성철스님이 주동이 된 봉암사 수행결사와, 1954년부터 시작된 동산스님이 발화한 정화결사, 1960년대 초에 광덕스님이 봉은사 주지를 자청하면서까지 앞장서고 이에 뜻을 같이한 분들이 결성한 인재양성의 대학생불교연합회 보살결사였다.

편자가 선사(先師)의 회하에 있을 때, 선사의 가르침에 대한 궁금점을 질문했다. 불교운동을 하면서 왜 하필 구국구세를 강조하느냐에 대해서였다. 이에 선사는 "만약 대한제국 때 우리가 우리의 힘으로 나라를 지켰더라면 일본이 망상을 부리지 못했을 것이다. 우리가 우리나라를 지키지 못했기에 동양의 평화가 깨졌고 수많은 생령들의 고통이 시작된 것이다. 그러므로 곧 우리가 우리나라를 지키는 것이 세계평화를 달성하는 초석이다"라고 답하셨다. 물론 그것은 그냥 구국구세가 아닌 대각구국구세인 것이다. 바로 우리 불교의 전통적인 반야호국을 계승하고 있는 것이다. 일찍이 중국 당대의 현장법사는 '반야경은 진국(鎭國)의 요전(要典)이며 인천(人天)의 대보(大寶)이다'라고 했다. 이에는 선현(先賢)들의 사상 속에는 반야와 행원을 나누지 않는 불이(不二)의 불교신앙으로 대하고 있음을 잘 보여주고 있다. 즉, 인간의 권능인 깨달음을 통한 불교 선각자들의 구국운동이 행원운동으로 직결되고 있다. 이것은 깨달음의 사회화로 통하고 깨달음의 공유를 통한 세계평화운동으로 이어져 있다.

당시의 선사와 성철스님, 그리고 한때 성철스님의 상좌였던 원조거사 박성배 교수는 '보현행원품'에 대한 남다른 신앙을 가진 분들이었다. 편자가 미국의 박성배 교수님이 귀국했을 때, '광덕스님과의 인연'을 써 달라고 청하자, 대뜸 하신 말씀이 "저와 광덕스님과의 인연은 '보현행원품'밖에 없어요"라고 간단하게 답했다.

이번 교수님의 글을 실으면서 편자는 사뭇 감회가 깊었다. 교수님의 학덕이 중후하고 수행이 치열하여 후학들이 배울 점이 많아서이기도 하지만, 특히 이번 보현행원품 해설을 통해 선사의 진면목을 더 깊이 바라보게 되었다는 사실 때문이다. 그리고 또 우리 한국불교계가 행원사상으로 전환하지 않으면 안 되는 절체절명의 시대적 요청에 직면해 있는 시점이기도 하다. 얼마 전 편자는 '절이 존재해야 하는 가장 큰 이유는 법회를 열기 위해서입니다'라는 장문의 글(『법보신문』 제919호 12면)을 실은 적이 있고, 거기에 조계종 소의경전으로 『보현행원품』을 넣어야 한다고 주장했다.

부처님의 뜻이 어느 때, 어느 곳에서나 살아 있어야 한다는 것이 불자의 신앙이라면, 앞서서 보현행원 운동을 벌였던 한국불교의 선각자들을 통해 우리들 신앙의 나갈 길을 분명히 보게 된다. 우리 한국불교가 일대전환을 해야 할 때에 이르러 과연 어느 방향으로 나아가야 하는가에 대한 지침은 이미 명확하다는 것이다. 그 이후 선사께서는 불광의 새불교운동을 통해서 줄기차게 행원사상을 선양하였다. 즉 불광운동은 행원운동이고 새물줄기는 행동불교였다.

여기 책 앞에 올린 성철스님의 서문, 선사의 '보현행원품' 국역과 제2부에 실은 보현신앙을 확립한 '보현행자의 서원'과 보현원력대의 노래인 보현행원송 은 선사의 행원신앙에 대한 총체적 모습이고 보다 심화된 한국불교의 내면이며 미래상이다. 이번 박성배 교수님의 '미국에서 강의한 『보현행원품』'으로 말미암아 우리 불교의 소의경전으로 진입하는 데에 큰 힘이 될 것이라고 본다. 세 분의 글은 미래 한국불교를 위한 입체적인 보현행원의 해설이다.(불광출판부에서 나온 先師의 『보현행원품 강의』는 여기에 싣지 않았다.)

특히 보현행원송 은 선사의 생애, 마지막 결정판이라고 볼 수 있다. 1991년 여름부터 선사께서는 보현행원송 작시(作詩)를 착수했다. 글을 써 나가다가 수시로 편자인 불초(不肖)를 불러 대구(對句)를 맞추어 보고 가다듬기를 그해 여름을 고스란히 바쳤다. 보고 할 일이나 여쭈어야 할 일이 있어서 스님 방문을 열고 들어가면 보현삼매에 빠져서 돋보기 안경을 추스르며 미소 어린 모습으로 바라보시던 광경이 지금도 눈에 선하다.

그렇게 한 여름 동안 용맹정진하여 얻은 선사 평생의 면모인 이 작시를 그해 12월 말에 작곡가인 청암거사 박범훈 선생께 넘겼고 그 다음 해 4월 2일에 세종문화회관에서 창작국악교성곡으로 보현행원송 을 발표, 공연했다.

이제 미국에서 오랫동안 세계적인 불교학자로서 활동한 원조거

사 박성배 교수님도 어느덧 춘추가 높으셨고 거기에 따라 신체적
인 불편도 늘어가고 있다. 노안으로 눈이 침침하여 컴퓨터 자판을
잘 볼 수 없을 정도로 힘이 들었음에도 이 글을 마무리해 주신 것
에 대해 충심으로 감사의 뜻을 올린다. 아울러 이 책의 출판공양
발원을 한 법천거사 안세호 불자 내외의 좋은 뜻이 원만하길 지심
축원한다.

　서문을 써 주신 지관큰스님, 추천사를 써 주신 청화큰스님과 원
성 김종서 · 달공 조홍식 불자님 제위, 또한 교정 · 교열을 봐 주신
원기거사 이진두 불교신문 논설위원님과 독자의 편의를 위해 새로
주를 달고 1차 편집한 곽철환 선생님, 표지그림을 그린 이호신 화
백과 표지 디자인을 한 김명희님, 시골 절에서 매주 일요일마다 법
회를 열어가고 있는 보현도량 형제들, 그리고 최종 마무리 편집을
한 이상옥님, 이 모든 분께 다함없는 감사의 마음을 전한다. 이 분
들 모두가 이 시대 속에서 부처님 뜻을 찾는 한국불교의 구도자이
고 선각자이시다.

　나무마하반야바라밀다
　나무대행보현보살마하살

불기 2552(2008)년 2월

先師의 입적 9주년을 앞두고

不肖門人 松菴至元 謹誌

하석(河石)

1

중국 당나라의 현장법사가 입적하고 영결식을 치른 뒤 사람들은 모두 "애하(愛河)는 망망한데 자주(慈舟)가 갑자기 가라앉고, 긴긴 밤이 아직 어두운데 자등(慈燈)이 꺼져버렸다"고 하늘을 우러러 땅바닥에 눈물을 쏟으며 한탄해 마지않았다.

현장법사의 제자 석언종(釋彦悰)은 "나는 삼장의 뜻을 생각하며 그 발자취를 더듬어 볼 적에 마하살태[大士]가 아니라면, 그 누가 이러한 위업을 이룰 수가 있겠는가를 곰곰 생각했다. 동료들에게 항상 법사를 경앙(景仰)하고 뜻을 계승하는 노력을 계속하기를 간절히 바라고 싶다"라고 했다.

현장법사의 스승이셨던 인도 나란다 대학의 학장이었던 계현법사(戒賢法師)를 사람들은 정법장(正法藏)이라고 불렀다. 계현법사를 존경하여 이름을 함부로 부르지 않았기 때문이다.

내가 비록 언종스님이 아니고, 당대(唐代)의 사람도 아니고, 인도의 백성이 아니었어도 그 심정은 같다. 마냥 믿고 따르던 의지처를 갑자기 잃어버렸을 때의 그 아득한 심정이란 그들과 조금도 진배없다. 일찍이 내가, 태어난 사람들은 모두 죽는다는 사실[諸行無常:佛敎의 眞理]을 오랫동안 배우고 익히며 훈련받아 왔다 하더라

도 이 일[스님과의 영별]은 전적으로 그런 것들과 다른 특별한 체
험이었다.

　2

　1998년 초겨울 동안거(冬安居) 때부터 시작한 시봉일기 시리즈
편찬(編撰) 작업이 이제 2008년 초겨울 동안거를 맞았다. 햇수로
만 십 년이다. 그 십 년 세월 동안 스님이 친히 쓴 글을 찾고 주변
사람들의 이야기를 듣고, 또 어리석은 내가 외람스럽게도 스님의
삶을 엮어 가는]를 짜면서 느끼는 심정은 크게 두 가지였다.

　첫째는 스님께서는 살아 계실 때나 입적 후에나 항상 나를 깨달
음으로 인도하고 계시다는 사실이다. 남들은 십 년 세월 동안 스승
에 사로잡혀 허송세월 하는 것이 보기에 한심하고 딱하다고 안타
까워했지만 사실 나는 스님과의 이별 후에도 줄곧 가르침을 받고
있었던 것이다. 나와 스님과의 이런 관계를 다른 사람들은 모르는
것 같았다.

　둘째는 놀라움이었다. 이 작업을 계속해 나가면서 어안이 벙벙해
질 때가 한두 번이 아니었다. 어떻게 스님 혼자 힘으로 이렇게 많
은 일을 했을까? 그것도 법체미령(法體靡寧)할 때가 많았는데, 건강
한 사람도 불가능한 일을 어떻게 스님 혼자 다 감당했을까? 나 같
은 보통 사람으로는 그 어느 것 한 가지라도 도저히 엄두가 나지
않는 일들이다. 그런 일들을 입적 때까지 줄곧 행하셨으니, 어찌
내 작은 새가슴으로 감당이 될 것이며 놀라지 않을 수 있겠는가.
스님 말년에 노쇠와 병고가 더 심했을 때 매달 써야 하는 월간 '불
광'의 원고와 매주 발행하는 주보며 월보 등, 숱한 쓸 거리를 앞에
두고 힘겨워 하셨던 모습이 떠오른다. 스님이 들고 앉아 있던 볼펜
을 얼른 받아서 내가 대신 써 드리지 못한 것이 못내 죄송스럽기

그지없다. 글쓰기가 이렇게도 힘든 일인데…….

스님은 절에 몸담은 후부터 줄곧 수행하고 글 쓰고 백방으로 뛰어다니며 종단 일과 학교 일, 그리고 전법하고 가르치는 연속된 작업을 한평생 쉼 없이 펼쳤다. 나는 살펴볼수록 엄청나다는 생각이 들어서 펜을 놓고 멍하니 앉아 있다가 다시 정신을 차려 하던 일을 계속하곤 했다.

그러한 스님을 평생 도반이셨던 일타스님은 비문에 '들고 날 때는 문수와 보현이었다'고 표현했다. 스님은 어느 곳에서나 언제나 문수보살의 지혜로 보현보살의 행으로 삼천위의(三千威儀)와 팔만세행(八萬細行)을 갖추었고, 한국불교의 앞날을 예비하였으며, 인류에게 불교의 가르침을 전하는 방략과 기초를 확립하여 호법선신(護法善神)이 환희하고 인천(人天)이 경배할 수밖에 없는 보현대행을 전 생애를 통해 지어갔다.

평생 얼마나 혹독하게 스님 자신의 몸을 가책했는지 젊은 시절 초췌한 모습이 담긴 사진을 보노라면 나도 모르게 눈물이 주르르 흘러내렸다. 스님이 건강치 못해서가 아니라 오직 한 길, 불도(佛道)를 이루기 위해 혼신의 힘을 다 쏟아 부은 구도의 열정과 진리에 헌신하고자 하는 스님의 순결과 충성심 때문이었다. 내 목전에 대하는 스님의 위법망구(爲法忘軀) 현장에 온몸이 송연해짐을 느끼곤 했다.

3

이 책의 후기 제목을 하석(河石)이라고 했지만 정확하게 표현하면 금하마석(金河磨石)이라고 해야 한다. 내가 도도한 금하의 물결[지혜・자비]에 잠길 수 있었던 것은 가히 천행으로 불은(佛恩)이다. 마치, 모나고 울퉁불퉁 못난 돌이 수많은 세월동안 끝도 없는 강물의 노고에 의해 조금씩 다듬어져 가고 매끄러워져감과 같다. 그래서 이 제목은 강돌이 강물의 노고에 대한 은혜를 말하고 있으며, 그것은 바로 스님의 은혜를 말한다.

나는 모서리가 많은 거친 돌과 같은 성정을 지녔다. 그런 내가 금하의 강물에 몸을 담글 수 있었던 것은 그야말로 맹구우목(盲龜遇木)의 기연(奇緣)이다. 금하의 자비 강물에 내 온몸을 담글 수 있었던 일, 세세생생 내가 갚아나가야 할 보은의 업보다. 크나큰 은혜의 강물, 도도한 금하수(金河水) 푸른 물결이다.

스님께서는 재세시에도 못난 나를 내치지 않고 가까이 두는 자비를 베푸셨고, 입적 후에도 잠시라도 귀찮게 여겨 멀리하지 않으셨다. 당신께서 살아온 삶으로, 아니 전 인생으로 나를 깨달음으로 인도하고 가호하며 일깨워 주셨다. 이 '시봉일기' 시리즈를 엮어가면서 내가 다시 발심하고 다짐한 사연, 학습하고 훈도 받은 일은 하나 둘의 숫자로 헤아리지 못한다.

금하수의 바다 같은 흐름, 그 도도한 물결에 잠긴 돌이 어디 하나둘이겠는가! 한량없는 무수한 돌, 그 가운데 거칠고 볼품없는 돌……. 어루만지는 물결의 노고가 더 컸으리라. 이처럼 자비란 버리지 않을 뿐만 아니라 거칠수록 손길이 더 많이 가야 하는 목숨을 건 용맹정진이구나.

4

스님에게도 고난이 있었다, 성인(聖人)도 고난을 겪었듯이……. 다만 그 고난을 고난으로 여기지 않고 오히려 그것으로 자신을 갈고 다듬어 더욱 원만해졌고 잘 갖추어졌으며, 훌륭하게 드러내 잘도 보여주었다. 알고 보면 스님의 고난이나 영광, 이 모두는 스님이 택한 또 다른 각사업(覺事業), 보살행이었다. 그러므로 금생만의 일이 아니고 다생의 일이고 본생(本生)의 일이다.

스님은 타고날 때부터 선(善)하기 그지없는 천품을 지녔고 인간의 상도(常道)를 갖추었다. 효행이 그랬고 남이나 이웃을 대함에 지극함이 그랬다. 그래서 스님을 "현성(賢聖)의 그릇으로 타고났다"고, 도반인 석정스님은 회고하셨다. 거기에 일생의 수행과업인 보살행을 통해 자신의 천품에 광채를 더해 갔으니, 이는 참된 인간의 길을 묘봉(妙峰:수미산)정상의 고준독보(孤俊獨步)로 일체중생에게 열어 보여주신 스님의 면목이다.

스님의 높은 교양, 자상한 인간애와 절도 있는 예절, 타고난 헌신과 자애의 덕성, 다함없는 지혜와 자비……. 이로 인해 가까운 주변으로부터 오해와 무시, 핍박과 배척을 받기도 했다. 그런 세세한 이야기를 이 시리즈에 쓰지는 않았지만 나는 듣는 것만으로도 무척 가슴이 아팠다.

'스님의 순수한 의도를 이해하지 못할 뿐 아니라 오해하고 왜곡한 사람들, 그들은 (스님에게) 왜 굳이 그런 태도를 취해야 했을까? 스님에게 결정적인 인격의 결함이 있었을까, 아니면 오해 당사자의 결점 때문이었을까, 그도 아니면 오랫동안 함께 살았어도 스님의 진심을 까맣게 몰랐던 무지의 탓일까? 혹시 스님의 타고남을 도저히 따라갈 수 없었기에 짐짓 무시하여 스님을 넘어서려고 했을까?' 이런 생각을 하면서 때로는 푸념도 하고 원망도 했다. 이제 돌아보면 다 부질없는 일이다. 왜냐하면 지근(至近)에 있던 권속들도 스님을 몰랐으니 더 말해 무엇하랴 싶었다. 인간의 삶은 이런 것을 바탕으로 엮여진 날줄 씨줄의 옷감과 같은 것이다. 스님의 마음을 아는 사람을 날줄이라면 모르는 사람은 씨줄이겠지. 이 세상이 어려운 것은 성인(聖人)의 법이 없어서가 아님을 이제 다시 알게 되었을 뿐이다.

그러나 냉엄한 일은 인간 모두가 생로병사(生老病死)라는 저 위대한 무상(無常)의 진리 앞에 서 있다는 사실이다. 인간 자신들의 뜻과 관계없이 모든 것은 변하고 바뀌어 간다. 아니 변해야 하고 바뀌어가야 한다는 엄숙한 사실 앞에 우뚝 버티고 서 있는 것이다. 필경 모두가 바뀌고 바뀌어가야 하니 참으로 무상(無常)하다. 금생에 바뀌지 않으면 다음 생, 혹은 몇 생이나 백 생 후라도 반드시 바뀔 것이고 바뀌어야 한다. 바뀌지 않으면 고통을 떠날 수가 없기 때문이다. 바뀌는 동안에도 윤회의 고통은 계속된다. 그러므로 빨리 바뀌어야 하지 않을까! 중생성(衆生性)을 버리고 불성(佛性)으로 어서 바뀌어야 하지 않을까. 이것이 지엄하고 냉철한 진리다. 예외가 없는 공평한 진리다. 그래서 진리는 거룩하다. 저 시공을 초월해서…….

그렇지만 나는 넋 놓고 앉아서 '아, 사람은 성인의 가르침을 배우고 익혔어도, 타고난 버릇과 익혀온 습관을 왜 조금이라도 바꾸거나 버리지 못할까? 아니, 왜 바꾸거나 버리려고 진심 어린 노력을 하지 않을까? 진리의 힘이 약해서일까, 불법이 쇠잔해 가기 때문일까?' 하고 비감한 한탄에 젖어들곤 했다.

성인의 숭고한 가르침 앞에서도 오로지 자신의 습성을 버리지 못하고 지키려고 무던히 애쓰며 버티는 뭇 인간의 모습이 안타까웠다. 그보다 나 자신의 모습이 더 안타깝고 한심스러웠다. 스님의 고난 어린 삶을 듣고 엮으면서 나는 억울하고 분하여 몸부림쳤다. 그러나 그런 일이 반복될수록 어느새 나는 나를 돌아보고 있었다.

돌아볼수록, 살펴볼수록 참회하고 뉘우칠 일이 끝이 없었다. 세세생생 해야 할 나의 중대한 수행과업이라는 것을 스님의 고난 어린 삶을 통해 깨달았다.

아무튼 스님이 저 정든 범어사를 떠났던 일도, 오해를 받았던 일도, 돌아보면 그 모두 인간사 티끌세상의 버려야 할 일고의 가치도 없는 부질없는 일……. 그런데도 난 서글펐고 안타까웠다. 사실 알고 보면 스님이 범어사를 떠난 것도 본의에 의해서가 아니라 타의에 의해서였다.(사실 여기에는 부처님의 미묘하신 뜻이 숨겨져 있다. 매사가 그렇지만—) 그런 것도 모르고 후일 범어사 관계자들은 범어사가 힘들고 곤란한 일을 겪을 때마다 스님에게 탓을 돌리곤 했다. '광덕스님이 범어사를 지키지 않고 떠났기 때문이라고…….' 이는 스님에 대한 믿음이 컸고 기대가 컸던 탓도 있겠지만 스님의 처지를 모르고 생각 없이 말한 점도 없지 않으리라.

난 '스님인들 왜 정든 범어사를 떠나고 싶었겠는가?' 하고 그들에게 되묻고 싶었다. 무턱대고 스님에게 범어사에 대한 책임을 거론하는 사람들에게. 그러나 지금은 그렇게 생각하지 않는다. 모두가 스님 자신의 일이고 장엄(?)이라고 생각하기 때문이다.

5

본책(本冊) 마지막 권이 될 이 '시봉일기 10'권에 스님이 작사한 노랫말, 여러 책의 서문이나 후기, 심지어는 성철스님께서 스님의 책에 쓴 서문까지도 옮기려고 했다. 후일 스님을 연구하는 사람들이나 궁금해하는 사람들에게 조금이라도 편의를 주기 위해서였다. 그렇지만 결과는 처음 계획대로 다 하지 못했다. 물론 아쉽다.

그리고 스님의 교화방략(敎化方略)을 연구하기 위해서는 '불교사

회과학연구원'이라는 이름보다 '불광사상연구소'나 '금하사상연구
소'로 하는 것이 더 적합할 것이라는 생각이 들었다. 왜냐하면 불
광이나 금하를 연구하면 그 안에 한 방법으로 떠오른 것이 불교사
회과학일 것이기 때문이다. 이제 불비한 것은 불비한 대로, 아쉬운
것은 아쉬운 대로 남겨둘 수밖에 없다. 나의 힘, 사람의 힘은 한계
가 있고 다 미칠 수 없기 때문이라고 변명한다.

6

한국불교의 특성은 새로움이다. 그 특성을 스님은 고스란히 계승
하고 있다. 역사를 통해서 보면 한국불교는 우리 땅에 전래된 이래
오늘날까지 끊임없이 새로워졌다. 시대에 따라, 사회 환경에 따라,
문명의 발전에 따라, 민도의 수준에 따라 적절하게 대응하여 새로
워졌다. 구체적으로 말해 그 새로움이란, 불법도 인간에 의해 전달
되고 간직되는 일이기에 자칫 구태의연해지거나 엉뚱하게 달라질
수 있으므로 그때마다 부처님 본래의 근본 뜻으로 되돌아가는 의
도나 행동이었다. 그것을 말해 새로움이라고 한다. 형태는 새로워
졌지만 내용은 부처님 근본 가르침에 대한 강화이다.

멀리는 삼국시대로부터 통일신라, 고려조와 조선조를 거치고 근
대에 용성조사에 이르기까지 새로움은 연속부절이었다. 또한 우리
불교는 나라와 겨레와 영욕을 같이 했고 삶을 같이 했다. 고래의
전통을 무시하지 않았고 전래의 풍속을 업신여기지 않았다. 오히려
그것에 철학적인 의미를 부여하여 차원을 높여 함께 나갔다. 보화
응동(普化應同)이었다. 이것은 불교 본래의 근본 성질인 대자대비
(大慈大悲)의 지극한 실천이고 계합(契合)이었다. 근세조선의 서산
대사와 국권상실기의 용성조사 등이 그 대표적인 인물이다. 특히

328

용성조사의 대각교운동(大覺敎運動)은 불교운동을 지나 민족의 독립과 생존운동으로 확대해 나갔다. 또한 이것은 한국전쟁의 와중에도 사그러들지 않고 포화가 울리는 참혹한 살상 속에서도 계속되었으니, 소천대선사의 '금강경구국원력대(金剛經救國願力隊)'였다.

이런 새로움에 대한 오랜 전통을 뿌리로 한 스님의 대각구국구세(大覺救國救世)운동, 한국불교의 특성을 생득적으로 계승한 스님은 한국불교의 새물줄기로 자임한 '반야바라밀다결사', 또는 '대각구국구세(大覺救國救世)'라 명명하였다. 20세기 후반 대한민국 시대에 등장한 '반야바라밀다결사' 운동의 횃불은 이렇게 올려진 것이다. 이것은 '불광'이라는 이름으로 기지를 마련하여 전통불교를 통섭하고 미래불교를 열어 가는 명실공히 새 물줄기가 되었으니, 가히 '이 시대의 새 물줄기'라는 자부심에 걸 맞는 일이 아니겠는가. 또한 이것은 하나의 시대적 결사운동으로 인류평화운동의 구체화였기에 그 의의가 사뭇 크다고 하겠다.

7

이제 스님의 일에 대한 나머지 일정 부분은 내 손을 떠났다. 스님의 유업을 차지한 다른 사람들이 보다 책임 있게 맡아야 한다. 난 내가 할 수 있는 여건에서 최선을 다하려고 노력했고, 그 집적물이 이 '시봉일기' 시리즈다. 앞으로도 내 나름대로 그런 노력은 계속될 것이지만 주요한 책임과 의무는 역시 내 힘 밖이라고 생각한다.

이제 나는 내년(2009) 한 해 더 뒷마무리를 한 뒤, 이 절 도피안사로 스님께서 환생하여 오시기로 다짐해 두셨기에(시봉일기 5권 244쪽), 이곳의 나무 한 그루, 돌덩이 하나, 꽃나무 하나, 풀 한 포기, 집 한 채에도 마음을 모아야 한다. '스님이라면 이 일을 어떻게 생각하셨을까', 매사를 이렇게 여쭈어 봐야 한다. 그 어느 것 하나라도 스님 오시는 일과 무관할 수 없고 연결하여 생각하지 않을 수 없다. 왜냐하면 스님께서는 이미 새로운 몸을 받으셨다는 것을 확신하기 때문이다. 난 스님께서 생전에 하신 환생의 말씀을 굳게 믿는다. 그래서 수미산 환생기도에 나섰고, 수미산 기도에 감응하신 스님의 뜻을 믿고 따라야 한다. 난 이제 내 생의 나머지 기간을 스님의 불사를 받드는 일에 바칠 것을 다짐한다. 그 일로 내 삶을 삼고, 밥 먹는 가치를 삼으려고 한다.

시봉일기가 끝나면 큰 도회지로 나가서 새로운 시도를 해보려고 생각해 본적도 있지만, 그것보다 스님께서 오시기로 약속한 여기서 살다가 금생을 마치는 것이 더 적합한 일이 된다는 신념을 갖게 되었다. 확신이 들었다. 내가 하지 않거나 못하는 다른 일은 생을 바꾼 스님이 더 잘하실 것이기에 말이다.

8

이곳 안성시 죽산면의 용설리 호숫가에는 문화예술계의 인사들이 모여 산다. 그중에 홍신자 선생은 '웃는돌'이라는 무용단을 만들어 매년 죽산국제무용제를 열고 있다. 그런 일련의 행사에 초청되었던 중국 북경의 당시(1997) 90세가 넘은 태극권 고수인 우락경 사범이 한가한 틈을 내어 '웃는돌' 위에 있는 이곳 도피안사로 올라와 잠시 대화를 나눈 적이 있었다. 며칠 뒤 내가 외출하고 없을 때 다시 찾아온 노선생은 나에 대한 인상기를 붓글씨로 써놓고 갔다. 우선생이 본 나의 인상기를 여기 소개하려고 한다. 혹시 나에게 어떤 특성이 있거나 내지 조금이라도 취할 점이 있다면, 그

모든 것은 당연히 불사에 쓰여야 하고, 그것도 스님의 불사에 쓰여
야 한다고 생각해서다.

贈松菴大師

先生有翠松的陽剛之氣

冬夏長靑, 不畏氷雪, 不惧寒風, 超塵脫俗, 與天地蒼茫相共.

北京中央戲劇學院 于樂慶寫

於韓國到彼岸寺 1997年2月27

硏習太極拳之暇 于樂慶的印象

나는 삶을 살면서 때로는 서둘렀고 때로는 조급해 하기도 했다.
그러나 불사를 받드는 몸으로 그런 자세는 매우 어울리지 않는 일
이라고 지금은 생각하고 있다. 그래서 저 소나무 같은 인욕과 불변
과 두려움 없음과 명예를 벗어난 초연함과 우주적인 마음으로 불
사를 받들어야 한다는 교훈이 노선생의 글에 들어 있다. 그래서 여
기에 옮겨 불사를 받드는 내 삶의 좌표로 삼고 싶고 다짐을 두고
싶어서다.

9

이 시봉일기 시리즈를 이룸에 참으로 많은 분들이 함께 했다. 일
일이 거명할 수조차 없다. 그리고 내가 나서서 주제넘게 인사를 차
리지 않으려고 한다. 생각해보면 그분들 모두가 나의 인연으로서가
아니라 각자 부처님과의 인연, 또는 스님과의 인연으로 함께 하게
되었던 것이기 때문이다. 그러니까 내가 나설 자리가 아니다. 그런
데도 뭐라고 내가 입을 열게 되면 분수를 모르는 일이 되어 그 분

들께 결례가 될 것 같다. 개구즉착(開口卽錯)의 망발이 되리라.

그러나 돌아보면 참으로 많은 분들이 직접 간접적으로 인연을 맺었다. 이런 모든 인연들이 선사(先師)의 환생신(還生身)이 이루실 대각구국구세(大覺救國救世)의 터전이 되고 동지가 되어 세기적인 불사가 원만하였으면 하는 마음 다할 수 없다.

10

스무 살의 나에게 스님은 매일 기도를 시켰고 금강경과 보현행원품을 하루도 빠짐없이 읽게 했다. 이제 그때 읽은 그 글을 빌려 스님께 기도한다.

"부디, 선사(先師)께서는 환생의 몸으로 기우광대(氣宇廣大)한 원력과 이 장엄(二莊嚴:智慧莊嚴·福德莊嚴)의 원만으로 묘보대(妙寶臺)에 높이 앉아 일찍이 한 발짝도 떼지 않았지만 시방세계를 두루 다녀서 보현대행(普賢大行)의 가풍을 떨치시길 간절히 바라옵니다. 이와 같은 저의 기도는 끝이 없아옵니다. 저 허공계가 다하고 중생계가 다하더라도 마침내 다할 수 없습니다.

저의 이 서원을 시방삼세 불보살님께서는 증명하소서.

나무마하반야바라밀다

나무석가모니불 나무석가모니불 나무시아본사석가모니불"

2552(2008)년 9월

不肖門人 松菴至元 謹誌

광덕스님 시봉일기 完刊記念銘文

大覺救國救世 宗主이신 金河堂光德大禪師의 敎化願力과 一行日常을 上佐인 松菴至元스님이 集錄했다. 지난 戊寅年(一九九八) 冬安居 때 시작하여 戊子년 올해 冬安居에 본책 11권을 매듭지으니, 그동안 만 十年의 결코 짧지 않은 세월이 흘렀다.

松菴師는 평소 스승의 자취를 기록한 자신의 기록물과 당대 四部大衆 137분, 諸位의 인연 증언, 大禪師께서 쓰신 각처의 碑文과 敎界新聞에 나타난 기사와 원고, 뿐만 아니라 大禪師 생전에는 널리 알려지지 않았던 祖師語錄의 譯註를 찾고, 언론의 대담물까지 찾아내 실었다. 참으로 상좌의 지극한 정성, 그 섬세한 손길이 미치지 않은 곳이 없다고 하겠다.

여기에는 당대의 문헌자료와 諸賢의 증언을 의지해 大禪師의 面貌와 行跡을 하나하나 드러내기도 했지만, 무엇보다 기도를 통해 大禪師의 菩薩願力과 智慧와 慈悲心에 契合하려고 한 것은 사뭇 出世間的인 面貌임을 말하지 않을 수 없는 일이다. 老錐 寡聞의 탓일지 모르나 우리 宗門 淵源 이래 스승에 대한 이만한 일이 흔치 않음을 알겠구나.

科學技術의 비약적인 발전에 힘입은 物質文明이 인간의 바른 정신을 함몰시켜 어디에서도 사람의 향기를 쉽게 찾을 수 없는 가파른 이 시대에, 바야흐로 이 일을 통해 다시 진정한 사람의 향기 앞에 서게 되었으니, 가히 이 기쁨을 필설로 다 표현할 수조차 없구나. 마치 五分香의 香薰에 젖은 듯 欣感하기 짝이 없다. 이에 이곳 普賢道場 佛子들은 다투어 奉獻法會를 열고 무딘 老錐는 이미 던진 붓을 다시 찾아 들고 기쁜 마음을 몇 자 글로 적어 後世에 傳하고자 한다.

부디 三寶의 加護하심과 佛子들의 誓願力, 擁護神衆의 加被力, 내지 蠢動含靈과 山河大地一草一木이 제각기 뿜어대는 빛과 念願 속에 大禪師 還生身의 幢竿에 正法의 깃발이 어서 빨리 휘날리기를 懇求해 마지않는다.

나무마하반야바라밀다

불기 2552(2008)년 10월

米壽之老錐 達空居士 趙洪植 지음

다시 스님의 상좌가 되기 위해 살아가리

이 『광덕스님 시봉일기』를 쓰는 동안 많은 일들이 있었다. 물론 만 10년의 세월이었으니 많은 일들이 있는 것은 당연하다 할 것이다. 그중에서 이곳 도피안사를 지키고 살아왔다는 것이 많은 일 중에 가장 첫 번째 일이라는 생각이 든다. 두 번째는 시봉일기를 출간하기 위해 출판사를 두 곳이나 열게 되었고, 세 번째는 매주 일요일마다 법회를 개설하여 빠지지 않았다는 점이다. 첫 번째와 세 번째는 이곳 도피안사에서 이루어진 일이지만 두 번째는 온갖 역경 속에서 지켜낸 일이고 특히 그것을 여태까지 지켜 왔다는 사실은 자화자찬 같지만 스스로가 대견스럽기까지 한 일이다.

두 번째 일에 대해서는 불과 얼마 전까지만 해도 나 혼자서 아등바등 지켰는데 이제 이상옥 불자가 주간을 맡고 양승순 불자가 과장으로 자리매김을 했다. 문서포교를 전문적으로 하게 되었다는 안도에 혼자 가슴을 쓸어본다. 가만히 생각해 보면 출판사가 나에게는 말할 수 없는 고생문이고 고행이었지만 지금 와서 보면 한편으로는 신기했다. 어떻게 지금까지 하나도 아닌 둘이 살아남아서 존재했느냐 하는 생각 때문이다. 이제 두 출판사의 먼 앞날은 모르 겠지만 우선 그들에게 맡긴 것에 대해 새삼 홀가분하여 즐겁고 기 쁘다.

시봉일기 본책 11권을 만 10년 만에 회향하면서 봉헌법회를 오 는 11월 16일에 갖기로 했다. 이런저런 준비를 하던 차 불교의 문 서포교 발전에 기여했던 김형균 불자님이 당일 참석하는 분들을 위해서 조그만 머리책을 한 권 만들어서 증정하는 것이 어떻겠느 냐고 제안을 했다. 그러면서 자신이 펴낸 다른 전집의 머리책을 참 고로 보여주었다. 그 말을 듣고 참고 서적을 뒤적여 보면서 속으로 생각을 해봐도, 주로 서울에서 안성까지 오는 손님들에게 빈손으로 돌아가게 하는 일은 결례가 될 것 같았다. 그렇다고 10권 다 증정 할 수도 없는 일이고 하여, 그 자리에서 바로 전향적으로 생각했다. 또 10권을 다 읽기는 어려워도 머리책 한 권 정도는 누구나 읽을 수 있지 않을까 하는 생각이 앞섰다. 우선 스님에 대해 이해가 넓 어질 것 같았다. 결국 그런 생각들이 씨앗이 되어 이 머리책을 갑 자기 쓰게 된 것이다. 어차피 당일 스님에 대한 그동안의 연구 업 적(?)을 발표해야 하니까 그 발표 준비를 좀 다른 각도에서 하자는 뜻으로 이해하고는 김형균님의 조언을 받아들이기로 한 것이다.

올해 이 일을 끝내면 내년 일 년 동안에는 『광덕스님 시봉일기』 別2, 3, 4, 5를 마저 출간할 예정이다. 그리고 내년 11월경에는 인 도불교 성지순례를 가서 시봉일기 회향기도를 올리려고 한다. 그렇 게 하면 스님에 대한 불사는 대강 마무리를 지을 수 있을 것 같다. 그래서 2010년 1월 1일부터는 전혀 다른 삶을 살 수 있으리라 본 다. 그동안 가고 싶었던 '담마로드 구법의 길' 순례도 가고 여타의 불교유적지 순례나 답사도 다니면서 이해만 하고 있던 것에 대해 현장 확인을 두루두루 하고 싶다. 그러면서 내심 휴식도 취하고 여유도 갖고 싶다. 물론 이곳 도피안사를 지키고 가꾸면서 하는 일들이다. 그렇다고 십 년 동안의 고생(?)을 벗어났으니 이제는 내 멋대로 살자는 심보는 아니다. 오히려 끝냈기 때문에 더욱 경건하게 살아야 한다. 책에 대한 책임감도 있고 스님의 상좌라는 사실도 더 알려질 테니까, 더더욱 나이도 점점 들어가면서 나이 값도 못하면 안 되니 말이다. 시봉일기는 당연히 내가 해야 할 일을 했을 뿐이고, 그것도 나 혼자서 한 일이 아니고 보이거나 보이지 않거나 많은 분들이 돕거나 응원하여 이루어진 일, 불사이다. 난 이 시봉일기를 쓰면서 스님의 은혜를 갚는 것이 일체중생의 은혜를 갚는 것과 똑같다는 사실을 알게 되었다. 그래서 처음 만나는 사람에게도 웃으면서 대하려고 노력한다. 은혜 갚는 첫 걸음이라고 생각해서다. 남이 보면 살짝 도(度)가 넘은 사람처럼 보이더라도 무조건 먼저 웃으면서 사람을 대하고 사물을 대하고 나를 대하고 싶어서고, 해서 그렇게 노력한다.

앞에서도 말했지만 이제 이 일이 일차적으로 마감되면 좀 더 여유 있고 대범하게 살 수 있지 않을까 하는 기대를 가져 본다. 희망인지도 모르겠다. 아무쪼록 이 하나의 일을 마감하면서 나는 더 치열하고 주도면밀하게 나 자신을 살펴보고 싶다. 에누리 없이 내가 나를 있는 그대로 바라보고 싶다. 그래서 나를 다시 확립하고 싶고 거듭 확립하고 싶다. 부족하면 부족한 대로, 아쉬우면 아쉬운 대로, 거짓 없이 꾸밈없이 나를 확립하고 싶다. 그런 진실이라도 있어야 다음 생이 좋아지지 않을까 하는 생각을 한다. 또한 진실이 없으면 스님은 다시 나를 상좌로 받아 주지 않을 것이다. 남은 내 인생은 스님이 나를 다시 상좌로 받아주도록 준비를 해야 한다.

주변 많은 분들에게 인사하는 일을 일일이 이름을 거론하거나 곳곳마다 찾아다니며 하지 않고 우선은 나를 확립하는 일로 보은의 인사를 할 것이며 다음은 부처님의 은혜를 잊지 않는 것으로 이웃에 대한 인사를 삼으려고 한다.

나무마하반야바라밀다

2552(2008)년 10월 9일 한글날
보현도량 도솔산 도피안사
묘향대에서 불초문인 송암지원 謹誌

부록

1. 광덕스님 시봉일기 전 10권 차례
2. 광덕스님 시봉일기 완간 봉헌법회 자료 모음

5권_ 임의 숨결

6권_ 새 물줄기

7권 · 사부대중의 구세송

8권__인천의 안목

9권__보현행원으로 보리 이루리

告佛文

부처님, 이 시대 유마의 전법사명 저희가 다하겠습니다

대자대비 석가모니부처님이시여,

모든 생명들 자신이 스스로 빛나는 불성(佛性)의 주인공인 도리를 일깨우시기 위하여, 부처님께서는 2천6백여 년 전 이 사바의 땅에 몸을 나투셨사옵니다. 늙고 병드신 팔순의 몸으로 구시나가라 사라쌍수 언덕에서 열반하시는 그 순간까지 피땀 흘리시고, 죽어서 뼛조각까지 남김없이 저희 중생들에게 스스로 불성주인인 도리를 일깨우기 위해 다 바치시는 한량없는 은혜를 베푸셨사옵니다.

그리고 지금 이 순간에도 저희들 어리석은 중생자녀들 속에 갖가지 모습으로 오셔서 고구정녕 정법을 설하시며 손잡아 이끌어주시는 대자대비를 한량없이 부어주십니다.

오늘 불기 2552년 11월 16일, 여기 보현도량 도솔산 도피안사.

가을 하늘이 환한 빛을 발하고 용설 호수가 삼매의 푸른 기운으로 호흡하는 이 청량한 보현도량에, 사부대중이 함께 모여 몸과 마음을 조촐히 하고, 『광덕스님 시봉일기』 본책 11권을 봉헌하는 10년 불사를 회향하오며 법석을 여오니, 자비로운 어버이 석가모니부

처님이시여, 거룩하신 무애위신력으로 저희들의 이 서원을 낱낱이
거두어주소서.

10년 전 저희 사부대중들이 뜻을 정하고『광덕스님 시봉일기』
불사를 시작한 것은 그 뜻이 오로지 이 땅에 부처님 정법을 전파하
고 반야행원의 무상 도리를 홍포하여 구국구세하려는 유마 정명보
살의 대비서원에 있었습니다. 이는 저희들의 큰 스승 금하당 광덕
스님의 업적을 선전하려 함도 아니고 더욱이나 제자들의 효심을
들어내 보이려 함도 아니었습니다.

부처님께서 처음 세우신 크신 서원,

역대조사와 선지식들이 대대로 받아 지녀온 큰 서원,

용성·동산·소천·성철 등 선대가 이어서 지녀온 큰 서원,

先師, 광덕스님께서 위법망구 분골쇄신 갈비뼈 앙상하도록 헌신
하신 큰 서원, 이 땅의 중생들이 스스로 빛나는 불보살인 반야행원
의 도리를 계승하고 널리 일깨워 구국구세하려는 유마 정명보살의
일념서원, 그 한량없는 큰 서원의 위신력 때문에, 10년 세월 온갖
곤경과 회의와 갈등을 다 극복하고 오늘『광덕스님 시봉일기』본
책 11권 완간 봉헌의 환희심을 함께 나눌 수 있게 되었습니다.

저희들의 대자대비 석가모니부처님이시여,

이제 저희 사부대중들은 더욱 뜻을 견고히 하고 행실을 돈독히
하여 저희 스스로 한 사람 한 사람 유마 정명보살의 후신이 되고
분신이 되어 전법도생의 거룩한 부처님 사명을 더더욱 열렬히 계
승하겠습니다. 10년 회향을 새로운 100년 불사의 출발로 삼아, 지
금 곧 새로운 보살의 길로 나아가겠습니다. 이 육신은 낡은 수레같
이 무너져 내리더라도 게으르지 않고 욕심부리지 않고 일 보, 일
보, 또 일 보, 그렇게 정진하겠습니다.

저희들의 대자대비 석가모니부처님이시여,

간곡히 굽어살피시고 증명하여 주시옵소서, 섭수하시고 가호하
여 주시옵소서.

나무마하반야바라밀다

나무석가모니불 나무석가모니불 나무시아본사석가모니불

불기 2552년 11월 16일
금일동참 사부대중일동 지심복축

告由文

∶

스님, 거듭 대각구국구세하소서

스님, 은법사이신 스님이시여,

저 불초상좌 지원입니다.

오늘, 스님 생전 교화의 묘방을 낱낱이 모아 『광덕스님 시봉일기』 본책 11권으로 간행하여 이렇게 사부대중들이 함께 모여 봉헌법회를 열고 있습니다. 스님께서 환히 다 보고 계시지요.

'송암이 괜한 일을 벌여 대중을 수고롭게 하는구나—' 하고 염려하시리라 생각합니다. 하오나 스님께서 꾸지람을 내릴 줄 번연히 알면서도 불초상좌 지원은 이렇게 할 수밖에 없었습니다. 스님이 너무나 그리웠기 때문입니다. 스님 계시지 않는 이 험한 세상 홀로 살아가야 하는 저는 너무 막막하고 외로웠기 때문에, 이렇게 해서라도 스님 곁에 있고 싶어서, 스님 끈 놓지 않고 스님 모시며 인생길 가고 싶어서, 이렇게 할 수밖에 없었습니다.

스님, 은법사이신 스님,

스님께서 떠나시고 나서야 스님이 참으로 소중한 어른인 줄 다시 깨닫게 되었습니다. 스님 말씀 한마디, 한마디 참으로 귀한 등불인 줄 비로소 깨닫게 되었습니다. 스님 글 한 구절, 한 구절이 정말로 없어져서는 아니 될 귀중한 보석인 줄 겨우 깨닫게 되었습니다. 저는 스님께서 세상으로부터 멀어지고 잊혀지는 것은 곧 이 땅에 등불이 꺼지고 얻기 어려운 보석을 잃어버리는 불행한 사건이라는 것을 뼈에 사무치도록 깨닫게 되었습니다. 스님께서 설파하신 반야활구 한마디 한마디가 죽어 가는 사람 살려내고, 기울어져 가는 세상 구해내는 구국구세의 대광명인 줄을 새삼 아프도록 깨닫게 되었습니다.

그래서 불초상좌 지원이 이 작업을 시작한 것입니다. 스님의 말씀을 모으고, 스님의 글을 찾아내고, 스님의 행적을 복원하기 위하여 10년을 하루같이 미련한 소같이 달려왔습니다. 많은 분들을 괴롭혀드렸습니다. 동서남북 불원천리 불철주야로 내달렸습니다. 때로는 난관에 부딪치고 좌절하기도 했습니다. 곱지 않은 시선도 받았습니다. 그러나 저는 한순간도 의심하거나 물러서지 않았습니다. ‘광덕스님 없으면 반야바라밀다 없고, 반야바라밀다 없으면 이 세상에 등불 없다’는 일념으로 달리고 또 달려왔습니다. ‘제 스승만 위한다’고 사람들이 비난해도 어쩔 수 없었습니다. 몇 번을 다시 태어나도 제가 할 일은 오직 이 일뿐이라는 걸 저는 잘 알고 있습니다.

스님, 자애로우신 스님,

이제 스님께서는 생전에 약속하신 대로 분명 다시 오셨습니다. 아니 환생하셨습니다. 저는 감히 스님의 환생을 믿고 보고 있습니다. 1999년 7월, 제가 티베트에 있는 수미산으로 스님의 ‘속환사바 재명대사’의 환생기도를 갔을 때 분명히 약속하지 않으셨습니까. 전 그 길로 돌아와서 스님 오실 때를 대비하기 시작했습니다. 스님께서 생전에 ‘난 다시 태어나서 반야바라밀다 운동할 거야’라고 하셨던 다짐과 약속의 길로 곧장 가시도록 제가 이 일을 한 것입니다. 바로 스님과의 지엄한 약속, 수미산의 서원과 맹세가 있었기 때문입니다. 부족함이 많지만, 이 정도면 스님 다시 사자후하시는 데 큰 지장은 없을 것입니다. 스님, 부처님 본원이 스님의 본원이라고 하시지 않았습니까. '그 본원으로 오소서. 다시 오소서. 그래서 크나큰 자비와 지혜로 구국구세 원만하소서.' 이렇게 기도합니다.

스님, 저희들은 저희들 앞에 스님의 그 모습을 나투실 날을 이렇게 고대하고 있습니다. 스님 기다리는 사람들 여기 이렇게 모였습니다. 이 세상에 스님 기다리는 사람들 너무나 많습니다. 스님 오시면 무릎꿇고 그 빛나는 모습을 우러르겠습니다. 그때 어리석고 불민한 이 상좌 지원에게 다시 회초리를 들고 닦달해 주소서. 스님 그립습니다.

나무불 나무법 나무승
나무마하반야바라밀다

불기 2552년 11월 16일

不肖門人 至元 泣告

봉헌사
:
이 시대에 울리는 경종(警鐘)

─ 광덕스님 시봉일기를 삼보전에 봉헌하오며 ─

德山覺賢 | 스님, 연꽃마을 이사장

우리나라 불교 역사 2천여 년 동안에 훌륭한 선지식이 숲속의 나무처럼 많았습니다. 그러나 그 많은 스승들에 대한 기록은 거의 없습니다. 본인도 제자도 신도들도 그 누구도 기록하지 않았기 때문입니다. 더러 기록이 있었어도 제대로 지켜내지 못했습니다. 목숨 걸고 스승의 법을 전하지 않았기 때문이고 전하는 일을 너무 소홀히 한 때문입니다.

선대의 조사와 종사의 법과 일상의 교훈은 후학과 후세에 전해져야 법륜이 더욱 힘차게 굴러가고 그 시대는 윤택하여 찬연한 빛을 발합니다. 그러나 아쉽게도 선대의 사상이나 활동들은 거의 기록되지 않았습니다. 기록이 없는 역사는 공허합니다. 남는 것이 없고 손에 잡히는 것이 없기 때문입니다. 그러므로 물려줄 것도 없고 물려받아 책임질 일도 없습니다. 이 얼마나 홀가분하고 편한 일이겠습니까. 애써 찾지 않아도 감나무 아래 감 떨어지듯이 저절로 얻어지는 안심입명인지도 모릅니다. 편히 지낼 수 있으니까요. 그렇지만 과연 그럴까요? 정말 안심입명일까요? 심각하게 되묻고 싶습니다.

먼 이야기는 않더라도 바로 눈앞에 있는 우리의 스승들도 세월이 흐르면 떠나갑니다. 스승이 우리 곁을 떠나는 것에 대해, 스승을 잃는 것에 대해 우리는 거의 느끼지 못하고 그저 태평하게 손놓고 지내고 있습니다. 오로지 개인의 안심입명만 추구하여 마치 산속에 숨어사는 벽지불처럼 아니 신선처럼, 우리는 살고 있는지도 모릅니다. 분명히 우리나라 불교는 대승의 맥을 이은 유구한 전통이고 더욱이나 신선도는 아닌데도 우린 벽지불이나 신선의 흉내를 내는 데 일생을 고스란히 바치고 있는지도 모를 일입니다. 우리는 지금 정작 해야 할 제자의 도리를, 불자의 도리를 못하거나 소홀히 한 채 마냥 세월만 축내고 있습니다. 그것은 부처님의 가르침 전하는 일을 중요하게 여기지 않고 스승의 법 잇는 것을 소홀히 여기는 잘못된 태도, 수행자 자신도 알지 못하는 사이 그만 잘못된 수행태도에 빠져버렸습니다.

만약에 불법승 삼보 중에 부처님과 법이 아무리 뛰어나도 스님들이 없었다면 어찌 오늘날 우리가 불교의 가르침을 온전히 만날 수 있었으며 닦아나갈 수 있겠습니까. 역사적으로 보아도 저 악귀 같은 몽골군이 침공하여 나라가 풍전등화의 위기에 빠진 실로 화급한 그 순간에도 고려의 스님들은, 지혜자들은 호법이 곧 호국이라는 굳센 믿음으로 부처님의 말씀인 팔만대장경을 주조하여 생사를 초월하는 바른 정신을 일깨우고 바른 믿음을 후대에 전하려는 전법의 일을 목숨 걸고 감당했습니다. 이는 참으로 놀라운 일입니다. 길이 후대에 전할 교훈이며 지침이고 불자들 삶의 생명존재방식입니다. 또한 자랑스러운 전통이며 나아가 세계에 유례가 없는 우리들 정신사의 장거이기도 합니다. 이제 우리는 선조들의 호법이 곧 호국이라는 불교신앙의 이 놀라운 정신질서와 불변의 정법등식을 한시라도 잊어서는 안 될 것입니다.

불교 2600여 년의 역사란 염주알 2600여 개를 하나하나 꿴 역사와도 같습니다. 그 가운데 어느 한 알만 빠져도 그만 염주는 우수수 떨어져 버립니다. 결국 못쓰게 됩니다. 이처럼 단 한 번의 단절로도 부처님의 가르침은 영영 사라질 수도 있습니다. 살펴보십시오. 오늘날 부처님이 나신 인도에는 부처님의 가르침이 쇠하여 도리어 다른 곳에서 불교를 수입하고 지원받는 기현상이 일어나고 있지 않습니까. 이 얼마나 당혹스럽습니까. 이 얼마나 부끄러운 일입니까?

법을 지키고 전하는 호법전법은 이렇게 중요한 것입니다. 불교의 골수요 생명입니다. 목숨이라는 말입니다. 부처님이나 스님들을 아무리 떠받들고 복을 빌고 공경한다 해도 법이 없으면 어떻게 부처님을 바로 알며 스님들을 여법하게 대할 수 있겠습니까. 사람들에게 법을 전하고 제자에게 법을 가르치는 이 일이 이렇게도 중요한 일이며 잠시라도 미루거나 소홀히 할 수 없는 중차대한 일이라는 것을 깨달아야 합니다.

여기 우리 불교계에, 우리 학계에, 우리 문화계에 모범이 되는 사례가 있습니다. 만 10년에 걸쳐 스승의 자취를 찾아 모은 상좌가 있습니다. 아름답습니다. 당연히 이래야 합니다.

그리고 『광덕스님 시봉일기』는 우리 시대의 경종입니다. 오늘 우리는 어떤 개인을 칭찬하거나 아무개의 노고를 위로하기 위해 여기 모인 것이 아닙니다. 이 시대 우리가 무엇을 해야 할 것인가?

어떻게 살아야 할 것인가에 대한 경종을 경청하기 위해, 아니 더 크게 더 힘차게 울리기 위해 여기 이렇게 모였습니다. 사부대중이 함께 모였습니다. 모두들 겉껍데기 현상에 치우치고 일시적인 유행의 세태에 깊이 빠져 근본을 돌아보지 않는 이때 우리들로 하여금 『광덕스님 시봉일기』는 근본을 다시 돌아보게 하고 있습니다. 그러나 잊었던 근본을 돌아봄은 놀랍고 두려운 일이기도 합니다. 그렇지만 피할 수도 없고 피해서도 안 되는 절체절명의 일입니다.

만약 이런 경종을 듣고도 모른 체하거나 피한다면 우리들에게 가장 귀중한 가치는 서서히 사라져 갈 것입니다. 그러므로 이 일은 아무개가 혼자 한 일이거나 어느 특정한 개인이 한 일이라거나 업적이 아니라 이 시대의 잠을 깨우려는 부처님 뜻을 알리는 경종입니다. 대자대비의 인도하심이 우리에게 이렇게 다가온 일입니다.

이 책은 모두 본책 10권과 머리책, 그리고 별책 5권, 총 16권으로 구성되어 있고, 오늘까지 나온 것은 본책 완간과 머리책과 별책 각1권씩, 모두 12권이 됩니다. 자그마치 10년 세월의 산물입니다. 많다면 많은 권수지만, 우리시대에 대각구국구세 불광운동을 펼친 스승의 한평생 자취를 모으는데 어찌 많다고 하겠습니까. 그러나 기록을 소홀히 여기는 우리 풍토에서 이만큼 철저히 자신의 스승에 관련된 기록을 모은 사례는 고금을 통틀어도 거의 없거니와 있어도 드문 일일 것입니다.

끝으로 이 책 서문에 총무원장 지관스님께서는 "중국 수(隋)의 천태지자 대사, 그의 종설겸통한 지혜와 변재를 고금에 따를 자가 없겠지만, 그러나 그가 남긴 많은 설법을 제자인 관정이 그때그때 기록한 덕분에……"라고 말하고 있습니다. 마치 관정스님처럼 여기 광덕큰스님의 상좌인 송암당 지원스님이 10년을 바쳐 이 전집을 완성시킴으로써 광덕 큰스님의 가르침은 이제 없어지지 않게 되었습니다. 영영 사라지지 않을 것입니다. 상좌의 노력으로 광덕 큰스님이 분명 우리 곁에 다시 오신 것입니다. 광덕 큰스님은 세세생생 법으로 이렇게 환생하셨습니다. 마치 부처님이 법으로 대자대비로 살아계시듯이 광덕스님도 법으로 살아계신 것이고 법으로 돌아오신 것입니다. 감사합니다.

나무마하반야바라밀다

나무석가모니불 나무석가모니불 나무시아본사석가모니불

불기 2552년 11월 16일

봉헌위원장 덕산각현

불교의 정신, 스승 존경의 회복을 축하하오며

茗園 김의정 | 대한불교조계종 중앙신도회 회장

저 2600여 년 전 우리들의 세상, 이 사바세계에 삼계의 대스승이신 부처님이 오셨고 머무셨고 또한 가셨습니다. 대자대비로 우리들에게 '오고 머물고 가는' 인생의 전 과정을 몸소 여실하게 잘 보여주셨습니다. 그러하신 부처님을 많은 사람들이 우러러 모셨고 지금도 모시고 앞으로도 모셔갈 것입니다. 이처럼 우리가 과거 현재 미래세 동안에 부처님을 여법하게 모실 수 있는 것은 오로지 제자들이 대를 이어가며 부처님의 가르침을 지키고 전했기 때문입니다. 뿐만 아니라 그 가르침을 자세하게 해설하고 설명을 부쳐 중생들이 이해하고 공부하기 쉽게 자비를 베풀어 배려한 것이 정치한 논소(論疏)들이고 불교의 오랜 역사이며 품격 높은 불교문화입니다. 이런 일들은 모두 스승과 제자들이 서로 주고받은 전법의 산물입니다.

이처럼 부처님을 따르듯이 스승을 공경하고 법을 지키듯 스승에게 배우는 것이 불교의 도(道)이고 훤칠한 가풍(家風)이며 유구한 가르침의 전통입니다. 결국 이러한 정신과 삶의 자세가 불교의 정의와 평화의 역사를 만들고 질 높은 문화를 만들어 인간정신을 성숙시켜 깨달음으로 나아갑니다.

우리는 아난다 존자와 우바리 존자가 평생 부처님을 모시면서 듣고 익힌 지혜의 힘으로, 가섭 존자가 부처님 말씀을 모으는 혜안의 결집으로 지금 그 법을 고스란히 듣고 볼 수 있게 되었습니다. 이것이 승가의 힘이고 제자들의 힘입니다. 오로지 법을 전해 받고 법을 전해주기 때문에 출가 수행자들인 스님들을 삼보로 공경하는 불교 신앙의 한 축이 되었을 것으로 생각합니다. 우리가 오늘날 부처님의 법을 거울 들여다보듯이 훤히 볼 수 있게 된 것은, 2600여 년이란 아득한 세월에도 불구하고 불법을 지키고 전하려 한 무수한 스님들이 계셨기 때문입니다. 만약 그렇지 않았다면, 불교를 억누르고, 절과 스님들을 탄압하던 저 조선시대를 이겨내고 오늘날 불교가 이렇게 살아 있을 수 있겠습니까? 차마 입에 담지 못할 악행을 저질렀던 참혹한 그 시대에도 스님들은 오로지 법을 지키기 위해 목숨을 바쳤고, 제자에게 법을 전하기 위해 간난신고를 마다하지 않고 두려워하지 않았습니다.

이처럼 호법전법을 위해 우리 불자는 살아야 합니다. 우리는 어서 빨리 이 일을 근본으로 삼아야 합니다. 이 일에 대한 철저한 사명감을 가져야 합니다. 불자라면 누구나 이 일에 앞장서고 다투어 자담해야 합니다.

아무리 훌륭한 법이라도, 지혜라도 사람에게 전하지 못하거나 후대에 전해지지 않는다면 결국 무슨 소용이 있겠습니까. 쓸모없는 일로 끝나버리고 맙니다.

설령 보잘것없고 하찮은 것이라도 소중하게 여겨 갈고 다듬으면

귀한 것이 되겠지만 반대로 귀중한 것도 방치하거나 잊어버리면 아예 없는 것과 같습니다. 인간 세상에 불법이 없으면 태양이 없는 것과 같습니다. 비록 고려청자가 아무리 좋은들 맥이 끊어지면 결국 없는 것이고, 고려의 금속활자가 세계 최초라고 아무리 강조해 봐야 우리나라에서는 더 계승 발전시키지 못했기 때문에 인쇄술은 결국 서양에서 역수입되고 말았습니다. 이런 일들이 다 지키고 전하려는 우리들의 노력이 부족했기 때문입니다.

『광덕스님 시봉일기』는 오늘날 우리에게 스승 공경의 뜻을 회복시켜 놓고 있습니다. 우주의 진리가 본래부터 있었어도 석가모니부처님이 아니었으면 까마득하게 모르고 살았을 겁니다. 우린 석가모니 대스승으로부터 그 법을 배우고 깨닫고 물려받은 것이죠 그러므로 스승 공경은 곧 법을 공경하는 것이요 부처님을 공경하는 일이 됩니다. 이것이 불교의 핵심적인 인간관계이자 도이며 법이고 여타에 없는 우리만의 고유한 특징이기도 합니다.

이 책 추천사에서 김종서 박사님은, "인류가 쌓아 놓은 문화유산의 전달자는 스승이며 이를 전수받은 제자는 이를 보다 확대 발전시켜 다음 세대를 위한 전달자가 되어야 한다"고 말씀하고 있습니다. 인간이 오늘날 만물의 영장으로 자처하고 이 지구의 주인으로 우뚝 올라선 까닭도 앞서 산 선조의 지혜와 경험을 대대로 잘 물려받았고 전했기 때문일 것입니다. 한 사람이 불을 발명하면 모든 인류가 불을 사용하고, 한 사람이 종이를 발명하면 모든 인류가 종이를 사용하게 된 것이 그 연유입니다.

결국 이러한 스승 공경의 정신이 이곳 보현도량 도피안사가 불교의 법맥을 잇고 꽃피우는 대도량으로 발전하는 힘이 될 것입니다. 나아가 우리 한국불교가 발전하는 근본이 될 것입니다. 이 책은 스승과 제자의 관계가 이러해야 한다는 모범을 실천한 증거이자 불교가 2600여 년 동안 인류의 횃불이 되고 진정한 의지처가 될 수 있던 힘의 원천이라고 봅니다.

저 때 부처님 말씀을 결집하던 수많은 비구들의 노력에 비해도 뒤떨어지지 않는 숭고한 일이었음을 마음깊이 말씀드리고 싶습니다.

이제 『광덕스님 시봉일기』 본책 완간으로 큰스님께서 이곳 도피안사에, 우리네 사바세계에 온전히 돌아오신 것이니 우리 모두 찬탄하고 이 의미를 기려야 합니다. 우리 재가불자들은 지극한 마음으로 삼보의 은혜에 경배합니다. 감사합니다.

나무마하반야바라밀다

나무불법승

불기 2552년 11월 16일

대한불교조계종 중앙신도회 회장 명원 김의정

勸請의 말씀

歸依三寶하옵고

大覺救國救世 宗主이신 金河堂光德大禪師의 行化之跡인『광덕스님 시봉일기』본책 10권을 상좌인 松菴至元스님이 만 10년의 세월 동안 集錄하여 드디어 完刊하게 되었습니다.

장구한 우리 불교사 위에 대각구국구세의 法燈을 다시 밝히신 金河堂光德大禪師! 이제 大禪師의 圓寂 10週期를 앞두고 작금의 우리 불교가 처한 안팎의 어려운 현실에서 대선사의 가르침을 통해 우리가 나아갈 길을 다시 한 번 찾아보고자 합니다.

또한 인심이 가파른 때에 오로지 입적하신 스승에 대한 그리움, 보은과 전법계승의 염원으로, 10년 세월 심혈을 기울인 상좌의 이 일은 상찬받아야 마땅한 교계의 모범적인 孝行佛事라고도 할 것입니다. 이 두 가지 일들을 곰곰 생각해 보면 실로 일대 장거가 아닐 수 없다는 생각마저 듭니다.

그리하여 현금 당대의 사부대중 137분, 諸位의 인연증언과 숱한 자료를 모아 엮은 이 全集을 완간함에 저희들은 조촐한 奉獻法會를 마련하여 위 두 가지 뜻을 조용히 새겨보고자 합니다. 무엇보다 증언하여 주신 大德諸賢과 그동안 이 일을 기뻐하고 응원하신 각계의 佛子님들을 모시고 大禪師의 생애와 사상을 불교도약의 지침으로 삼는 뜻깊은 기회로 삼았으면 합니다.

이에 봉헌법회는 대선사께서 開山하신 안성 도피안사에서 이 일을 주관한 송암스님과 이 불사에 동참하신 사부대중의 공덕을 찬탄하면서 수희공덕을 함께 나누는 자리가 되도록 하려고 합니다.

아무쪼록 이 법석이 대선사의 열렬했던 '반야·행원'을 다시 결의하고, 안팎으로 도전받고 있는 한국불교의 웅장한 도약을 다짐하는 의미있는 자리가 되기를 기대함과 아울러 이 일이 어느 한 사람의 제자된 임무로만 끝날 것이 아니라, 한국불교의 오랜 전통인 '스승의 그림자도 밟지 않는다'는 스승 존경의 풍토가 다시 살아나는 계기가 되었으면 하는 바람도 가져 봅니다.

이에 삼가 江湖諸賢과 사부대중의 尊案에 초청의 글을 올려 두루 권청하오니 부디 동참하여 주시면 고맙겠습니다. 감사합니다.

나무마하반야바라밀다

불기2552(2008)년 10월

광덕스님 시봉일기 간행 봉헌법회 위원회

證明(호법) : 정무스님·석정스님·홍교스님·한탑스님(無順)

先學菩薩(고문) : 達空 조홍식·圓成 김종서·智慧心 홍경자·圓照 박성배·大千 김영태·月塔 박경훈·鶴山 이상규·任性 이시우·無圓 김재영(無順)

明學菩薩(지도위원) : 자광스님·정완스님·정안스님·월곡스님·대효스님·天達 서명원·碧耘 이순국·性德行 김인숙·茗園 김의정·正法 박광서·領星 박세일·玄震 박홍우·宗觀 안영진·德山 김재용·一圓 이세민·智觀 김태원(無順)

봉헌위원장 : 각현스님(연꽃마을이사장·안성사암연합회장)

부위원장 : 원정스님(부주지)·智國 한충정(부회장)·靑陽 이재운(소
설가)·法輪 이상옥(출판사 주간)

봉헌위원 : 설곡스님·미산스님·정목스님·본연스님·오향스님·진
오스님·지성스님·지암스님·혜담스님·원천스님·성용스님·
지강스님·경은스님·성해스님·至仁 김재일·護戒 김상락·禪耘
안상수·元峰 최원수·法鏡 박영재·河源 김형균·止虛 김광식·
法雨 김호성·如雲 김광하·智觀 김태원·信悟 김세용·法眞 정웅
표·印悟 오채현·玄悟 이학종·道圓 김영진·淸雲 김유신·龍珠
박성근·妙國 김석환·明國 류재관·妙光 홍진호·菩提垠 최윤정
外 안성시사암연합회 회원일동·보현도량 신도일동(과 시방찬탄대
중 등, 無順)

일시 : 2008년 11월 16일(일) 오전 10시 30분

장소 : 보현도량 도솔산 도피안사

연락처 : 도피안사 ☎031-676-8700(H.P.010-6396-8182)

도서출판 도피안사 ☎02-336-9626(H.P.016-246-0134)

1. 축하 화환이나 화분은 정중하고 겸허한 마음으로 사양하오니 해량하심 바랍니
다.(부처님께 올리는 꽃공양은 예외입니다.)

2. 동참하신 재가불자님들께는 시봉일기 머리책, 別1 두 권과 몇 가지 선물을 드
리려고 합니다.(동참하신 모든 스님들께는 시봉일기 1질을 증정하고, 재가불
자님들께는 책을 저렴하게 구입할 수 있도록 준비하겠습니다.)

3. 부득이 사정이 여의치 않은 분께서는 미리 참석 여부를 알려주시면 고맙겠습
니다. (H.P.010-6396-8182, 010-8308-7778, 016-246-0134)

4. 당일, 서울 사당지하철역 8번 출입구 국민은행 앞에서 안성 도피안사행 버스
가 오전 9시 정각에 출발합니다.(무척 편리하오니 많은 이용바랍니다.)

시주권선문

귀의삼보하옵고

대각구국구세 종주이신 금하당 광덕대선사의 행화일상(行化日常)을 상좌인 송암당 지원스님이 만 10년의 세월 속에서 편찬하여 이제 그 일을 마무리하게 되었습니다.

이에 저희 재가불자들은 오는 11월 16일(日), 개산조이신 광덕큰스님과 인연 있는 각계각층의 선남선녀들을 모시고 봉헌법회를 열어 큰스님의 가르침을 다시 널리 알리고자 합니다.

부디 대덕제현들께서는 정성어린 시주공양과 법회동참으로 저희들의 이 뜻이 이루어지도록 흔쾌히 동참동행해 주시기를 간곡히 바라며 삼가 권선합니다. 이 동참공덕 인연으로 대선사의 가르침이 더욱 크게 떨쳐 대각구국구세가 원만하고, 국토는 평화하고, 불자님들께서는 위 없는 보리를 성취하시고 우리들 가정과 사회가 안락하기를 기도합니다. 감사합니다. 나무마하반야바라밀다

2008년 10월

광덕스님 시봉일기 완간 봉헌법회

龍珠 박성근 · 妙國 김석환 · 智國 한충정 부회장 등 재가불자일동

시주발원자

주　소					
전　화		핸드폰		E-mail	
관　계	법　명		성　명		동참시주금
					원
					원
					원
					원
합　계					원

※ 친지와 이웃들께 널리 勸善해 주시고, 또한 가족들은 각각의 발원으로 보시하면 더욱 좋습니다.